电子竞技与数字娱乐专业人才培养丛书

电子竞技游戏
用户需求分析

黄　淼　王　蕾　张　桐 ◎ 编著

中山大学出版社
SUN YAT-SEN UNIVERSITY PRESS

·广州·

版权所有　翻印必究

图书在版编目（CIP）数据

电子竞技游戏用户需求分析/黄淼，王蕾，张桐编著．—广州：中山大学出版社，2020.9

（电子竞技与数字娱乐专业人才培养丛书）

ISBN 978-7-306-06832-3

Ⅰ.①电… Ⅱ.①黄… ②王… ③张… Ⅲ.①电子游戏—市场需求分析 Ⅳ.①G898.3

中国版本图书馆 CIP 数据核字（2020）第 017817 号

出 版 人：	王天琪
责任编辑：	邹岚萍
封面设计：	曾　斌
责任校对：	赵　婷　罗梓鸿
责任技编：	何雅涛
出版发行：	中山大学出版社
电　　话：	编辑部 020 - 84110771，84110283，84111997，84110779
	发行部 020 - 84111998，84111981，84111160
地　　址：	广州市新港西路 135 号
邮　　编：	510275　　传　真：020 - 84036565
网　　址：	http://www.zsup.com.cn　E-mail: zdcbs@mail.sysu.edu.cn
印 刷 者：	广州市友盛彩印有限公司
规　　格：	787mm×1092mm　1/16　14.25 印张　253 千字
版次印次：	2020 年 9 月第 1 版　2020 年 9 月第 1 次印刷
定　　价：	40.00 元

如发现本书因印装质量影响阅读，请与出版社发行部联系调换

电子竞技与数字娱乐专业人才培养丛书
编委会

总 顾 问 潘知常
主　　编 张　燕
副 主 编 王贤波　张焕志　黄　淼　张　旭
编　　委 潘业喜　金荣耀　殷　俊　曹　阳　孙才尧
　　　　　　姚　宇　曹　斌　王　亮　章　凯　王思行

本丛书为江苏省重点产业学院电子竞技产业学院资助项目

内容简介

电子竞技（简称"电竞"）运动是指电子游戏比赛达到竞技层面的体育项目，是以电子设备为运动器械进行的人与人之间的智力对抗运动。通过该项运动，可以锻炼和提高参与者的思维能力、反应能力、心眼四肢协调能力和意志力，培养团队精神。电子游戏，特别是竞技类电子游戏，在设计、操作、运营、竞赛时需要掌握一定的技巧，这些技巧都是建立在设计者和运营者共同分析用户需求的基础上的。电竞游戏用户除了具有普通游戏玩家的需求之外，还兼具竞技运动的各种需求，包括对运动员、教练员以及运营方等的需求。本书以总分递进的形式，划分为五章。第一章，总体介绍电竞运动概况以及游戏用户范畴；第二章，从最基础的游戏需求——游戏玩家的需求开始探讨，提出了游戏玩家判断游戏好坏的核心标准；第三章，进一步探讨在满足游戏玩家的需求后，如何满足电竞选手的需求；第四章，分析作为管理者的电竞运营方对电竞游戏的各种要求以及可资借鉴的成功案例；第五章，对游戏开发人员提出建议，以促使其在游戏创意方面更好地满足用户的需求。

序　言

2003年，经国家体育总局批准，电子竞技（以下简称"电竞"）运动成为我国第99个正式比赛项目。此后，经过15年的发展，到2018年，电竞运动迎来了发展的第一次高峰，这一年的雅加达亚运会第一次将电竞运动项目纳入表演项目，共有《英雄联盟》《王者荣耀》《皇室战争》等6个项目入选，中国队在本届大赛中参与了3个项目的比赛，取得了"两金一银"的好成绩。当五星红旗在亚运会上空升起时，参加电竞运动项目的每一位中国选手都感到无比自豪。自此之后，电竞运动在我国开始受到史无前例的关注，围绕电竞运动的产业链逐步完善，一个新兴的产业集群正在全国各地兴起。

为适应电竞运动新产业链对从业人才快速增长的需求，2018年6月，金陵科技学院与江苏省体育局、南京视觉互娱文化传播有限公司等共同发起成立了新兴产教融合机构——金陵科技学院电子竞技产业学院，致力于电竞人才培养、电竞行业从业标准研发、电竞人才职业发展规划设计、电竞赛事与俱乐部运营研究、电竞产业发展的智库建设等产学研一体化工作。

金陵科技学院作为应用型本科高校的代表，在设立电子竞技产业学院的同时，于2018年6月联合南京师范大学、江南大学、南京艺术学院、中国传媒大学南广学院（今南京传媒学院）等18所高校组建了江苏省高校电子竞技教育联盟。2019年1月，由江苏省电子竞技运动协会牵头，成立了江苏省高校电子竞技运动教学指导委员会，众多高校齐心协力、形成合力，推进江苏省电竞运动和电竞产业的发展。教育联盟作为一个合作平台，正在发挥高校智力资源优势，为产业升级服务，为行业培养人才服务。

2019年3月，江苏省高校电子竞技教育联盟成员高校共同商议，启动"电子竞技与数字娱乐专业人才培养丛书"撰写计划，将陆续由中山大学出版社立项，分期出版。第一批立项项目共计10个（10种图书），覆盖当前电竞运动与管理相关领域的专业基础知识，为当前电竞运动产业发展、人才培养提供系统性理论支撑和操作指引，适用于专科及应用型本科层次的人才培养需求。丛书本着成熟一本出版一本的原则，以保证每本书的质量，计划在近几年内陆续出版，产教融合的第一批成果行将正式产生。

在此，编委会要感谢丛书的编写者们，我们相信，他们的辛勤努力将对长三角地区乃至全国电竞运动教育的发展起到重要的推动作用。感谢江苏省体育局、江苏省电子竞技运动协会和金陵科技学院对电子竞技产业学院的支持。感谢中山大学出版社编审邹岚萍女士对丛书编写的重视。她和她的同事们对书的内容严格把关，审稿工作严谨、认真、细致、专业，提高了书的质量，使得我们在将丛书推向市场的过程中有了更大的信心。

电竞运动产业作为新兴文化体育产业，已进入快速发展阶段，许多新的现象和问题不断产生，本丛书在编写过程中难免对这些现象和问题有所疏漏，恳请广大读者能及时反馈给我们，帮助我们今后进一步提升和完善丛书质量。"众人拾柴火焰高"，我们坚信，所有的电竞爱好者、专家学者共同发力，必将推动我国电竞运动产业进入"健康、可持续和高质量"的发展阶段。

丛书编写委员会
2020 年 2 月 28 日

前　言

　　记得自己最早接触电子竞技（以下简称"电竞"）是 1999 年前后，彼时《星际争霸1》正在国内网吧大流行，那个年代，游戏是盗版的，网吧是地下的，甚至绝大多数网吧都不能连接广域网，只能支持局域网对战，当时能在网吧注册上 OICQ 就已经是高端操作了。而在这样"山寨"的环境下，懵懂的我们见识了第一批电竞游戏，也是在彼时，电竞的第一批死忠粉开始成型，只是当时的我们尚不自知。尤忆当时杀声震天的《星际争霸1》Lost Temple 地图和《红色警戒》的坦克大战，当然还有枪战鼻祖——《三角洲部队》，这些电竞游戏的先驱当时已经表现出极强的黏合度和竞技属性。虽然当时我"不务正业"，个人游戏水平在学生中可能出类拔萃，在学校后门的网吧一条街也算小有名气，但是作为高中生的我从来没有想到日后有一天打游戏能成为一份正当职业，甚至发展成为世界级的竞技比赛。很多年以后我才知道，那些赫赫有名的电竞世界冠军和我年龄相仿，我和他们只是选择不同而已。当然，我并不后悔自己没有走上电竞之路，因为，以我的性格和反应神经，真的去做电竞选手其实并不合适，这点自知之明我还是有的。好在我从来没有被繁重的学业击倒过，从"小霸王"学习机开始，我就一直没有远离各种各样的电子游戏，也因为兴趣爱好，考大学时我选择了和游戏相关的动画专业，毕业后顺理成章地进入游戏公司工作。那个时候，《魔兽争霸3》正盛行，中国的电竞选手也已经在世界电竞舞台崭露头角。我还清晰地记得那些年在北京的体育馆观看《星际争霸1》《魔兽争霸3》的赛事，终于明白，比起 Sky 这些"大神"，自己当年那些所谓的微操是多么幼稚可笑。此后，我对游戏的认知发生了飞跃：从一种自娱的精神玩物上升到一种众娱的社交形式，而且，作为游戏制作人员，我也深深体会到，游戏设计得好，是可以和体育竞赛一样集万千宠爱于一身的。

　　后来我有幸到大学当老师，任教于传媒类大学动画专业、新媒体专业。更有幸看到电竞作为专业课进入高校本科生课堂，而且亲身参与学科建设，并承担了一定的领导工作。2000—2020 年，我经历了从大学生到高校教师的角色转变，亲眼目睹了一批批电竞人才的成长成才，也亲身经历了各类电竞赛事与研讨，深感电竞发展中存在的最大问题并不是比赛如何举办、游戏如何操作、如何解说直播，而是一个几乎所有行业都适用的命题——用户到底想要什么？即电竞游戏用户的需求到底是什么？因为电竞比赛和普通竞技运动的形式略有不同，无论是规则变化还是表现形式、赛制规则，都变幻莫测，不可能长期稳定，因此，我们必须研究表象后的本源而非表象本身。且这一命题包含了游戏的普适性与电竞的特殊性这一双重属性，同时，游戏与竞技均是人类古老的社会组织形式，很多核心逻辑并不局限于"电子"层面，需要我们深入研究。因此，无论是在产业创作还是在专业教学中，我一直都在思考这个核心问题，或与他人一起探讨，并结合各种既定理论、经典案例以及成功经验，进行归纳总结。电竞发展风起云涌，更坚定了我要把我的思考编写成书、以供大家学习与参考的想法。于是，我将从事产业分析和教学研究的同事与伙伴联合起来，大家分工来写作教材。当然，书中内容有些地方还很不成熟，毕竟这个产业也才刚刚起步，还处于非稳定状态，一些游戏产品甚至可能是方生方死、昙花一现，时效性很强。在编写过程中，为了让读者有更直观的感受，同时，鉴于电竞游戏大作均是互联网的宠儿，我们在写作中无意绕过那些经典之作，书中使用了网络上的一些资料和图片，除了个别一时无法找到来源外，绝大部分都已标明。在此，我们对这些版权（著作权）所有者深表歉意，并致以衷心的感谢，也希望他们能通过出版社联系我们，我们将支付合理的报酬。

在此，也特别鸣谢王贤波、章凯、唐朝、游戏葡萄四位作者为本书的知识拓展部分提供的精彩文章。

如今，电竞、网络游戏等相关概念依然是很多负面新闻的"背锅侠"，正是因为游戏作为人类娱乐的核心形式，它受到了太多的关注与误解。所谓"匹夫无罪，怀璧其罪"，"好玩"是游戏发展的终极理想，也是外界看待游戏的原罪。电竞的出现为游戏进步提供了一种规范化、公众化、普适化的选择，愿它健康成长。

黄　淼

2020 年 5 月 30 日夜

目 录

第一章 总论 ... 1
第一节 电子竞技运动和电子竞技游戏概述 ... 1
一、电子竞技运动发展概况 ... 1
二、电子竞技运动的核心概念 ... 8
三、电子竞技游戏的特性 ... 19
第二节 电子竞技游戏的用户层次 ... 20
一、基础层：普通游戏玩家 ... 21
二、专业层：电子竞技选手 ... 22
三、运营层：电子竞技运营端 ... 23
知识拓展 电子竞技发展现状 ... 25

第二章 第一层用户需求：游戏玩家的需求 ... 31
第一节 电子游戏为什么吸引我们 ... 31
一、电子游戏的特性与分类 ... 31
二、游戏是人的天性（3F 理论） ... 41
三、游戏究竟是什么 ... 48
第二节 游戏玩家的真正需求 ... 53
一、玩家渴望挑战 ... 53
二、玩家需要社会交流 ... 55
三、玩家追求个人体验 ... 57
四、玩家需要满足自我表现欲 ... 57
五、玩家渴望情感体验 ... 58
六、玩家需要满足自身幻想 ... 58
知识拓展 无处不在的游戏 ... 61
第三节 游戏玩家如何评价你的游戏 ... 67
一、完整统一的世界观 ... 67
二、探究游戏世界 ... 69
三、合理的解决方法 ... 79
四、目标与任务 ... 83
五、任务难度递增 ... 84

六、沉浸其中 …………………………………………… 88
　　七、失败 ……………………………………………… 92
　　八、机会平等/公平 …………………………………… 100
　　九、不要重复 ………………………………………… 103
　　十、不要被麻烦困死 ………………………………… 104
　　十一、自主行动而非旁观 …………………………… 107
　知识拓展　玩家评判游戏好坏的九个要素 …………… 108

第三章　第二层用户需求：电子竞技选手的需求 …… 113
　第一节　竞技运动的特点 ……………………………… 113
　第二节　电子竞技选手的需求 ………………………… 113
　　一、快速 ……………………………………………… 114
　　二、公平 ……………………………………………… 114
　　三、可控（可训练）………………………………… 117
　知识拓展　中国电竞选手的生存现状 ………………… 118

第四章　第三层用户需求：电子竞技运营端的需求 … 124
　第一节　满足广大游戏玩家的需求 …………………… 124
　第二节　满足广大观众的需求 ………………………… 125
　　一、短时长 …………………………………………… 126
　　二、强对抗 …………………………………………… 126
　　三、多曲折 …………………………………………… 126
　　四、易代入 …………………………………………… 127
　第三节　赛制复杂度 …………………………………… 127
　　一、玩家参与平衡 …………………………………… 128
　　二、多样化的游戏开局路线 ………………………… 129
　　三、消灭创新门槛 …………………………………… 129
　　四、提供了"可见进步空间" ……………………… 130
　　五、保护玩家和比赛选手的稳定性 ………………… 131
　　六、仪式感、退缩感、期待感 ……………………… 132
　　七、成就感 …………………………………………… 133
　　八、降低平衡压力，提速新英雄设计效率 ………… 133
　　九、"不平衡"成为比赛观赏性的卖点 …………… 134
　　十、设计师喜欢 BP ………………………………… 135

知识拓展　电竞赛事执行方是如何运作的 …………… 137
　第四节　可观赏性 ……………………………………… 142
　第五节　商业植入点 …………………………………… 144
　第六节　NBA 的成功经验 ……………………………… 148
　　知识拓展　中国电子竞技商业化发展历程 …………… 154

第五章　游戏创意如何满足用户的需求 ………………… 160
　第一节　电子竞技游戏的创意规则 …………………… 160
　　一、创意起点 ………………………………………… 160
　　二、制定规则 ………………………………………… 167
　　三、塑造形象 ………………………………………… 177
　　四、类型化故事 ……………………………………… 187
　第二节　开发者如何自我评价 ………………………… 194
　　一、对创意进行自我评价的重要性 ………………… 196
　　二、游戏设计者的自我评价依据 …………………… 197
　　知识拓展　一款游戏的诞生 ………………………… 202

第一章 总　　论

第一节　电子竞技运动和电子竞技游戏概述

一、电子竞技运动发展概况

电子竞技（Electronic Sports，以下简称"电竞"）运动是指电子游戏比赛达到竞技层面的体育项目，是利用电子设备作为运动器械进行的人与人之间的智力对抗运动。通过运动，可以锻炼和提高参与者的思维能力、反应能力、心眼四肢协调能力、意志力，培养团队精神。电竞也是一种职业，这一点和棋艺等非电子游戏比赛类似。2003年11月18日，国家体育总局正式批准将电竞列为第99个正式体育竞赛项目；2008年，国家体育总局将电竞改批为第78个正式体育竞赛项目，2018年雅加达亚运会第一次将电竞运动项目纳入表演项目（如图1-1-1）。

图1-1-1　2018年雅加达亚运会电竞比赛项目

图片来源：https：//www.vpgame.com/news/article/84232。

全世界最专业的竞技运动项目集合体就是奥林匹克运动会（以下简称"奥运会"），我们可以把电竞运动在奥运会上争取权利的过程看成电竞运动成熟发展的编年史。从源头上说，奥运会举办的初衷就是通过和平的形式展现各国健儿的身体素质，从而从侧面比拼各国的军事实力，因此，古代奥运会的竞技项目包括跑步、标枪、摔跤、赛马等军事技巧。随着奥运项目的现代化，更多的运动项目被融入进来。虽然从表面上看，现代奥运会的核心项目秉承了传统的竞技理念，但是，除了核心项目外，决定一个项目能否进入现代奥运会最重要的标准往往不是这项运动的观赏性，而是隐藏在背后的利益链。

虽然《奥林匹克宪章》规定只有奥林匹克运动项目才能列入奥运会比赛项目，并且规定运动大项、运动分项要列入夏季奥运会比赛项目，且必须有公认的国际基础，至少是在四大洲和75个国家的男子中以及至少在三大洲和40个国家的女子中广泛开展的运动项目。运动小项要列入夏季奥运会比赛项目，也要求必须有公认的国际基础，至少在三大洲和50个国家的男子以及至少在三大洲和35个国家的女子中开展，而且至少是两次被世界锦标赛或洲锦标赛列入比赛项目的小项。但其实一个运动项目是否能够正式加入奥运会的大家庭，开始主要依靠该运动项目国际联合会的推进，正如国际足联（FIFA）对于足球、国际羽联对于羽毛球运动的推进一样。现代奥运会由于其商业运作的需要，要求各大国际联合会促使各自的运动项目能够获得广泛关注，并能够带来较高的回报，例如资金回报、媒体关注等。除了传统的田径、球类等运动项目之外，一些相对冷门的运动项目也随时会根据该项目国际联合会的调整而变动，有些是规则的变动，有些则是直接决定其是否有在奥运会中的出场机会。除了考虑某个项目的观赏性、公平性、技巧性等因素之外，该项目的国际联合会更多考虑的是该项目能否获得足够的资本支持，因为没有资本支持的运动项目在现代的媒体环境下无法获得广泛的受众支持。从这个层面上讲，电竞运动无疑是合格的，甚至是优秀的。

奥运会规模巨大，项目众多，28个大项下设数以百计的子项目，至少需要30多个场馆、各种千奇百怪的后勤需求，由于需求的资源过于庞杂，相对于世界杯而言，其组织效率低下，举办成本过高。因此，奥运会的竞技项目联盟都在思考一个问题——如何变现？所有竞技项目要生存下去，充足的资金支持是必不可少的。要获得资金支持，就必须保证这项运动有足够的观众接受度，而奥运传统项目观众的老龄化也给国际奥委会敲响了警钟。每年国际奥委会都会收到很多奥运项目的申请，但是国际奥委会规定，想要这些项目获得承认，首先必须有一个正规的全球性体育协会来制定规则标准，并保证项目推广。从目前来看，电竞的牵头组织是国际电子竞技联盟，该联盟成立于2008年，目前有42个成员国，影响力达到了国际奥委会的要求,加上全世界玩家的广泛关注,所以才有了电竞申奥的成功,在这背后,国际奥委会的运营压力日重、中国电竞市场飞速起飞、中国游戏制作大厂逐渐掌握话语权、世界范围内十几亿的游戏玩家受众合力成为最大的推手。

但是,电竞运动规则的不确定性,必然导致其竞技化的过程经历种种坎坷。电竞运动作为一种新兴竞技体育运动项目,其与传统体育项目不完全对等,因为电竞运动下属的游戏种类不确定,规则不确定(如图1-1-2)。不像足球、篮球,它们虽然有着各种赛事,但是规则基本固定,不会因为某个联赛或者某届世界杯而规则不同。羽毛球、乒乓球,虽然分单打、双打,但是规则总体也是一致的。而电竞比赛具体比哪几项游戏是不确定的,虽然目前赛事固定了几项,但是由于游戏的迭代速度太快,所以近些年的比赛游戏一直在变化,而且未来一定也是每隔几年就会有所变化,这是游戏发展的必然结果。在游戏开发企业主导的电竞赛事环境中,这种迭代速度会逐步加快,这就导致电竞赛事从业人员迭代也很快,对于某项运动的长期稳定发展而言,这是一种挑战。因此,现在关注电竞赛事的人员基本上都是年轻人,而且电竞赛事周期性很明显,一波一波变化很快,一个游戏兴起,关注几个月,很快就换到下一个游戏。而且,虽然游戏的总数很可观,但是分众市场非常多。电竞运动作为一种项目门类,对应其他传统体育运动形式,本身就是以多对一、非对等的。

虽然电竞运动有很多不确定性,但是其社会影响力不容小觑。社会的关注度换来了"眼球经济",而经济基础是推动商业竞赛的根本动力,因此,电竞的正规化道路是不可逆的。细想想,可以作为电竞平台的游戏很早就有了,从最早的街机格斗,到个人电脑上早期的"红色警戒""帝国时代"等系列,都曾经有过广泛的群众基础,其中也不乏玩得出神入化的高手。但是,由于当时网络环境的限制,一方面,无法形成广泛的对战格局,无法进一步提高水平;另一方面,没有视频直播转播渠道,导致打得再好也不会引起太大的社会关注,无法为选手、为赛事变现。随着互联网的普及与成熟,我们可以方便地观看各种级别的电竞赛事,加之电竞比赛依托电脑科技的基础属性,便于在网络上广泛传播,其社会关注度已超过各大传统运动项目。

电竞发展史可以理解为网速发展史,其实就是对战双方通过什么样的网络能够一起公平地对战。如果网速达不到要求,"公平"对战是不可能实现的。(少数主机级别的同屏对战游戏除外,例如足球和格斗。)电竞发展史可以分为以下几个阶段。

第一阶段：局域网时代和战网的雏形。

20 世纪 90 年代中后期，以"反恐精英"（Counter-Strike）为首的第一人称视角射击游戏和以"星际争霸"系列、"红色警戒"系列、"帝国时代"系列为首的即时战略游戏以及局域网对战模式的兴起开创了电竞时代。那个年代，"网吧"与"星际"都是最流行的概念。"星际争霸"普遍的多人对战模式支持最多 8 人对战，我们经常进行的 4V4 模式就已经具备了战队的概念，有人负责侦查，有人负责防守，有人负责偷袭，有人负责作战，团队配合，不亦乐乎。那时候，打遍网吧无敌手便是儿时对于电竞选手的憧憬，由于当时大部分的游戏都是盗版，只能在局域网中对战，所以网吧（如图 1-1-2）就起到了最早的电竞赛场的作用，长期在网吧胜利的玩家就是当时的电竞明星。网吧之间为了宣传、合作等目的也会推荐选手进行对战，甚至设立奖金，这就是第一批的草根电竞选手。

图 1-1-2　网吧

不得不说，当时暴雪娱乐公司（以下简称"暴雪"）（如图 1-1-3）整合在"星际争霸"中的战网天梯系统非常具有前瞻性，连上战网后，相隔千里的两位玩家可以快速对战，并且根据输赢记录绩点，按照绩点进行水平排序，形成了最早的匹配系统。有了匹配系统，更多的玩家才能找到水平相当的对手，避免了找不到自身定位而产生迷茫情绪，甚至最终放弃游戏的结果出现。当然，这是针对正版玩家的，当时海量的盗版玩家得益于国产"神器"——浩方游戏平台/QQ游戏平台，让他们也享受到了类似战网的效果，为这些局域网游戏的飞升铺平了道路。

图1-1-3　暴雪娱乐公司图标

图片来源：http://d3.17173.com/content/2017-08-18/20170818165205516.shtml。

总体说来，在那个年代，还没有人提出电竞的概念，只分玩得好的高手和随便玩玩的路人。由于缺乏变现渠道，玩家很明确，打游戏就是娱乐，打赢别人固然快乐，但无法养活自己。第一代电竞选手的奋斗往往以无奈收场。与此同时，韩国在《星际争霸1》的风靡全球时候开创了电竞崛起之路，而中国的玩家当时很难参与国际战网的排序，绝大多数人都是在局域网网吧玩盗版。

第二阶段：战网普及和去局域网化。

由于《星际争霸1》《魔兽世界3》盗版的猖獗，暴雪在续作《星际争霸2》中毅然决然地取消局域网模式，全部使用战网模式进行对战。当然，除了屏蔽盗版玩家之外，主要的原因还是电脑带宽速度已经足够快，外网就等同于局域网。这样就变相地逼迫绝大多数玩家进入电竞领域，加上匹配系统升级，玩家不仅不用担心找不到对手，而且找到的都是相对合适的对手。

这里想重点说一下"魔兽争霸"系列游戏，它是第一阶段到第二阶段的承上启下之作，还保留有完整的局域网对战功能。海量的休闲网友，加上强大的地图编辑器，使得当时的战网异常丰富多彩，各种塔防、守塔、角色扮演游戏（Role Playing Game，RPG）等自创地图，其受欢迎程度甚至超过了竞技对战地图。经过海量玩法的尝试与总结，最后玩家们用行动证明"澄海3C"就是后来的多人在线战术竞技（Multiplayer Online Battle Arena，MOBA）类游戏的打法。从游戏性能上，《魔兽争霸3》第一次尝试全三维对战，使得玩家真实地体验到真正立体的战场。从玩法上，它引入角色扮演中的英雄技能，直接影响了即时战略游戏的玩法，最后玩家们用行动证明"澄海3C"中的玩法也就是后来的MOBA类游戏的玩法最受欢迎。

也正是在这个时期，绝大多数玩家抛弃了成为电竞选手的幻想。玩家圈已明显感受到专业电竞选手正在诞生，他们与休闲玩家的差距越来越大。当时偶尔还可以在战网遇到"打小号"的准电竞选手，那种实力被碾压的感觉至今令人难忘。也是在这个阶段，电竞选手和电竞观众的身份开始固定下来。

这个阶段的电竞开始走向普及，对普通玩家越来越友好。因为就电竞难度而言，操作难度无疑是最难跨越的障碍，正所谓"操作思路我比选手还骚，但是就是手速跟不上脑速啊！"到目前为止，"星际争霸"系列游戏依然是操作要求的巅峰，动辄APM①300+，双线甚至三线的操作，一局几十分钟下来，不是一般人能承受的。后来的《魔兽争霸3》操作要求降低，可以进行智能编组和组内切换，一般双线操作就能解决，但是加入了"英雄"概念后，操作思路变复杂了，打法也变多了。MOBA类游戏的兴起，其实是为电竞操作门槛做了降级，控制好一个角色也能加入大战役，整体的操作思路也不用时刻绷紧神经，毕竟复活读秒的时间可以让你稍微放松一下，想想下一步的动向，这无疑让更多的人尤其是女性玩家进入电竞领域，对于整个产业发展的推动效果是不言而喻的。

第三阶段：移动带宽能够支持即时对战。

2010年后，智能手机开始普及，移动端游戏成为手机标配，越来越多的手机游戏让手机从一个通信工具逐渐转变为一台移动游戏机。随着3G

---

① APM：每分钟操作的次数，又称"手速"，多见于《星际争霸2》和《魔兽争霸3》（WAR3）这两款游戏中，一定程度上反映了玩家的水平。在即时战略游戏中，每分钟操作数指的是每分钟操作指令数，一般包括鼠标点击和键盘敲击。APM很好地反映了玩家的操作速度。

技术的成熟、WiFi 的普及，越来越多手机游戏要求"强联网"①，一方面方便收费，另一方面便于即时交互。这个过程中涌现出一批具有 MOBA 元素的手机游戏，例如"死在黎明前"的《乱斗西游》。2015—2016 年，随着《王者荣耀》的发布，腾讯正式把《刀塔》（*DOTA*）和《英雄联盟》（*LOL*）搬上手机，基于用户基数的优势，风头一时无两。《王者荣耀》的发展也是基于手机移动网络已经达到普遍强联网的时代。虽然现在《王者荣耀》更像一款社交软件，但是对于电竞而言，它激发了几乎所有网民的胜负心。原本因为电脑硬件、个人时间、势单力孤等原因而无法迈进电竞世界的朋友，由于《王者荣耀》外加中等手机的极易上手度而推开了电竞世界的大门。对于小朋友来说，有台手机就敢说自己玩电竞了，对于爸爸妈妈们来说，他们也总算能和子女们一起娱乐了，当然，这是调侃。更多的玩家因为电竞类游戏的普及而关注到这项运动，也接触到了一些电竞元素，因而也不像原来那样对电竞圈产生误会和偏见，这无疑为电竞产业的飞速发展提供了强大的社会基础。

第四阶段：移动端设备与高速移动网络全民普及。

随着手机 4G 网络的普及以及国产手机的百花齐放，现在的都市人群，人手一台高性能网络移动终端，其性能堪比前几年的笔记本电脑，比 NASA 当年发射登月火箭的总计算能力更强。拥有这样的硬件基础后，任何其他游戏平台上的爆款游戏都可以照搬过来，而不用担心网速跟不上、运算能力不够或者无法实现画面效果等问题。加之现在生活节奏加快，碎片时间增加，娱乐形式单一化，大家似乎都患上了"手机依赖症"。除了高强度对抗型的电竞游戏外，大家也开始探索其他类型的"休闲类"电竞。于是"吃鸡"游戏《绝地求生》应运而生，它将社会群体理论中的"集体无意识"表现得淋漓尽致。手机端看到商机后，也是一拥而上，甚至在几个月之内一口气上线了十多款"吃鸡"游戏。

可以用一幅图来展现中国电竞行业的发展趋势（如图 1-1-4）。

---

① 强联网/弱联网游戏，是游戏行业给出的一个特定称呼，是根据游戏联网需求来划分的。仅仅为了数据存盘、计费功能而联网，而核心玩法（包括主要逻辑）大多通过客户端完成的游戏就是弱联网游戏。如果游戏过程全程需要连接网络的，则是强联网游戏。这些特性决定了在网络并不稳定的状态下，弱联网游戏一样可以相对稳定地玩。但弱联网游戏的核心玩法（战斗）部分是由客户端来完成的，仅仅告诉服务器一个结果，所以相对容易作弊。强联网游戏则基本能够避免这个问题。

图 1-1-4　中国电竞行业发展趋势

图片来源：艾瑞咨询研究院自主研究，http://www.iresearch.com.cn/。

总的说来，现在的手机电竞其实就是给之前没好好玩过竞技游戏的人补课，他们花的时间和金钱就相当于补课费。但是，由于市场的同质化日益严重、政府相关部门对于版号的限制以及意识形态问题等原因，电竞的主流形式其实并没有因为游戏的发展而变多，反而变少了。这也是我们需要重点关注的一个问题。

艾瑞咨询（iResearch）调查的总结，与上文讲述的时间段也基本吻合。

二、电子竞技运动的核心概念

（一）电竞赛事与赛制

虽然说到赛事，但是这里不过多讨论各种电竞赛事的名称，因为目前绝大多数的赛事都是某些游戏制作公司为推广某一款或者几款游戏举办的，随着时间的推移，经常会有变化。一款游戏的生命周期也就是3～5年，长一些的10年左右。之后随着硬件的升级、玩家的"移情别恋"，游戏终会被公司放弃，联赛也会改名。

我们就拿曾经风生水起的世界电子竞技大赛（World Cyber Games, WCG）（如图1-1-5）为例。原本堪比电竞界的奥运会，在举办14年后也一度停办。其幕后老板主要是三星和微软两大硬件厂商。作为迄今为止举办时间最长、影响力最大的全球电竞赛事，其举办的历史就是一部电竞行业的编年史。WCG 的竞赛游戏非常广泛,有体育类的 FIFA,即时战略的代表作"星际争霸""帝国时代"系列,射击类的"虚幻竞技场""反恐精英"系列,等等,后期也在不断演变,"魔兽争霸""极品飞车"系列的兴起,"虚幻竞技场"系列的衰落,可见电竞的子项目形式非常多变,这还是在主办方作为硬件厂商、立场相对中立的前提下。

图 1-1-5 世界电子竞技大赛海报

图片来源:https://esports.178.com/wca/。

WCG 成立之初能够在诸多电竞赛事中突围而出,缘于当时的大环境。在 2000 年初,世界电竞整体处于不温不火的状态,WCG 作为一项综合性赛事,将各个垂直领域的电竞赛事融合在一起,这种抱团取暖的方式瞬间释放出了巨大的能量,其关注度倍增,每年吸引了全世界的上亿观众。

然而,随着近几年各个垂直领域的电竞行业突飞猛进地发展,WCG 显得不如当年那般耀眼。例如,暴雪的 WCS、Riot Games(拳头游戏,以下简称"Riot")的 World Championships 以及 Valve Software(维尔福软件公司,以下简称"Valve")的 The International 等,这些赛事是游戏厂商们愿意花巨资投入的,因为以厂商自己研发的游戏作为比赛项目,其推广效果远远好过综合性比赛。而且,由于综合性赛事涉及的游戏数量众多,各类游戏被捆绑在一起,这就造成游戏厂商在增加自己游戏知名度的同时也难免提升了竞争对手的知名度,而这显然是游戏厂商不愿看到的。

三星是 WCG 赛事的发起者和主导者,2006 年是三星企业迅速发展的开端,那时,三星的显示器是其收入增长点。WCG 作为世界顶尖的电竞比赛,是三星显示器绝佳的宣传平台,因为显示器之于游戏玩家的重要性不言而喻,一款好的显示器可以带来更为极致的游戏体验,比如三星的曲面显示器就赢得游戏玩家的热捧。据悉,三星对 WCG 的投入占据所有赞助费用的80%，这种严重依赖某一个厂商的单一赞助模式也成为后来WCG走向绝境的导火索。

2010年，移动设备逐渐成为未来电子行业发展的主要增长力，而PC端的发展已经接近行业的天花板，难以有大的突破，所以，三星迅速扭转战略方向，将手机移动终端列为三星未来的核心领域。然而，三星的战略调整将WCG推向了深渊，电竞对手机来说无明显契合度和推动作用，因此，三星对WCG的赞助投入骤减。失去三星这个经济命脉，WCG面临严重的资金危机。

而且，腾讯的加入给了"年迈"的WCG"最后一刀"。2013年11月28日—12月1日，WCG总决赛在中国昆山举行，此次比赛的最大赞助商是腾讯，它进来之后，就撤掉了原有的诸多项目，并以自己主打的游戏取而代之。这样的WCG已然面目全非，不仅遭到众多网友的吐槽，更让很多电竞选手放弃参赛。做个类似的假设，如果举办奥运会的国家将自己的弱项取消，并换上自己的传统优势项目，这样的奥运会还有意义吗？

2014年2月，WCG官方考虑到世界趋势及商业环境等因素，表示将不再举办相关活动，包括WCG年度总决赛。直至2019年7月才重新在中国西安举行了新一届的WCG大赛，在国际电竞的低潮期接棒，继续发扬世界电竞大赛的竞技体育精神，设立创世界纪录的个人高额奖金，以推动电竞赛事、电竞产业乃至新兴文化传媒产业的发展。

当下中国电竞行业，各类比赛分门别类、各自为战，这一形势与十几年前的韩国如出一辙，也为WCA①提供了成长的土壤。而且，近年来中国电竞选手在国际大赛上勇创佳绩，屡屡问鼎，有力地推动了中国电竞产业环境的日趋完善，中国举办自己的全球性电竞赛事是大势所趋。那么，类似WCA这样的国际电竞赛事如何才能避免重蹈WCG的覆辙呢？WCA要想接力WCG，还需要做些什么呢？

第一，打造电竞正面形象。虽然电竞也是体育赛事的一员，但是一直背负着沉重的负面包袱。不得不说，社会舆论压力是造成电竞行业长期遭受压制的重要因素。思想保守的中国家长大多把电竞与网络游戏混为一谈，电竞被贴上"学坏"的标签，长期以来被妖魔化为"玩物丧志"而不被主流社会所认可。甚至有人认为，电子游戏应该为社会的教育失败负责，电竞选手不过是一些不务正业的"坏孩子"。

---

① WCA，全称World Cyber Arena，是WCG在2013年停办之后出现的一个新的世界电竞比赛。

2004年4月12日，广电总局发布了《关于禁止播出电脑网络游戏类节目的通知》，电竞节目全部被停播。媒体是电竞的主要变现渠道，失去渠道相当于切断了电竞的命脉，随之而来的是投资者的争相撤离，使得原本火热的电竞市场骤然步入冰冷的冬天。然而，媒体渠道遭受扼杀的根本原因，是电竞的负面形象过重，引发社会舆论的强大压力，迫使广电总局不得不对电竞加以限制。

其实，电竞是利用电子设备作为运动器械进行的、人与人之间的智力对抗的阳光运动，可以锻炼和提高参与者的思维能力、反应能力、心眼四肢协调能力和意志力，培养团队精神。也许因为电竞相比于其他体育竞技赛事更能让人沉迷，特别是对于自控能力不强的青少年群体来说，长期把时间花在电竞上对学业必然会造成影响。但是，硬币总是有两面的，我们应该辩证理性地看待电竞，电竞只是一项运动，其利与弊，缘于选择而非事物本身，而且，电竞的发展，不但带动了文化娱乐产业的发展，也带动了信息产业和当地旅游业的发展。

要打造优秀的国际电竞赛事，首先必须打造一个正面、阳光的电竞形象。与韩国电竞做个对比，中国的电竞环境与韩国相差甚远，韩国的政策支持和鼓励电竞的发展，电竞也是韩国三大体育赛事之一，反观中国，对电竞相关的政策制定还较为谨慎，属于半开放状态。因此，打造一个正面的电竞形象、营造良好的电竞氛围，是赛事成功的必要条件。

第二，原创竞技游戏。回顾世界各大电竞比赛，作为电竞参赛的游戏项目大多出自国外，例如《魔兽世界》《星际争霸3》《英雄联盟》等，而中国自主研发的游戏却少有耳闻。虽然近些年来中国自主研发的网络游戏越来越丰富，市场占有率越来越高，但是，适用于电竞的国产原创游戏的发展现状并不乐观，目前国内电竞赛事采用的大多是国外游戏。

游戏的创作与本土文化不可分割，游戏也是民族文化的再现，如果电竞赛事没有中国自主研发的全球性的现象级产品，将极大降低赛事的品牌价值。世界性比赛需要建立在一定的专业实力基础之上，我们需要中国自主研发的现象级产品，这对宣传民族文化大有裨益。

一款合格的电竞类游戏，需要具备大众性、平衡性与竞技性三个基本要素。大众性，顾名思义，就是内容的广泛性；平衡性也就是竞技公正、客观；竞技性就是游戏适合作为电竞比赛项目，具备很强的竞技对抗性，如一些休闲益智类的游戏就不适合。电竞比赛选择游戏是非常谨慎的，目前来看，国内厂商做到后面两点不是很难，但要研发出全球范围内广泛受众的游戏并不容易，而且，国内游戏厂商趋于浮躁，难以集中精力搞研发，偶尔出现一些小游戏，也只是小众或者抄袭国外的产品，难以成就具有中国特色的巨作。

第三，自主变现模式。回顾 WCG 的发展史，我们不难发现，WCG 的命运与三星紧紧捆绑在一起，兴于三星，衰于三星。WCG 晚期极度缺乏资金，为了赛事能继续举办，WCG 只能向赞助商无限度地妥协，已经没有左右自己命运的能力。与其把命运寄托在别人手中，不如自己掌舵。WCG 的失败给予我们深刻教训：过度依赖赞助商并不是最佳方式，只有实现自主变现方能长盛不衰。

其实，电竞变现一直是一个世界性的难题，由于电竞耗资巨大，巨额奖金，再加上昂贵的电竞设备和人员配备，投入接近天价，三星多年来赞助 WCG，WCG 却始终没有盈利。

到目前为止，"直播平台—电竞的内容—淘宝"的变现终端或许是电竞比赛可行的变现模式。所谓"直播平台—电竞的内容—淘宝"的变现模式，就是充分利用电竞比赛吸引大量粉丝，借助淘宝网店，例如鼠标、显示器网店等，通过间接的形式实现变现。

当然，"直播平台—电竞的内容—淘宝"作为互联网时代的一种全新电竞变现模式，能在一定程度上推动电竞产业的发展，但很难彻底解决电竞过度依赖赞助商的现状。随着移动互联网的发展，也许会有更多的变现模式，这需要游戏行业人士共同去探索。

（二）电子竞技游戏

电竞游戏是电竞的真正主角。一个个经典电竞游戏就像一个个足球、篮球巨星一样，在世界级别的舞台上轮番登场。从某些角度来说，这些游戏才是电竞运动的主角，而玩家、选手都是游戏的"傀儡"。因为游戏是先行设计的，是强制制定规则的，是诱导玩家进行操作行为的，所以游戏一旦成型，玩家基本无法颠覆，只能随着游戏一起兴衰。电竞游戏由于硬件技能、玩家喜好、厂商盈利等因素，更新速度远超传统竞技项目，导致了电竞选手的生命周期较短、经验没有适用性等问题，这也是必然的规律。

竞技游戏，从广义上说就是奥林匹克运动，凡水平相当的选手在公正公平的规则下对决胜负，这些都是竞技游戏，也可以叫竞技运动。所有竞技运动项目在国外都叫 game，升华到高水准就成为奥运会项目。因此本书讨论的重点——电竞游戏从本源上也是一种运动形式，也难怪国家体育总局将电竞运动列为体育项目。竞技运动往往分脑力运动和体力运动。虽然绝大部分运动均需要心手结合,但是下棋、打牌等更倾向于依靠脑力,而举重、跑步、跳远等更倾向于依靠体力。电竞无疑主要是依靠脑力的。正如奥运会的口号"更高、更快、更强"一样,竞技游戏(运动)的目的非常简单,就是产生胜负,所以区分每个竞技游戏(运动)的就是"游戏"本身。乒乓球冠军和羽毛球冠军就竞赛结果而言本没有什么不同,最大的不同就是产生它们的游戏规则不同,这些规则包括使用的工具、计分的方式、竞赛的空间等。正是因为有这些不同,才有了各种各样体育运动的受众。延伸到电竞运动也是如此,用户之所以关注电竞,正是因为这些竞技的结果是由方式不同、玩法各异的游戏产生的。

因此,作为电竞的参与者,要尤为明确这一点:设计好具有竞技性的游戏是一切的根本。赛事的组织形式只是锦上添花。因为目前电竞的赛事组织形式离不开经典运动的赛事组织形式,例如篮球、足球等,同样建立了俱乐部联赛机制、世界杯机制、民间选拔机制等,这些并不是电竞原创的。而电竞原创的,是与其他运动形式截然不同的对决形式,这是它区别于其他运动的本质特征。

所以,话说回来,设计好游戏本身的竞技规则、增加对决变量、增加观赏性才是电竞游戏开发最需要完成的本质性工作。不然,单从结果选择出发,猜拳也能较为公平地决出胜负,但是为什么奥运会项目中没有猜拳呢?恐怕就是因为这种形式的对决规则过于简单,缺乏变量,缺少观赏性。

电竞游戏如今在网络上开展得如火如荼,但是有几个人清楚这个概念?《新华字典》里没有这个词的定义,借用现在网络上相对比较权威的百科全书百度百科的定义,其中也有诸多矛盾:

首先,对游戏发展史是从家用机开始还是街机开始这个问题,百度百科的说明就略显矛盾。早期的家用游戏机和电视街机游戏机几乎是同时被发明出来的,相当于一枚硬币的两面。那时候(20世纪70年代前后)的发明家一方面希望游戏机尽量小巧化以便进入家庭,另一方面也希望游戏机一体化以方便销售。但是最早的量产商业化的游戏机 ODYSSEY(如图1-1-6)是 MAGNAVOX 公司自1972年发售的,"潮人"家庭开始配备这款游戏机时,街上还没有游戏厅。单说目前有多少电竞游戏比赛是主要依靠街机完成的这一点,就已经充分说明这条百科的业余程度了。当然,部分电竞比赛比的是"拳皇""铁拳""街头霸王"等系列格斗游戏,有些会借用街机来完成现场对决,但毕竟是极少数,而且往往不符合现代电竞网络化的特点。

图 1-1-6　早期的 ODYSSEY 被改造成第一款家庭游戏主机

图片来源：https://www.gameres.com/825721.html。

百度百科对于电竞的诠释如下：

游戏分类。包括游戏、竞技游戏和网络游戏。
网络游戏，缩写为 Online Game，又称"在线游戏"，简称"网游"。
像风波不断的《魔兽世界》（简称"WOW"），就是网络游戏中的经典，《天龙八部》《武魂》《剑灵》等也都是热门的网络游戏，风靡一时《仙剑奇侠传三》则是一个典型的单机游戏。
电竞游戏可以分为两个大类，一是对战类项目，一是休闲类项目。对战类主要是狭义或者说经典电竞游戏，休闲类则是电子化的传统体育和民间娱乐项目。
对战类开展得比较广泛、比较成熟的项目主要有《反恐精英》、"星际争霸"系列、《魔兽争霸3》等。休闲类项目大家都应该很熟悉。像网络围棋、中国象棋、四国军棋、桥牌一、麻将、拱猪、"斗地主"、"拖拉机"这些也都是大家平常休息娱乐的开心果。

首先，这个游戏分类就足见编写者思维之混乱。且不论单机游戏、竞技游戏、网络游戏三者的交叉逻辑关系，光看网络游戏条目对《魔兽世界》（如图 1-1-7）的介绍就令人感到奇怪。虽然我们不否定《魔兽世界》包括战场、竞技场等对战元素，但是把它放在电竞游戏中作为代表是不是过于尴尬，而且网络游戏、在线游戏、具有互联网功能的电竞游戏等诸多概念，词条编写者都没有理清，只能说目前的电竞行业尚未形成统一的规范，导致很多核心概念的模糊与混乱。

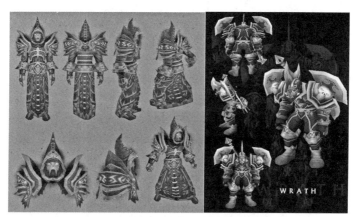

图 1-1-7　网络游戏《魔兽世界》中角色的不同装备

那么，电竞游戏的真正概念是什么？笔者无法给出一个明确的或学术性的概念，因为这种新兴概念，其内涵和外延都可能随着时间的推移、人们的认知深入而变化。但是从目前来说，电竞游戏是指基于公平原则、便于玩家进行快速对抗，且最终产生明确胜负、具有观赏性的一类电子游戏。当然，最好具有良好的观赏性，但是并不绝对，毕竟观赏性的定义还是见仁见智的。例如，很多人会觉得围棋比较沉闷，缺乏观赏性，但是对于围棋爱好者来说，高手的每一招可能都会掀起惊涛骇浪。不具备观赏性的电子游戏能不能算电竞游戏？现在电竞游戏能如火如荼，很大程度是因为目前的电子游戏发展到了画面精美、让大家痴迷的程度。

目前主流的电竞游戏其实并不多，大致分为如下几种态势。

1. 即时战略与即时战术（现在流行叫 MOBA）的新老交替

前几年的即时战略游戏无疑是电竞游戏的 C 位，从"星际争霸"系列开始，十多年来，暴雪公司总是有一两款即时战略游戏在电竞舞台上大放异彩。直至后来《刀塔》以及类《刀塔》的 MOBA 游戏崛起（如图 1-1-8、图 1-1-9），逐步将即时战略游戏的操作难度降低，让更多人能够参与对战，并逐步接管了电竞游戏王者的宝座。关于即时战略和 MOBA 的"恩怨纠葛"，下文会多次提及，此处不赘述。

图1-1-8　MOBA宣传海报

图片来源：https：//zhuanlan.zhihu.com/p/29697491？from_voters_page = true。

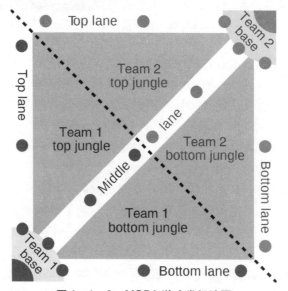

图1-1-9　MOBA游戏常规地图

图片来源：http：//news.eeworld.com.cn/mp/Intel/a6903.jspx。

2. 永远的射击游戏

基于人类的狩猎天赋，我们总是对各种目标运动有着独特而深沉的爱。童年时对枪炮的迷恋，在潜意识里推动男性玩家对射击类游戏欲罢不能。所以，无论在电竞发展的哪个年代，总有一款 FPS 射击游戏伴随你。

3. 竞速与足球，致敬传统竞技项目

除了奥运会以外，世界上最受瞩目的体育赛事就是 F1 和世界杯。对速度的向往催生出男性对赛车的执着。不是每个人都有机会开上名牌跑车，但是每个人都有机会在游戏里操纵各种赛车，这个诱惑无疑是巨大的。而作为世界上最成功的团体竞技项目，足球本身就在技术战术、观赏性、话题性上具有无与伦比的优势，这已经在多年的自然选择中得到了印证。将足球引入电竞，让平时没有体力满场飞奔的人可以控制球星完成射门，全场山呼海啸，其代入感是非常诱人的。

4. 古老的格斗，不知何时复出

在电竞没有那么多五花八门的直播、解说、舞台、灯光的时候，街机厅的一局"街霸"可能是我们小时候对于电竞最原始的认知。虽然那时候没有网络上的亿万观众，但是看到打赢以后身后十几个同伴欢呼雀跃，我们仿佛就站在奥运会的领奖台上。随着游戏越做越好玩，格斗类游戏由于变数少、套路多，加上过于直白的暴力形式，目前正处于低谷期。但是，本着游戏发展的循环原则、兴衰更替，也许在不远的未来，格斗类游戏能够回到大家的视线中。不要忘了，毕竟绝大多数格斗游戏只要有一台单机就可以对战，对于那些需要快速、简单，且不具备网络环境的场合，拿出来救场还是非常好使的，例如现在流行的在商场门口进行的那种宣传类电竞赛事。

5. 卡牌类，智商的考验

很多玩家都会苦于操作问题而无法体验到电竞游戏的乐趣，所谓"手残党"是也。但是这些玩家也有加入电竞的需求，于是卡牌类电竞游戏应运而生。从目前流行的《炉石传说》，到电子游戏版的《三国杀》《狼人杀》，这些游戏允许玩家无需顾及太多操作因素，而把精力关注在计算上，特别适合那些智力超群但是"手残"的玩家。类似于围棋之于足球一样，真正的围棋爱好者不会因为足球看起来热闹就放弃围棋，更何况现在的电子游戏形式的卡牌画面也是非常精美的，观赏性也比围棋的动态效果要高出太多，因此卡牌类游戏受到相关玩家追捧。

（三）战队与俱乐部

1. 战队

战队是一种以参加电竞比赛为目标的人相聚而成的互益组织，类似于社团的玩家组织形式之一。战队也是目前多数游戏中普遍存在的游戏系统，用以帮助游戏玩家间建立协作的社会关系。根据游戏设计和翻译的不

同，与战队意义相同的词语有游戏公会、军团、氏族等。

在目前的电竞环境下，战队队员的关系越来越紧密了，从原来一群天南海北的网友也能组成战队，发展到现在电竞联赛中基本等同于一支小型篮球队的组织规模，而且经常需要在一起切磋练习。随着战队专业水平的提高，正规的战队还设有领队、教练、心理导师、理疗师、技术支持等后勤人员，其专业化程度正在向传统体育项目的标准建制无限靠拢。专业化的战队有着明确的训练计划和训练目标，保证选手反复练习并达到肌肉记忆，训练方式也在逐步升级，从原来的反复对战到现在的明确的分项练习，可能单练"补刀"就要练几天，甚至还有专门的分项练习工具，例如专门练射击精度的点击小软件等。

2. 俱乐部

电竞俱乐部（如图1-1-10）的组织形式源于传统体育项目中足球、篮球俱乐部的组织形式。电竞俱乐部的产生是其职业化和专业化的一个标志，是聘用选手、各类工作人员，为了争取竞赛胜利的商业化运作机构。俱乐部往往采用公司运作模式，接受各种商业赞助，经营广告，进行培训后续队员，可以下设各种游戏的战队参与各种比赛。

图1-1-10　IG电竞俱乐部图标

图片来源：https：//sports.eastday.com/a/181105152414241000000-4.html。

三、电子竞技游戏的特性

（一）强对抗，多冲突

游戏发展到现在，种类已经非常丰富了，但是能称得上电竞游戏的，一定会有非常强烈的对抗性，要的就是那种"敌军还有五秒到达战场"的紧张感。因为竞技运动的目的就是分出强弱，高强度的冲突才能体现选手的优秀品质，体现他们超越常人的反应与操作。

（二）规则明确，目标清晰

游戏的核心就是制定规则，而电竞游戏必须达到高度的公平，才能获得对抗双方的认可，所以电竞游戏的规则是非常精确的，怎么样算赢，怎么样算输，必须有明确的规则。而且游戏目标是什么，是推倒水晶，还是抢夺旗帜，抑或干掉对方，都必须非常明确，不然选手操作的时候就会产生迷茫。

（三）差异平衡性

对抗游戏要做到绝对平衡是很简单的，把一切复制一遍给对面即可。一样的兵种，一样的地图，那么一定是平衡的，就看选手如何操作。但如果是这样的话，很有可能选手都会使用同样的战术，即所谓的"镜像"战术，进而影响比赛的观赏性，最后就变成比谁鼠标点得快了。因此，目前几乎所有的主流电竞游戏，对阵双方的阵容选择都是不一样的，但是，要做到两边不一样，还要有基本的平衡性，这就很难了。下文会详细分析如何才能做到这一点。

（四）有操作深度

竞技游戏的操作必须有一定的复杂程度才能拉开选手间的水平差距，才能让广大玩家魂牵梦绕地去探索、去练习。当然，这里的操作不仅指按钮和鼠标的操作，也包括合理使用技能、选择出手时机、排列攻防顺序等非即时操作。因此，电竞游戏的操作是要有一定难度的，不能过于简单机械，当然，合理的简化还是有益处的，过于烦琐的操作会导致入门的玩家对游戏望而却步。

（五）商业性强

目前为止，电竞赛事的商业模式还是非常简单的，基本是由游戏厂商控制着大型赛事。游戏厂商对于赛事的投入是需要回本的，靠什么回本？当然不能靠卖门票，所有电竞赛事的开销，绝大部分来自该游戏的营收。因此，电竞游戏在设计初期就必须植入足够的商业元素以备后续开发，这样才能保证游戏长久运营。否则，一个游戏衰亡了，与这个游戏相关的电竞赛事也就消失了。

思考题

1. 电竞运动与传统奥林匹克竞技运动项目的相同点和不同点分别是什么？
2. 列举一些常见的电竞比赛赛事。
3. 什么是电竞游戏？如何区分电竞游戏与非电竞游戏？
4. 电竞游戏有哪些突出的特点？

第二节　电子竞技游戏的用户层次

根据数据公司的统计，2018年中国电竞市场规模达到863亿元，用户规模达到4.28亿人。且不论这个数据是否精确，但是从历年数据涨幅来看确实相差不远。近些年来，由于手机的普及，那些原来从来不玩电脑游戏、主机游戏的人开始拿起手机，下载了很多手机版的竞技游戏，默默地成为电竞用户。目前最风靡的当属"农药"（《王者荣耀》的别称）和"吃鸡"（《绝地求生》的别称），从青少年到中年人，只要有手机的，不可能不知道这些游戏的存在，绝大多数青年人安装并体验过类似的游戏，只是有些人可能不喜欢游戏的风格，因而最终没有进行下去。那么，这些海量的用户到底分为哪几个层次？他们有什么共性和特性？下文将对此进行专门分析。

电竞游戏的用户可以分为三个层次，简介如下：①基础层，即普通游戏玩家，他们目的不一，海量基数；②专业层，即电竞选手，他们追求胜利，榜样引导；③运营层，即电竞运营端，专注于利益转化，推动完善。

一、基础层：普通游戏玩家

作为基础层的用户，普通的游戏玩家占所有电竞游戏用户数量的99%以上，数量庞大，但是需求不一。虽然我们身边经常有朋友能够达到"王者"段位，但是并不意味着他们就是电竞运动选手。电竞运动选手不仅需要一定的组织来运营，还需要为某款游戏投入大量的练习时间，以确保在高强度的电竞对抗中尽量少犯错（这些下文都会详细提及）。这和我们平时轻松地窝在沙发里，喝着饮料、听着音乐所能发挥的游戏状态是不一样的。有些游戏高手玩家对某款游戏非常熟悉，反应机敏，操作熟练，确实能够打到比较高的段位，有些甚至不比特定的专业选手打得差，但是，一方面，他们不愿意将大量时间和精力投入正式的电竞赛事，另一方面，在气氛紧张的赛场上，他们无法发挥出自己的正常水平。因此，这些玩家宁可休闲地进行游戏体验，而不想成为一名电竞选手。

我们可以借用大家更熟悉的篮球来打个比方。美国NBA篮球联赛是世界公认的高水平竞技运动，NBA的篮球运动员个个都是"职业玩家"，这些玩家是从全世界万千篮球爱好者中逐步淘汰产生的，可以将他们类比为电竞运动中的选手。我们身边也有很多高个子朋友篮球打得很好，甚至在一些街球比赛、投篮灌篮比赛中获得冠军，但是他们从来不会想到能去打NBA；我们中的大多数人平时也会使用NBA标准的规则模式和朋友们一起打球（虽然绝大多数打不完全场），但是我们也不会幻想能够成为NBA选手，而这并不影响我们打球的乐趣。这些人可以类比为电竞运动中广大的基础层玩家。

虽然这些基础层玩家游戏水平不是最高的，但是他们为电竞行业贡献了绝大多数的资金支持和关注度，甚至可以说整个电竞运动正是为了吸引这些玩家进入游戏而设计的。类比到所有竞技运动，它们都是为了让更多的人接触、了解并参与而加入竞技行列的，只不过很少有传统竞技运动掌握在个别的寡头财团手里（越普及的越难掌握，越小众的越有可能），而电竞的某一款游戏项目一定是掌握在某一个制作公司手里的，加之电竞游戏品种百花齐放，这些制作公司指望自己公司的电竞游戏能够称霸赛场，从而吸引更多普通玩家的注意并进入游戏消费，获得资金回报。这个目的和手段远比传统竞技项目要直白简单得多。

处于基础层的玩家们的需求各有不同（下文会详细阐述），总体说来就是"休闲玩家"，用现在流行的词语"佛系"来套用也不为过。他们中很多人也追求胜利，但是不像运动员一样一定要成为最强者，胜过所有人，他们只要胜过身边与他们对战的朋友或者网友即可。他们中很多人追求体验，只是体验这些电竞游戏带给他们的一丝丝战场对抗的氛围。是游戏为他们提供了一个安全便捷的模拟战场环境，他们中的很多人也许只是为了社交。"我看朋友们都在玩嘛，所以我也下载了，看看他们都在玩啥"，这往往是普通玩家开始"堕入"某个游戏"魔道"的初始原因。

我们经常调侃的"小学生"玩家正是这一层面玩家的经典写照。首先必须申明，笔者并非视操作不好的玩家为"小学生"，事实上，笔者接触到的小学生在游戏操作反应上普遍要比成人快，只不过大局意识差一点而已，这也是年龄赋予他们的特征，但从他们身上能看到电竞游戏在普通玩家身上产生的魔力。从他们身上既可以发现游戏本身的乐趣，也可以体现出现代网络游戏的社交属性，在这点上，儿童玩家和成人玩家的表现没有本质区别，只是前者的表现更容易被人观察到而已。

二、专业层：电子竞技选手

电竞运动之所以能够正规化，其主要原因是社会逐渐将那些专业从事电子游戏的人员认定为电竞选手。在传统运动项目中，衡量该运动是否成为竞技项目的重要标准是其是否拥有职业化的选手，就这一点而言，目前的电竞选手基本可以达到要求。电竞运动水平的提升需要运动员全身心地投入，在多年以前这几乎是不可能的，因为当时电竞产业环境不明朗，大多数电竞选手收入微薄，无法保障生活，更别谈安心训练了。前些年由于主流媒体不支持，硬件厂商盈利日渐下滑，当时最大的电竞赛事 WCG 也跌下神坛，电竞选手的境遇更是雪上加霜。近年来视频和直播平台的强势崛起，经济链条又重新连接起来，加上最近两年随着电竞冲奥、IG 夺冠，电竞成为国家拉动互联网经济的新车头，如今的电竞选手也不用担心社会误解和经济回报。在电竞行业更为发达的韩国，电竞选手的收入已经可以比肩娱乐明星。当然，高收入必然带来高级别的竞争环境，电竞选手要想留在一线团队，就必须付出更多的努力，这也顺势提升了电竞比赛的竞技水平，让比赛更具观赏性，形成良性循环。

如今的电竞选手，其专业化程度比之专业的体育运动员也不遑多让，目标也是出奇的一致，那就是追求胜利。那么，成为电竞选手有哪些基本要求呢？第一，反应机敏。因为绝大多数的电竞游戏需要频繁而精准的操作。第二，有较强的规划能力。从目前电竞游戏的演变规律来看，游戏的玩法会越来越多变，不仅需要选手随机应变的能力，更需要选手运筹帷幄的能力。第三，有强烈的团队意识。因为电竞比赛往往不是一个人的战斗，需要多个选手分工完成。即使一对一，也需要选手从他人身上取长补短。第四，形成自己的特色。在打法上、攻击性上、作战风格上体现自己的特点。就跟足球、篮球一样，越有特色的选手就越容易被观众记住。

目前虽然社会上对电竞选手已经没有明显的歧视和偏见，但是对这个职业还是有诸多不了解，最刻板的认知就是电竞选手就是学习不好、喜欢打游戏的孩子。其实电竞选手和"泡菜"网游爱好者有本质区别，电竞选手往往是最聪明的那批少年，而且有耐心和毅力。打个比方，让你天天吃各种山珍海味，你最多是个"吃货"，可能还会吃腻，但是让你每天只吃一道菜，让你吃一年，并要求你熟悉这道菜的每一刀都是怎么切的，每一勺调料都是怎么放的，然后闭着眼睛都能把菜做出来，这和之前的胡吃海喝就不是同一个层面了。电竞游戏也是一样，让你每天都玩同一款游戏，就那么几个角色，重复海量的操作，熟悉每一个数据，恐怕到最后你也不可能享受游戏的乐趣了，更多的只是本能反应。

三、运营层：电子竞技运营端

传统的游戏运营模式普遍是一个简单的闭环：游戏开发→游戏发布→游戏玩家→获利→再开发下一款。在传统模式中，开发和发布往往还是一家，例如暴雪。直到以苹果和华为为首的移动设备兴起、移动软件市场App Store出现，到现在的Steam、腾讯的Wegame等大型游戏线上发布平台的崛起，制作和发行可以分离了，游戏的发行变得更为便捷，当然也更不可控。同样是为了适应移动设备的普及，运营端开始占据优势，谁掌握了渠道，谁就掌握了市场。例如腾讯，很多游戏并不是腾讯研发的，但是它利用自己的微信、QQ平台优势换来了巨大的市场资源，同样级别的游戏在腾讯的运营下，确实能够卖得比别的平台好。

买到了篮球，有了场地，打起球来其实不难，但是，到底是什么让一个普通打篮球的过程变成世界瞩目的NBA呢？那就是体育赛事的运营。运营方从制度上明确了球场大小、比赛时长、参与人数等所有的游戏规则，为赛事制定了比赛规则。和传统运动项目略有不同的是，电竞比赛的组织者分为两类，一类是某竞技游戏开发商本身，另一类则是第三方，它们利用某些公司出品的游戏来运营赛事。但是，无论比赛运营者与开发者有什么样的关系，运营者对于游戏本身竞技性的需求是不变的。唯一的区别就是，如果两者关系紧密，那么这些竞技性问题修正起来就简单，反之，修正起来就相对麻烦，但往往也会被开发者采纳并修正，游戏圈就是这么个讲道理（事实依据）的地方。

运营层是怎么"用好"电竞游戏这个工具的呢？

（一）向上走，包装成专业化竞技赛事

虽然电竞是新兴运动，但是在目前商业化已达到相当高度的情况下，只要借鉴之前所有相关体育运动的对抗形式，再加入高科技元素，添加年轻人喜闻乐见的科幻魔幻元素（如图1-2-1），就一定能打造出不输NBA的专业联赛，那么后续的商业运作方式也将会是非常成熟的。

图1-2-1　世界级电竞赛事场面

图片来源：https://www.lieqinews.com/a/190226235056556.html。

（二）向下走，争取全民参与

腾讯、网易等游戏巨头利用各种平台，在线上线下推广游戏，病毒式营销大行其道，结合网吧、展会等组织各种次级电竞赛事，达到全民皆兵的效果。

(三) 向两边走，制造"眼球"经济

目前电竞产业与直播平台的依存关系非常明显，而直播平台主要的吸睛利器就是美女主播。玩家看直播其实未必是要提升多少游戏技能，而是需要一种有人陪伴一起玩游戏的体验。所以电竞行业也和各种传统赛事一样，需要塑造自己的明星去吸引各种关注。

总体说来，运营层其实并不关心具体运营游戏，只要该游戏符合流行产品的风格，受众人群足够，能够吸引足够的关注，最后转化为真实的利润即可。

知识拓展

电子竞技发展现状

一、电子竞技的诞生

电子竞技（以下简称"电竞"）作为游戏产品的竞技化项目，它的产生主要得益于电子游戏的发展。20世纪90年代，电子游戏日渐成为主流娱乐文化项目之一，家用电脑的普及带来了个人电子游戏用户的快速增长。一些RPG（Role-playing game）游戏和即时战略游戏在满足游戏玩家的娱乐性需求之余，呈现出了较为强烈的对抗性，特别是借助局域网及互联网技术的发展，游戏玩家在游戏中的对抗、合作、分享成为游戏的重要组成部分。在这一时期，一些热门游戏，如"帝国时代"系列、"星际争霸"系列、*FIFA*、*CS* 等，在游戏玩家的对抗性方面的成熟度越来越高，游戏的对抗性和竞技性特征越来越明显。尤其是"星际争霸"系列在韩国的成功，产生了"游戏+电视转播"的发展新模式，一场游戏转播往往可以吸引几万人观看。与此同时，在电视转播的推动下，一些游戏玩家逐渐有了一定的知名度，游戏对抗本身的观赏性也越来越强，电竞的雏形逐步形成。1999年10月2日，在韩国首尔，On Media电视台举办了一场由16人参加的电子游戏对抗赛节目 *PKO*（*Programer Korea Open*）。至此，电竞赛事形态初步形成，"电子竞技"作为一个新的名词进入了人们的视野。

在此之后，一些全球性的电竞赛事开始启动。2000年，由韩国电子营销公司主办、三星和微软赞助的世界电子竞技大赛（World Cyber Games，

WCG）正式启动，成为电竞领域的"奥林匹克运动会"。每年都有数以万计的选手和观众参与其中，作为电竞大赛的主要游戏项目包括 *FIFA*、"雷神之锤""星际争霸""帝国时代""半条命"和"虚幻竞技场"等。从2001年第一届赛事开始，主办方会根据一些热门游戏的市场认可度，对其中一些做调整，作为参与电竞比赛的游戏项目，如第三届增加了"魔兽争霸"和"光晕"，第四届增加了"极品飞车"和"互联网络街头赛"等。2013年11月28日—12月1日，第十三届WCG总决赛在中国昆山举办，随后该项赛事停办，直到2019年7月，第十四届WCG总决赛才重新启动，并于7月18—21日在中国西安举办。

世界电子竞技大赛以及随后产生的电子竞技世界杯（Electronic Sport World Cup, ESWC）、职业电子竞技联盟（Cyberathlete Professional League, CPL）被称为世界电竞三大赛事。这一系列赛事的举办，使得电竞从最初单纯的游戏项目转向了竞技比赛项目，在这些赛事项目运行过程中，电竞的基础文化体系、赛事体系及评判体系等得以建立，电竞逐步摆脱了电子游戏的束缚，成为一项具备体育竞技气质的新兴运动项目。

二、电子竞技在中国

电竞在中国的发展与在世界其他地区的发展基本上是同步的。2003年，国家体育总局将电竞确认为第99个正式体育项目，电竞作为一项运动在中国开始被关注。2004年6月19日举办了第一届中国电子竞技运动会，电竞的热潮首度被掀起。然而，同年4月12日，原国家广播电视总局发布《关于禁止播出电脑网络游戏节目的通知》，众多电竞类节目直接受到影响，刚刚兴起的电竞热潮迅速降温。2005年，被称为《魔兽争霸》"人皇"的Sky（李晓峰）在这一年为中国获得了第一个世界级比赛项目的重要荣誉——ESWC电子竞技世界杯殿军，以及2005年新加坡WCG总决赛冠军，并在2006年蝉联意大利WCG总决赛冠军，为中国在该项目中获得此项荣誉的第一人。2006年，李晓峰入选中央电视台评选的体坛十大风云人物。一时间，电竞选手像其他领域的明星一样受到了媒体追捧。

2007年，亚洲室内运动会首次将电竞项目纳入正式比赛项目，2008年，成都市第十一届运动会也将电竞作为一项正式比赛项目。这一年，国家体育总局整合已有的体育项目，将电竞重新定义为第78号体育运动项目。2009年，一部由荷兰导演制作的纪录片 *Beyond The Game* 在荷兰上映，而影片的主角之一就是有着"中国电竞第一人"之称的李晓峰。2012年，电竞被提名为奥运会比赛项目,虽然最终未能入围,但是电竞进入奥运会自此成为中国电竞人的梦想。2013年,国家体育总局成立了由17人组成的中国电竞国家队,出战第四届亚洲室内与武道运动会。这一事件引发了很大的争议,一名传统体育项目运动员对此进行了直接的批评,并引发了网络上的口水战,最终以该名运动员的道歉为事件画上句号。2014年,在美国西雅图举行的Ti 4(第四届DOTA2国际邀请赛)上,来自中国的Newbee战队拿到了总冠军,获得了500美元奖金。也是在这一年,银川市政府、银川圣地国际游戏投资有限公司举办了世界电子竞技大赛(World Cyber Arena,WCA),到2015年第二届比赛前,WCA在全球设立了五大赛区进行晋级比赛,赛程全天候进行,17个赛段,278天的比赛,近1274小时的直播,成为电竞的全球盛宴。2017年,2017年度英雄联盟全球总决赛在北京国家体育馆举行,有超过5000万人观看了这场比赛。这一年的10月,在瑞士洛桑举行的国际奥委会第六届峰会上,代表们同意将电竞看作一项体育运动。2018年,中国迎来了电竞最为辉煌的一年。5月,中国LPL的RNG战队以3∶1击败了韩国的卫冕冠军KZ,一举夺冠;在同年举行的雅加达亚运会上,电竞作为表演项目进入亚运会,中国代表团获得了2金1银的好成绩,电竞一度成为社会的热门话题。2019年4月3日,人力资源和社会保障部、国家市场监管总局、国家统计局联合发布通告,设立了电子竞技员和电子竞技运营师两个新型职业岗位,此举再次引发了国内电竞从业者的热议。

从2003年电竞被纳入体育项目,到2019年电竞选手的身份得到认可,17年来,中国电竞的发展经历了诸多曲折,但是,中国作为全球最大的电竞市场,电竞带来的产业集聚效应已受到越来越多地方政府的重视,成为推动经济增长的一个重要支撑。

三、电竞主要赛事

(一)早期世界电竞三大赛事

WCG(World Cyber Games):世界电子竞技大赛。创立于2000年,属于非游戏厂商直接经营的第三方赛事,主要由三星和微软提供赞助。到2013年,比赛共举办了13届,先后在韩国、新加坡、美国、德国等地举办。三星在中国昆山举办了第十三届后,宣布停办,直到2019年7月才重新在中国西安举办。

ESWC（Electronic Sport World Cup）：电子竞技世界杯。起源于法国，其前身是始于 1998 年的 Lan Arena 赛事。2008 年全球金融危机爆发，ESWC 宣布停办。2009 年，Game Solution 公司接管了 ESWC。2011 年，ESWC 停办了《魔兽争霸 3》项目，中国区预选赛也遭到停办，这一赛事在中国的影响力因此迅速下降。

CPL（Cyberathlete Professional League）：职业电子竞技联盟。创立于 1997 年，创始人 Angel Munoz。其最初举办的目的是希望将电竞向真正的竞技运动推进。CPL 在全球五大洲都设有锦标赛，授权 50 多个国家进行预选赛和资格赛。CPL 被誉为世界上最好的电竞大赛组织，它较为系统地为电竞赛事制定了规则，使得电竞的运动属性越来越明晰。

（二）当前主流电竞赛事

LPL（League of Legends World Championship）：英雄联盟全球总决赛。该项赛事是由游戏厂商赞助支持的全球性赛事，主办方是游戏开发方拳头公司。英雄联盟全球总决赛举办之前，会在各大洲设立相应的赛区，目前共有 13 个赛区，包括韩国 LCK、中国港澳台地区 LMS、欧洲 LEC、北美 LCS、中国大陆 LPL、独联体 LCL、巴西 CBLOL、东南亚 LST、拉丁美洲 LLA、土耳其 TCL、大洋洲 OPL、日本 LJL、越南 VCS。从 2011 年"第一届 Season"（简称 S1）全球总决赛开始，截至 2019 年，已经举办了 9 届。这是一个以《英雄联盟》这一单一比赛项目组织的比赛，也是目前世界范围内电竞项目中最有影响力的赛事。在 2018 年 S8 总决赛中，独立观众达到 9960 万人，这里的独立观众是指单独在 IP 地址观看赛事的人，超过了大多传统体育项目的关注度。

Ti：DOTA2 国际邀请赛（The International DOTA2 Championships）。2011 年开始举办，主办方是 Valve Cpporation（维尔福软件），该公司也是该款游戏产品的开发商。除了 Ti 1 在德国科隆、Ti 8 在加拿大温哥华、Ti 9 在中国上海举行外，该项赛事每年主要在美国西雅图举行，其一个重要特征就是高奖金池，Ti 5 的奖金池达到了 1000 万美元，一度引发社会舆论的关注，而 Ti 6 的奖金池则达到了 2000 万美元，冠军可获得 900 万美元。到 Ti 9，大赛的奖金池已经达到了 3000 万美元。

WESG（World Electronic Sports Games）：世界电子竞技运动会。是由阿里体育 2016 年开始打造的第三方赛会制电竞赛事，从每年的 5 月一直持续到下一年的 3 月。比赛项目包括《反恐精英：全球攻势》（CS：GO）、《刀塔 2》（DOTA2）、《炉石传说》、《星际争霸》系列、《实况足球 2019》

和《虚荣》等。该项赛事的中国区总决赛落户苏州高新区，而全球总决赛经过几年的调整，最终落户重庆。

KPL（King Pro League）：王者荣耀职业联赛。是由腾讯互动娱乐主办的电竞职业赛事，采用赛季模式，每个赛季分为常规赛、季后赛和总决赛，采用东西部分区赛制，共有15支注册队伍参赛。运作模式类似于美国的NBA职业联盟的比赛。该项赛会从2016年开始举办，是目前电竞领域影响最广、职业化程度最高的专业赛事之一。

此外，还有一些赛事在国际范围内也有很大的受众面，包括堡垒之夜夏季赏金赛、PUBG全球邀请赛等。

四、电竞的运营组织

腾讯游戏：腾讯的四大网络平台之一，也是目前中国最大的游戏代理商和知名网络游戏社区，成立于2003年，旗下代理的《英雄联盟》和《王者荣耀》是目前电竞领域最为热门的主流电竞项目。此外，《和平精英》《穿越火线》等也都是由腾讯游戏代理的，其旗下也有自己的游戏研发工作室，包括天美工作室群、光子工作室群、魔方工作室群、北极光工作室群等。

阿里体育：2015年成立的阿里集团下属企业，主要面向数字经济思维发展下的体育产业链。2016年，阿里体育启动了原创电竞赛事WESG，创建了电竞开放平台。

完美世界游戏：完美世界集团的重要业务板块，成立于2004年，同年推出了同名游戏《完美世界》。完美世界集团是中国最大的影视、游戏类公司的综合体，旗下拥有众多知名游戏产品，包括"诛仙"系列、《武林外传》。在电竞领域，完美世界是DOTA2和CS：GO的中国独家运营商，其主办的DOTA2国际邀请赛和CS：GO亚洲邀请赛等都是电竞领域代表性的热门电竞竞赛。

网易游戏：网易在2001年成立的游戏运营部，品牌价值超过13亿美元，为全球七大游戏公司之一，其开发的热门网络游戏"大话西游""梦幻西游"等系列具有非常好的用户基础和很高的忠诚度。此外，2008年，网易游戏获得了《星际争霸2》《魔兽争霸3：混乱之治》《魔兽争霸3：冰封王座》的独家经营权，2009年获得了主流电竞项目"魔兽世界"系列的中国独家运营权。

盛大游戏：成立于2001年，是网络游戏开发商、运营商和发行商。其运营的《热血传奇》创下全球大型多人在线游戏运营纪录。2004年，盛大游戏通过股票收购，成为韩国 Actoz soft 公司控股方，为首个收购海外上市游戏公司的中国企业。2009年，盛大游戏成功在美国纳斯达克交易所上市，成为美国当年最大的IPO案例。除了"传奇"系列游戏外，其发行代理的《百万亚瑟王》《最终幻想14》，自主研发的"龙之谷"系列和《血族》等都在游戏领域具有很强的号召力。

除此之外，中国的一些主要游戏公司还包括巨人网络、九城游戏、畅游、世纪天成等。

（作者　王贤波）

思考题

1. 电竞游戏主要面向哪些用户？他们分别具有什么特征？
2. 电竞游戏如何才能获得更多普通游戏玩家的热爱？
3. 游戏运营端人员是如何将现有游戏打造成热门电竞游戏的？

第二章　第一层用户需求：游戏玩家的需求

第一节　电子游戏为什么吸引我们

电子游戏是一个比较大的概念，包括电竞游戏，当然，除了竞技之外，更多的是悠闲娱乐的游戏。从宏观上说，简单到游戏厅"忽悠"小孩子的摇摇椅，复杂至虚拟世界中成千上万人痴迷的大型网络游戏，都属于电子游戏的范畴。从归纳法来分析，既然电竞游戏是电子游戏的一个分支，它就应该具备电子游戏的所有特性。因此，我们先从大的方面来研究电子游戏为什么吸引我们，自然而然就能明白其分支电竞游戏为什么吸引人了。

一、电子游戏的特性与分类

（一）电子游戏的定义

百度百科对电子游戏的定义是：电子游戏（Electronic Games）又称视频游戏（Video Games）或者电玩游戏（以下简称"电玩"），是指所有依托电子设备平台而运行的交互游戏。根据媒介的不同，可分为五种：主机游戏（或称家用机游戏、电视游戏）、掌机游戏、电脑游戏、街机游戏和移动游戏（主要是手机游戏）。完善的电子游戏在20世纪末出现，改变了人类进行游戏的行为方式和对游戏一词的定义，属于一种随科技发展而诞生的文化活动。电子游戏也可代指"电子游戏软件"。

上述电子游戏的概念涵盖了所有在电子设备上运行的交互式游戏类型，可见，电子游戏的特性一方面是通过电子设备完成的，另一方面就是以游戏的方式来进行互动。电子设备决定了电子游戏与传统的游戏项目（例如猜拳、打牌）相比有更多的体验感，电子设备在当前环境下的联网功能也带来了电子游戏的广域性。大家可以身处天南海北，共同完成一局上百人的游戏（例如《绝地求生》）。而游戏的交互特性决定了电子游戏和电子设备表现出比其他艺术形式（例如影视、音乐、插画等）更多的参与性，也正是参与性才使得游戏让这么多玩家欲罢不能。目前大家普遍使用的手机平台上，所谓的App（应用软件）与游戏走得越来越近，正是因为手机应用借用了大量游戏式的奖励内容,利用受众共有的好胜心和占有欲,提供了大量的虚拟奖励,例如点赞系统、红包系统、积分系统、排名系统等。总括一句,电子游戏的真正特性就是两点,第一是模拟,第二是交互。

电子设备带来的模拟性提供给游戏更安全更广阔的游玩方式。在电子游戏普及之前,我们进行某些游戏(包括运动)例如摔跤、军事演习等,虽然也是某种程度的模拟,但是参与者承担的风险非常大,同时受到环境、地域的限制,参加的方式也有限。但是目前飞速发展的电子设备给了我们巨大的想象空间,我们现在可以足不出户,坐在椅子上,带上VR (Virtual Reality,虚拟现实)头盔,打开沉浸式音响,方便地参与各种逼真的游戏互动,也可以利用电脑控制成千上万人来进行大型的战争模拟。

而人与电脑、人与人之间的交互也将游戏与其他艺术形式区分开来。其他的艺术形式,例如绘画、音乐、文学、舞蹈以及电影,都是要求受众以第三人称的视角静静地去观察、欣赏,而电子游戏则不然。受众的任何操作都会让电脑或者另一台电脑前的人产生反应,这种受众操作然后获得实时反馈产生的乐趣是之前的艺术形式所不具备的。

(二) 电子游戏的分类

很多涉及电子游戏的书籍往往会把游戏分类放在最前面,作为自己细分研究的依据。本书认为不必这么着急,因为用户需求在宏观上是模糊的、不确定的,一旦细分了,就死板了。我们首先需要了解的是游戏的本质,过早地考虑有哪些类型、哪些类型为谁服务,往往会让你走上"套路"。这也就是为什么现在很多类型的游戏往往只有一种模式的原因,这显然是玩家都不希望看到的。

分类作为研究世间万物的一种方法,是人类归纳性思维的具体表现。而在对电脑游戏的认知过程中,分类方法的运用更为明显。

然而,分类方法是以分类标准为前提的。换言之,有多少种分类标准就有多少种分类方法。因此,从这个意义上来说,电子游戏的分门别类不局限于一种分类标准。雷池之外,应该是别有洞天。法国社会学家罗杰·凯约华提出的游戏四分类法便是一种不小的突破。他认为,人类古往今来的游戏尽管在形式上千差万别,但按照意识和规则两项标准来定义,可以将其框定在四种基本类型的认知图景之内。即以"是否调动游戏者的意识"为纵轴,以"游戏本身是否具有规则"为横轴,两轴垂直相交所形成的坐标图标就是游戏四分类法的具体样式(如图2-1-1)。

由图2-1-1可以得出四个类型,同时,这些也是游戏的四种因素。

第二章　第一层用户需求：游戏玩家的需求

第一，竞争。既有意识，也有规则。例如国际象棋、台球及大部分竞技类体育运动等。

第二，模拟。有意识，但无规则。例如儿童过家家、假面舞会等游戏。

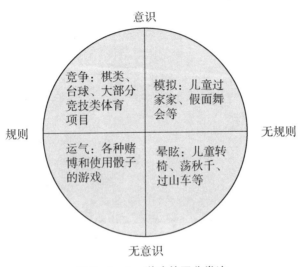

图2-1-1　游戏的四分类法

图片来源：https://www.taodabai.com/。

第三，运气。有规则，但不能反映意识。例如轮盘赌等使用骰子的游戏。

第四，晕眩。既无意识，也无规则。例如儿童转椅或荡秋千、现代游乐场的过山车等。此外，国外有人认为，在因特网上漫游也是一种晕眩类的游戏，因此，"冲浪"的比喻尤为贴切。

罗杰·凯约华的游戏四分类法在日本游戏业界受到了高度的重视，日本的南梦宫公司在建设都市型主题公园时，就曾根据上述理论设计了一个名为"神奇之蛋"的娱乐项目。日本游戏业界评论人士也对游戏四分类法的理论价值给予了较高的评价，并认为电子游戏是凯约华所定义的四种类型游戏的集大成者。即在电子游戏里，具有对抗性的"竞争"是必不可少的；与现实世界保持某种对应关系的"模拟"因素也是随处可见的；而"运气"和"晕眩"同样是电脑游戏不可或缺的游戏因素。在电脑游戏具体表达过程中，四类游戏浑然一体。或许正是电子游戏吸纳了国际象棋、台球、儿童过家家、轮盘赌、过山车等所有游戏的精粹，所以才饶有趣味。

让我们来剖析两个例子以便于大家理解记忆，分别是"命令与征服"系列（如图2-1-2、图2-1-3）与《俄罗斯方块》。"命令与征服"是美国Westwood公司在1995年推出的即时战略游戏，该系列作品在全世界的销量曾创下500万套之多。我们依照凯约华的游戏四分类法对它们进行验证。

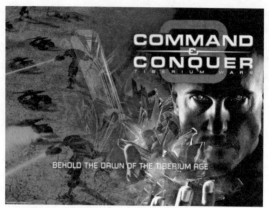

图2-1-2　即时战略游戏"命令与征服"系列宣传海报

图片来源：https://book.douban.com/subject/2231651/。

图2-1-3　即时战略游戏"命令与征服"系列游戏画面

首先是有意识无规划的"模拟"因素。在"命令与征服"系列中，模拟因素比比皆是，游戏者扮演一个战场指挥官，统领各个兵种部队，与敌方展开轮番厮杀。枪声、炮声与士兵阵亡的哀号声交织在一起，模拟出了一幕幕残酷的战争立体画卷。俯瞰视野下的河流、树木、平原、峡关隘道与机械化的各种军旅之师相互映衬,生动地模拟出了惟妙惟肖的战争场面。

其次是有意识有规则的"竞争"因素。这些因素在"命令与征服"系列中各个不同层次间都有所表现。除了战争本身是一场残酷的竞争之外,诸如双方资源的竞争、军事力量的竞争、战略要地的竞争,乃至于在时间上的竞争,都在一种可视化的场景中被淋漓尽致地表现出来。

再次是有规则无意识的"运气"因素。它们也在"命令与征服"系列中被恰如其分地加以运用。比如,在地图上会散落许多小箱子,它们就是"运气"的代名词,捡到这些箱子可能会转化成一辆采矿车、一辆坦克或者是一组士兵,但也有可能是一个炸弹,甚至是让地图变成漆黑一片的一场噩梦。尽管如此,玩家们都会乐此不疲地想要碰碰运气,尤其是在自己快被对方歼灭时,玩家常常希望自己那些落荒而逃的士兵能够捡到一个可转换成基地车的箱子,以图东山再起。

最后是无意识无规则的"晕眩"因素。基于凯约华把滑雪、登山(非竞技)界定为晕眩类游戏,人们不难理解,所谓的"晕眩"无非是刺激人的生存与安全意识的紧张情绪的另一种说法,比如恐高心理就是一种最典型的晕眩表现。因此,晕眩游戏带给玩家的情绪体验便是紧张感和成就感。根据这种认识,"命令与征服"系列里的"晕眩"因素也是普遍存在的。比如说,当敌人重兵袭来时,玩家会立刻紧张起来,而经过一场恶斗终于打退了敌方的猖狂进攻后,便完成了一个晕眩过程。从紧张到放松,再引起紧张……如此往复的心理情绪变化使晕眩状态呈现了有节奏的律动。

以上虽然是以"命令与征服"系列为个案,说明电子游戏确实包含广义游戏的四种要素,但这种分析对其他类型的游戏也同样适用。

再如《俄罗斯方块》这个动作型益智游戏,四种游戏因素也皆有所体现。显而易见,这个游戏的"运气"因素较为突出,即后续的方块是玩家无法预知的。而《俄罗斯方块》的"竞争"因素则较为单纯明快,从大处讲是赢得高分,从小处说则是每一个方块在下落过程中都是一种对智力的挑战。就"模拟"而言,《俄罗斯方块》显然抽象了一些,但它似乎与瓦工砌墙有一种关系。尽管这种解释有些牵强,但人类在游戏过程中的联想思维活动将起着主要的作用。凯约华对"模拟"的定义,主要是强调玩家的主体意识,即玩家可以将一些抽象的事物内化成一种与经验世界相联系的对应物。至于"晕眩"因素,则在这部朴素的游戏中有着充分的表现,那些不断下落的方块会不断地唤起玩家的紧张情绪,而每一次的错落有致的摆放又会使玩家产生一种成功后的成就感(如图2-1-4)。

图 2-1-4　益智游戏《俄罗斯方块》的游戏开始方式界面和画面

图片来源：http：//www.aminoacid-jirong.com/news/9j92q99cs3332zf.html。

仔细地审视每一部电子游戏，它们都融入了罗杰·凯约华所定义的"竞争""模拟""运气""眩晕"这四种游戏因素。从这个意义上来讲，电子游戏在继承传统游戏的过程中不仅是一种表面化的东西，更重要的是传递了游戏文明的精要之义。

随着科技水平的突飞猛进，电子游戏已经广泛普及，成为大众休闲的最佳娱乐方式之一。一种事物，如果它具有丰富而独特的表现力，如果它能给人们带来由衷的欢愉，如果它能表现许许多多鲜明生动的形象，它就是一种艺术。从 20 世纪 70 年代最古老的 8 bit 个人电脑苹果（Apple）系列推出而出现的第一批简单的电子游戏雏形开始，至今发展成为拥有亿万游戏迷的独立的新型艺术样式，电子游戏已向世人显示了其强大的艺术生命力。与其他大多数艺术样式不同的是，电子游戏从出现伊始就充满着"铜臭味"，它不像绘画、音乐那样曾经只为人类创造美好的精神世界，电子游戏一进入人们的视野就和商业活动密不可分，或是为了促进某种电脑型号的销售，或是为了让玩家多买几份拷贝，或是进入游戏便开始按时间计费。

如今的电子游戏既是社会意识形态中的艺术现象，又是由投资、生产、销售等行为组成的经济现象。值得注意的是，作为一种特殊的文化商品，电子游戏本身具有强烈的文化属性，不同类型的电子游戏具有截然不同的文化特征。同时，在电子游戏的消费过程中，消费者自身的文化特征也将在很大程度上影响其具体的消费心理与消费行为，进而产生具有显著差异的需求与选择偏好。因此，对于电子游戏的研究，必须重视电子游戏及其消费者的文化特征，故如今的电子游戏产业和诸多成熟的文化内容产业一样，对主题、内容、受众、媒介、表现形式等方面进行了市场细分。

（三）电子游戏市场的分类

作为现代营销学的起点和基本研究命题之一，市场细分是差异化营销战略的前提与基础。有效的市场细分源自对消费者行为的系统研究，在合理的细分标准和细分模型下，明确不同消费者群体对于产品的需求差异，进而从中发现市场机会，制定具体的营销策略。

如今电子游戏市场往往根据三个标准进行进一步分类，分别是游戏运行的硬件平台、游戏题材的类型、游戏画面的表现形式。

1. 游戏运行的硬件平台

硬件平台是电子游戏的运行载体。总体上分析，所有类型的电子游戏的硬件都是微芯片发展的产物，都可以算是一台"计算机"，可以分为输入单元、储存单元、运算单元、显示单元等部分。但是从电子游戏操作方法及优化类型来划分，往往可以将其硬件平台分为如下几类：个人电脑平台、家用游戏机平台、掌上游戏机平台、大型游戏机平台以及近年来异军突起的手机（移动终端）平台（如图2-1-5）。手机最早也算是掌上游戏机的一种，但是，随着近年来手机功能的完善，游戏对于手机硬件的调用范围也逐渐扩大，很多游戏调用手机通讯录、定位信息、摄像头、平衡仪、麦克风等，且多数整合手机社交软件，所以手机游戏平台逐渐从掌机游戏平台脱离出来。

个人电脑
平台：PC游戏

家用游戏机
平台：主机游戏

掌上游戏机
平台：掌机游戏

大型游戏机
平台：街机游戏

手机（移动终端）
平台：手机游戏

图2-1-5 不同游戏运行的硬件平台

首先必须澄清一个误区，即不是只有电脑平台和手机平台能够进行电竞游戏，只是由于这两者比较普及，所以更受赛事运营层关注而已。事实上，最早的电竞是家用主机和大型游戏机开创出来的，在早期网络并不发达的时候，具有多人操控模式的家用主机和街机是广大对战爱好者的首选，至今还有火爆的球类电竞（"实况足球"或者"NBA 2K"系列篮球游戏）和竞速游戏（"极品飞车"系列等）通过家用主机平台进行对抗，而格斗类的游戏（"拳皇""铁拳"系列等），由于其能够同屏操作的特性以及个人操作的打击感需求，则多由街机平台完成。总而言之，什么平台适合游戏的发展、适合电竞游戏的对抗是由游戏种类、发展阶段以及用户需求决定的，并不是一成不变地只有那几种模式，千万不能将思维吊死在一棵树上，这是我们作为游戏设计人员必须深入了解的。

2. 游戏题材的类型

上文说到了游戏的题材类型，那么我们有必要了解一下，从游戏题材的类型上划分，电子游戏可以被分为很多种类（见表2-1-1）。如同电影的题材分类一样，游戏的题材也根据受众的喜好细分成了若干种类，有专门表现战争指挥艺术的即时战略，有专门模拟士兵作战的第一人称视角射击，也有专门供玩家进行操控体验的竞速游戏，等等。而如今游戏的题材越来越向虚拟现实和强调真实体验方向发展，这对三维技术在游戏中的使用起到了无比巨大的相互推动作用。

表2-1-1 目前常见电子游戏分类

英文缩写	英文全称	中文名称
RPG	Role-Playing Game	角色扮演游戏
ACT	Action Game	动作游戏
AVG	Adventure Game	冒险游戏
SLG	Simulation Game	日式模拟游戏
SIM	Simulation Game	美式模拟游戏
RTS	Real Time Strategy Game	即时战略游戏
FTG	Fighting Game	格斗游戏
STG	Shooting Game	射击游戏

续表 2-1-1

英文缩写	英文全称	中文名称
FPS	First Personal Shooting Game	第一人称视角射击游戏
PZL	Puzzle Game	益智游戏
RAC/RCG	Racing Game	竞速游戏
CAG	Card Game	卡片游戏
TAB	Table Game	桌面游戏
MSC	Music Game	音乐游戏
SPT	Sports Game	体育游戏
EDU	Education Game	育成游戏
LVG	Love Game	恋爱游戏
MUD	Multiple User Dimension/Multiple User Dialogue	"泥巴"游戏
MMORPG	Massively Multiplayer Online Role Playing Game	大型多人在线角色扮演游戏
MOBA	Multiplayer Online Battle Arena	多人在线战术竞技游戏

注：随着游戏发展，类型会逐渐增多。

3. 游戏画面的表现形式

从游戏画面的表现形式上划分，电子游戏又可以分为2D游戏、2.5D游戏和3D游戏（如图2-1-6）①。

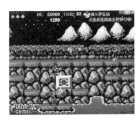
2D游戏画面

2.5D游戏画面

3D游戏画面

图2-1-6 三种游戏画面表现形式

---

① 此处使用阿拉伯数字和英文字母缩写形式主要避免中文表示2.5D时的困难。

一方面，2D游戏最显著的特征是所有图像元素都是以图片形式制作，地图无论是拼接的还是整图制作，其地表、建筑都是由单张的地图元素构成的。而动画则是以逐帧的形式预先保存的，这些图形元素最终都会以复杂的联系方式在游戏中进行调用而表现游戏世界中丰富的内容。另一方面，2D游戏很少需要调用显卡加速，大部分的2D图形元素都是通过CPU进行运算，因此，一款2D游戏的图形实现效果要看CPU的负载能力。如传统的"红色警戒"系列、"魂斗罗"系列和《俄罗斯方块》等，都是典型的2D游戏。

3D游戏是把游戏世界中的每个物体看作一个立体的对象，由若干个几何多边体构成，在文件中存储的是对对象的描述语句，如对象由哪几个多边体组成、它们之间的位置关系以及在哪个部位使用哪个贴图等描述性内容。在显示时，还要通过程序对这些语句的解释来实时地合成一个物体。通过若干个立体几何和平面几何公式的实时计算，玩家在平面的显示器上还能以任意的角度来观看3D物体。构成物体的多边形越多，合成时需要的计算量就越大。如当下流行的《守望先锋》《英雄联盟》、"使命与召唤"系列、"实况足球"系列等，都属于典型的3D游戏。

同时具备2D与3D特点的游戏，我们称之为2.5D游戏。它有两种图像：一种是3D地图，2D角色；一种是2D地图，3D角色。但在地图设计制作上，目前还没有2.5D之说，最多为伪3D。伪3D的好处在于比较容易将制作物的质感表现出来，而纯2D技术要做到这一点就需要特别专业的技术。如今很多的网络游戏考虑到画面精美和硬件机能的平衡，采用了2.5D的画面表现效果。

在上文提到的诸多游戏类型中，动作游戏、冒险游戏、即时战略游戏、第一人称视角射击游戏、竞速游戏、体育游戏这几类游戏为了满足玩家真实体验需求的目的，越来越多地采用以3D形式的画面表现效果（如图2-1-7）。

图2-1-7　常见的三维游戏画面

第二章　第一层用户需求：游戏玩家的需求

二、游戏是人的天性（3F 理论）

　　游戏意识不是后天培养的技能，而是人与生俱来的天性。我们从幼儿阶段能够感知事物开始，便生发了游戏的天性。从抓握小球投掷捡回，到模拟大人行为过家家，再到社会性启蒙的伙伴嬉闹，最后到充满竞争性的体育运动，这些都是我们成长过程中游戏形态的各种变化，均满足于上文提到的游戏模拟和交互的特性。只不过在早些年因为没有电子设备，所以游戏的形式往往是在现实中、通过肢体互动完成的，而电子设备普及以后，游戏分支出了电子游戏。这也就是为什么现在所有的孩子父母都感叹："哎呀，我的孩子好聪明，ipad 都不用教，扔给他，他自己就会打游戏了！"这其实并不代表孩子的聪明与否，而是说明正常智商的幼儿就能从电脑屏幕的按钮交互中体会到游戏的乐趣。

　　人类天性的三个追求是：

（一）追求乐趣（For Fun）

　　很多人会觉得打游戏就是出于"好玩"，即都是为了追求乐趣。但是其实游戏的乐趣可以分为"行为中的乐趣"以及"行为后的乐趣"，即玩游戏本身的乐趣和玩游戏胜利后获得成就感的乐趣。后者不在我们讨论之列，因为宏观来说，"行为后的乐趣"普遍存在，并非游戏所特有。例如，你帮助了别人，事后想想挺开心，那也是乐趣；你读了一本好书，事后觉得主人公很不错，很喜欢他，那也是乐趣；你打乒乓球赢了一局，挺开心，那也是乐趣。以上这些行为完成后产生的精神奖励充斥我们的生活，所以我们重点来看看前者——"行为中的乐趣"。

　　首先，我们从神经科学的角度来了解一下游戏让我们产生乐趣的原因。这其实是一个条件反射的运作原理。操作性条件反射的概念是由美国心理学家斯金纳于 1954 年提出的。但大多数行为学家不称之为"斯金纳箱"，斯金纳本人也不想因以其命名的一种设备而名垂青史，所以这口笼子被叫作"操作性条件作用室"。这是一个用来隔绝研究对象（通常是鸽子或老鼠）的笼子，里面有一个可以操作的按钮和研究对象所接受的刺激（比如照射光）。对象按下按钮，就可以获得奖励（食物），但前提是对象对刺激作出反应后，能正确地按下按钮（如图 2-1-9）。斯金纳就是靠这口笼子来探索学习的本能，后来又发现了如何最大化或破坏研究对象的强制行为。斯金纳的研究结论，简而言之，就是响应刺激而获得的奖励会极大地影响动物（包括人）对训练的反应方式。强制程度最高的行为不是由"固定率"①的奖励激发的，而是半随机的"变量"奖励——你可能成功，也可能不成功；但只要你不断地尝试，总是有那么一个"万一"存在。

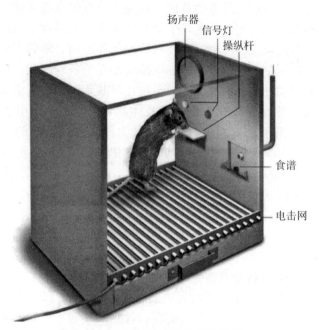

图2-1-8 操作性条件作用室演示

图片来源：https://m.guokr.com/article/65452/?_t=t。

如果你玩游戏比较多，那么你应该对这种刺激不陌生。综合利用这些研究结论已被证明确实有效。比如，当你听到熟悉的"叮"声，这是《黑暗破坏神》里的怪物掉落戒指时发出的声音，你能抗拒那种感觉吗？这种混合了珍贵的奖励和艰辛战斗的声音并不是时时有，而是半随机出现的。

科学研究表明，这种奖励机制是我们大脑的一种激素反应，是我们身体内一些化学物质在神经系统中的作用，这种激素叫作"多巴胺"。多巴胺是大脑的"奖赏中心"，又称多巴胺系统。多巴胺由脑内分泌，可影响一个人的情绪。游戏中的奖励会直接刺激到大脑，促使多巴胺的分泌，导致大脑兴奋。所谓"乐趣"的真相，其实是我们大脑中的一种电子和化学反应活动。

---

① 在这种情况下的刺激是对正确行为进行固定的奖励。

有一个非常应景的案例,就是音乐类游戏,也许它们不是游戏世界中的主角,但是它们也是长盛不衰的一族。首先,大家应该都有共识,玩音乐类游戏是没有教育意义的。不像赛车游戏,至少会教给你赛车的规则和理论上的驾车技巧,还可以训练一些躲避危险的快速反应,也不像射击游戏,至少会教给你一些枪械的基本操作和战术技巧,音乐游戏永远不可能教你学会使用任何一种乐器,也不会让你掌握任何音乐技巧(包括识谱、乐理、弹唱、节奏等)。那么,玩家从眼花缭乱的下落亮键中到底获得了什么快乐呢?正是上文所说的"操作性条件作用"获得的"奖励"从而产生的多巴胺。

虽然将游戏玩家都比喻成小白鼠有点过分,但是不得不承认我们玩游戏时操纵按钮而得到的点滴快感最终在大脑里神奇地积累为快乐的信号,游戏乐趣也因此顺理成章地产生了。我们在追求游戏乐趣的时候,大脑并不是有意识地去获取,而是无意识地在累积。所以说,这种"乐趣"是人类玩游戏的最根本需求之一,在人类古往今来的各种游戏活动中,这种"乐趣"都在默默发挥着作用——从我们童年时搭起的每一块积木,到我们现在打电子游戏时消灭的每一个怪物。它不以我们的意志为转移,也不是我们完成工作后的那种轻松愉悦感,它是我们脑中一点一滴的化学信号,是本能的身体反应,所以我们必须接受它、习惯它、了解它。

(二)追求体验(For Experience)

首先我们从心理学层面上认识一下好奇心的概念。好奇心是动物处于对某事物全部或部分属性空白时,本能地想添加此事物的属性的内在心理。表现为:①对一些事物表示特别注意的情绪;②喜欢探究不了解事物的心理状态;③对于怪诞的嗜好或热情。心理学认为,好奇心是个体遇到新奇事物或处在新的外界条件下所产生的注意、操作、提问的心理倾向。好奇心是个体学习的内在动机之一、个体寻求知识的动力,是创造性人才的重要特征。简而言之,好奇心激发了追求体验的动力。

我们已经非常习惯听到一类新闻,那就是美国海军陆战队利用 VR 游戏进行部队训练(如图 2-1-9)。因为电子游戏的介入能够有效地克服场地的限制,避免不必要的伤亡,节省大量的材料。而逐渐完善的游戏外部设备也能够逐渐精确地提供所有真实的使用体验。我们现在在民用游戏机的环境中,已经能够非常逼真地接触到飞车竞速、武器射击、穿梭飞行、失速失重等通常情况下很难发生的体验。这些体验由于玩家身体、职业、资金上的限制,往往不能轻易实现。但是人都有好奇心,我们对于有些当下接触不到的场景,肯定是充满着好奇甚至憧憬的。例如,之前如果没有感受过失速失重,可以在游乐园体验一下过山车。第一次坐过山车,玩家一定是百感交集的,有好奇、有疑问、有惊惧、有亢奋,五味杂陈。玩过一次以后,玩家会根据第一次体验的反馈,考虑是否还能再次接受这种体验。因此,只要坐过过山车,不论是喜欢还是害怕,玩家一定会对之印象深刻。如果是电子游戏呢?由于我们都知道电子游戏大多是可以调整玩家体验的难度和力度的,因此会更放心。如果你缺乏某种体验,也明确知道无法获得真实体验,就可以通过游戏来模拟并体验。

图2-1-9 美国海军陆战队利用VR游戏训练战场决策能力

图片来源:https://www.sohu.com/a/217839364_455745。

第二章　第一层用户需求：游戏玩家的需求

我们可以拿日本任天堂公司（以下简称"任天堂"）的经典主机 Wii 来做个分析。例如，玩家想体验足球运动员训练的感觉，那么可以进入 Wii 游戏机上的运动游戏，配合各种外设，在家中对着电视模拟在足球场踢足球时的感觉，包括通过运动交互，直接做出和在运动场上相同的动作（如图 2-1-10）。这种运动简单有趣，不用挥汗如雨，也不用担心有被球砸晕的风险，拟真度远高于按键式的游戏体验。

图 2-1-10　Wii——安全有趣的半拟真体验

图片来源：http://tech.sina.com.cn/h/2008-02-21/0913582378.shtml。

除此之外，Wii 还提供了各种体育运动如竞速、飞行、射击、格斗等有趣的交互体验。它的特色手柄功不可没，其设计轻巧圆润（如图 2-1-11），几乎不需要任何复杂的适应性操作。玩家可以轻松地将手柄抓在手中，做出各种动作，将大多数人参与游戏的兴趣调动起来。加上其提供了海量的特色体验，所以该款游戏机的参与度极高，保有量也随之上升，成为最受家庭群体欢迎的游戏机种。笔者作为游戏发烧友拥有几乎所有平台的主机，唯有 Wii 可以让全家老少集体参与，其乐融融，并激发起所有人的体验欲望。

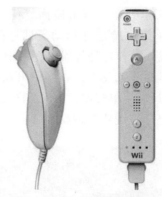

图 2-1-11 Wii Mote 手柄

图片来源：http://m.hbpygt.com/goods/542278181477.html。

总而言之，人类的好奇心驱动他们去探索外部世界，而游戏则提供了安全的体验环境（如图 2-1-12）。

图 2-1-12 利用 VR 体验虚拟环境

图片来源：http://news.expoon.com/c/20180305/20347.html。

（三）追求胜利（For Victory）

最初的游戏，也许应该追溯到原始人饭后围着火堆进行摔跤角力，通过这种相对安全可控的方式决出游戏的胜负，从而进一步确定领导权、食物分配、配偶归属等"社会问题"，因此，游戏就是为了让大家决出胜负而进行的。到了现代社会，虽然游戏被细分成诸多类型，绝大多数仅是为了娱乐消遣，但是不得不承认，当你了解到你在游戏里比别人强时，还是会有很强的快感的，这也就是为什么目前各种流行游戏都要进行游戏内排名，从而鼓励玩家为了晋级而进行各种投入的原因，更不用说体现体育精神的电竞项目内的游戏了，它们设计的初衷就是在公平的规则下方便玩家决出胜负。

其实游戏是一种很容易引发人们胜负心的方式，尤其是现在主流的电子游戏，基本上都提供了联网对战、排名晋级、分享炫耀，加上电子游戏相对公平的对战环境，使得玩家很容易就进入争夺胜利的状态，从而激发他们的胜负心。通常来说，那些便于快速决出胜负的游戏特别适用于竞技比赛，一旦用于竞技对抗，游戏的其他乐趣就会削弱，只争输赢。例如斗地主游戏，无论是在电子游戏中还是实体棋牌桌上，我们获得的快乐源头绝不是出牌的手法，也绝不是纸牌落桌的效果，而是通过合理的组合打赢牌局。这也往往是从事某项专业运动的运动员从这项运动中获得的乐趣反而没有普通人多的原因。例如羽毛球的队员，为了获得更大的荣誉，往往练得一身伤痛，他们在运动中获得的快乐绝对比我们周末约一场球少得多，并且他们获得巨大荣誉后的那种快乐也是因为获得了精神和物质回报而产生的，并不是运动本身带给他们的。

从另一个角度来说，胜负心又是竞技类游戏必不可少的因素。对游戏内玩家而言，胜负心带来了更全情的投入，在对抗中，身体也会分泌更多的肾上腺素来加强反应能力。快速的反应能力带来的竞技效果的提升，为自身争取到更好的成绩或者对战中的更大优势，这是毋庸置疑的。好比两位旗鼓相当的游戏玩家，坐在电竞赛场上认真完成的一局比赛，肯定要比他们窝在家里沙发上比要精彩很多，这也是运动教练经常说的"大赛容易出成绩"的由来。对游戏外的观众而言，参与者的胜负心所产生的精彩对战效果可以很好地带动观众的情绪，更好地产生娱乐的效果。所以我们经常看到那些强对抗的运动（例如拳击、足球、篮球等），观众的情绪往往也比较高涨；反之，那些弱对抗的运动（例如射击、棋类、高尔夫等），观众的情绪往往比较淡定。因此，从竞技游戏开发规律上考虑，在竞技对战中要多加入短平快的胜负环节，调动玩家和观众双方的积极情绪，才能更好地达到竞赛效果。这也是为什么目前MOBA类的游戏要比其他诸如竞速、生存、射击游戏火爆得多的原因。

套用上文的逻辑总结一下：我们自有的胜负心驱动我们去追求胜利，在追求胜利的过程中，我们的身体机能会达到巅峰，而游戏提供一种安全稳定的竞技环境来展现这种巅峰对抗，这又反作用于游戏，为其提供良好的呈现效果。

三、游戏究竟是什么

(一) 关于游戏的定义

看完上文,相信读者一定开始反思:游戏究竟是什么?在你自己给出答案之前,本书先罗列一些先人的精彩总结,它们有些出自游戏设计大师、哲学家之口,有些来自游戏设计的经典名著。相信你之前玩游戏的时候一定没有想过这么多。

游戏是一切幼子(动物的和人的)生活和能力跳跃需要而产生的有意识的模拟活动。

——柏拉图

游戏是劳作后的休息和消遣,本身不带有任何目的性的一种行为活动。

——亚里士多德

游戏就是在快乐中学会某种本领的活动。

——拉夫·科斯特(索尼在线娱乐的首席创意官)

游戏是一种自愿参加,介于信与不信之间有意识的自欺,并映射现实生活跨入了一种短暂但却完全由其主宰的,在某一种时空限制内演出的活动或活动领域。

——胡适

以直接获得快感为主要目的,且必须有主体参与互动的活动。

——《辞海》

所有的游戏都有四个决定性特征:目标、规则、反馈系统和自愿参与。

目标:指的是玩家努力达成的具体结果。

规则:为玩家如何实现目标作出限制。

反馈系统:告诉玩家距离实现目标还有多远。

自愿参与:要求所有玩游戏的人都了解并愿意接受目标、规则和反馈。

——《游戏改变世界》

玩游戏,就是自愿尝试克服种种不必要的障碍。

——哲学家伯纳德·苏茨(Bernard Suits)

游戏是"一系列有意义的选择"。

第二章 第一层用户需求：游戏玩家的需求

——《文明》游戏的传奇设计师席德·梅尔（Sid Meier）

在模拟环境中一个或多个有因果联系的系列性挑战。

——《亚当斯和罗林斯的游戏设计书》

成功游戏的元素组成：准备，空间感，坚固的核心机制，一系列挑战，解决问题的能力，运用能力所需的技巧。

——《游戏设计快乐之道》

问：什么是游戏？
答：游戏是这样一种活动——
  至少需要一名参与者（玩家）；
  有一定规则；
  有胜利条件；
  有目标。

——《通关！游戏设计之道》

游戏是一个系统，玩家们在其中执着于抽象的任务，任务由规则、互动性和反馈界定，产出量化结果，并经常伴有情绪反映。

——《趣味理论》

游戏是一个让玩家在规则的约束下参与模拟的冲突，最终产生可量化的结果的系统。

——《玩的规则》

游戏的基本元素：
建立目标；
设定通向目标的里程碑。例如关卡。
不断鼓励进步，典型的做法就是得分系统。
社交联系。
合理的难度设计。
用于保持兴趣的分支任务和差异化体验。

——《游戏化革命》

动机：如何从被激励的行为中获得价值？
有意义的选择：你设置的目标活动都是有趣的么？
结构：预期行为可以被固定的程序模式化么？
潜在的冲突：游戏可以避免与现有的激励机制之间的矛盾么？

——《游戏化思维》

上述这些大师或者名著所述，皆是游戏的真谛。我们不妨也来思考一下游戏究竟是什么。

（二）游戏的基本形式

游戏有四种基本形式：①精力发泄；②技能训练；③安全测试；④虚拟竞争。

1. 精力发泄

综合上文的阐述，大家应该已经有一种明确的感觉，那就是玩游戏是一种"吃饱了撑着"以后的需求。人类生存的第一需求是温饱，而后有精神追求。游戏可以说是精神追求的一种旁支。但就精神追求而言，人类的语言沟通、社会化、经验传承是具有优先级的，游戏也只能往后排。因为客观地说，很多人成年以后，由于工作、性格、环境、喜好等原因，很少进行正式的游戏，也许是过着衣食无忧的生活，也许是身强力壮，也许他们忙碌到没有精力去关注游戏这些"浪费时间"的玩意儿，所以说，游戏是当玩家有富余精力和时间的时候拿出来发泄精力的手段。当然，我们也不排除现在很多学生"挤出"上课的时间去玩游戏，但也是因为他们没有感受到生存的压力所致，总体而言也是富余的精力和时间。

我们会用类似方式的游戏来缓解我们的压力。同理，我们经常进行的保龄球、棒球、羽毛球等具有强力击打动作的运动（游戏）也能很好地释放我们的压力。正如上文提到的，无论是游戏还是体育运动，都是通过肌肉或大脑消耗精力，促进机体亢奋，获得多巴胺，最后获得快感。因此，从宏观上说，所有的游戏都是在满足生存需求后，通过发泄精力换取快乐的过程。

2. 技能训练

游戏虽然是发泄精力的渠道，但并不是无目的的，恰恰相反，很多游戏一开始就带有技能训练的目的。

让我们再次聚焦长盛不衰的"目标类游戏"。所谓目标类游戏，就是指围绕以击中目标为目的而设立规则的游戏，例如射击、射箭、保龄球、飞镖等。这些游戏（运动）虽然在对抗性、观赏性上不及球类运动、集体项目来得紧张刺激，但是具有稳定的受众人群。这和我们天性中的狩猎本能不无关系。虽然人类已经数千年不用自己动手狩猎了，但是隐藏在基因中的捕食动物的天性依然存在。人类比之自然界中的很多动物，称不上强壮敏捷，但是依靠发达的大脑，我们的祖先经历了长期的投石飞矛、射箭撒网的捕猎生活，这些技能都需要精确的肌肉控制，以达到击中目标的效果。这些技能需求存在于我们的基因中，自小到大，我们都对"投掷、抛

第二章　第一层用户需求：游戏玩家的需求

接、击倒、命中"等物体效果莫名热衷。因此，我们针对这些目的设计出了大量的目标类游戏，以满足我们本能的训练需求。举一个很贴切的例子，弓箭这种武器早在人类祖先走出非洲开始就被广泛使用，并随着我们祖先的脚步散落在世界各地，在当时信息极度封闭的环境中，大多数民族、国家均发展出了一整套弓箭制作及练习的方法。我们现在站在考古的角度去对比，这些方法出奇地相似，这就意味着，我们骨子里对于这种技能训练方式有同样的需求，而且鉴于人类的共通性，这种方式是被广泛认可的。

即使科技发展到了今天，我们根本不用担心食物从何而来，但是我们依然利用各种高科技设备进行目标游戏的模拟，并且乐此不疲（如图 2-1-13）。VR 出现以后，真实画面显示的问题基本得到解决，技术公司开始针对性地解决运动模拟的问题，从而开发出可以原地跑步、感应人体运动和射击动作的装置。相信这种体验性装备在未来游戏的发展中必将被广泛使用，甚至作为士兵训练的基本课程也毫不奇怪。

图 2-1-13　利用高科技设备模拟目标游戏

图片来源：http://www.tuxi.com.cn。

3. 安全测试

我们到底能做什么？我们的身体到底有多么神奇？这是大家都可能扪心自问的问题。当然，有一小部分人是在用自己的生命身体力行地回答上面的问题，他们就是极限运动的爱好者。延伸开来，其实所有从事竞技体育的运动员都在用自己的身体测试着我们所能达到的极限，我们到底能够有"多快、多高、多强"？

众所周知，上文提到的那些测试是有一定危险性的。且不说极限运动有多危险，普通的体育项目如果想要有突破，那也是运动员用一身伤病换来的。这里不去探讨这么做值不值得，但是这种测试的结果无疑是我们希望了解到的，所以我们会非常崇拜那些达到身体极限的人，例如世界上跑得最快的选手、举重的冠军。但是，崇拜归崇拜，我们中的绝大多数人已清楚地知道自己是没有能力或者没有毅力做到那样的，我们都需要一个安全的测试环境，来测试我们能够做到什么，这就是游戏给我们带来的效果。无论是实体的运动类游戏还是虚拟的电子游戏，能够让玩家感受到真实体验的游戏一定是受欢迎的。例如赛车、飞行、探险类的游戏，玩家都希望通过这种拟真体验来测试自己的身体能不能达到相应的要求。而且上文也着重探讨过，游戏环境是相对安全的，规则是经过人工"缩水"的。玩游戏的时候，就算失败也不会付出惨重的代价，所以，玩家更喜欢在游戏中对自己的身体进行"极限"测试，起码看起来是"极限"的，但玩家潜意识中其实知道自己是安全的。

4. 虚拟竞争

竞争是个体或群体间力图胜过或压倒对方的心理需要和行为活动。即每个参与者不惜牺牲他人利益，最大限度地获得个人利益的行为，目的在于追求富有吸引力的目标。真实世界中的竞争往往是残酷的，大到物竞天择、自然界中物种的兴衰，中到族群冲突、国与国之间的战争，小到个体胜负、对手间的生死相搏，这些竞争往往都是以一方付出巨大代价或者可能两败俱伤收场的，其结果往往是一方的消亡。这种竞争的代价不是我们每个人都承受得起的，所以我们很多时候会通过游戏的方式来解决。最早的奥运会就是一种国力的竞争，早期的奥运会，运动员代表了国家（当时是城邦）最精锐的战斗力，从以各种田径赛事为基础的比赛中展现自身的"战斗"素养，获得胜利较多的国家获得了竞争上的优势，在谈判桌上也会变得硬气起来。此后，现代奥运会的形式确立，除了运动员代表国民身体素质外，奥运会举办国的商业运营也代表了国家经济实力的比拼。并不是任何国家都有实力举办奥运会的，而且举办奥运会也不是每次都能盈利

第二章 第一层用户需求：游戏玩家的需求

的。再类比一下离我们更近的案例，虽然我们不能说考试就是游戏，但是考试有着和游戏相同的评价机制，那就是成绩。当有人高考成绩比你好的时候，虽然不能代表他比你聪明，但他在填报志愿的时候则有了更多的选择。电子游戏也是如此，虽然不是说打赢了游戏的人就聪明，但是游戏的胜利者确实在某些方面比失败者优秀，这时候竞争关系就已经开始形成。

近些年来，伴随着电竞运动"进亚冲奥"的步伐，人们越来越相信，原来几个小孩子联网玩玩的电子游戏将变成举世瞩目的体育竞技。除了吸引年轻人的目光之外，也体现出未来社会的竞争取向更偏向于智力层面。在注重身体强健的同时，我们的脑力强健也被更多地强调起来。因此，就像是奥运会上虚拟的战斗力竞争一样，电竞也是虚拟的脑力竞争。

思考题

1. 电子游戏的核心特性是什么？分别体现在哪些方面？
2. 什么是电子游戏的3F理论？如何理解该理论？
3. 游戏的四种形式分别是什么？
4. 玩家为什么喜欢玩游戏？请阐述你的观点。

第二节 游戏玩家的真正需求

首要的一些问题是：为什么大家那么喜欢玩游戏？为什么很多人宁愿不眠不休地玩《英雄联盟》（如图2-2-1）也不去看看艺术展览、看看电影？电子游戏与其他艺术或娱乐形式相比有什么特别之处？电子游戏有哪些东西是其他娱乐活动提供不了的？玩家玩游戏的真实需求有哪些？这为我们理解为什么电子游戏较之其他媒体形式有优势提供了参考，我们应该认识到这种优势。为了制作出好的游戏，我们必须在游戏中增强这些优势，并带给人们最大的游戏乐趣。

一、玩家渴望挑战

很多玩家喜欢玩游戏是因为游戏能给他们提供挑战。挑战不一定要在两个或两个以上玩家之间才能展开，单机游戏中的挑战也是游戏乐趣的首要元素。在玩游戏的时候，人脑从事的工作与读书、看电影或者欣赏任何

图2-2-1 MOBA类游戏代表作之一《英雄联盟》

图片来源：https：//www.beitao8.com/article/175126.html。

艺术作品完全不同。玩游戏时需要玩家主动地去思考问题，发现解决问题的多种途径，不停地熟悉游戏规则。哪怕最简单最常见的游戏如魔方和九连环（如图2-2-2）亦是如此，是很好的可以用来挑战自我的游戏。

 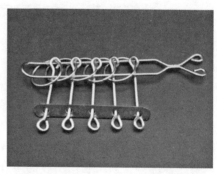

图2-2-2 魔方和九连环

图片来源：https：//baike.baidu.com/pic/%E4%B9%9D%E8%BF%9E%E7%8E%AF/23636/2592011/77485536de8fc191a3cc2bca？fr=newalbum#aid=2592011&pic=77485536de8fc191a3cc2bca http：//www.fl2j.com/read/1720296493/。

在对抗类游戏中，挑战来自对手。在接受旗鼓相当的对手的挑战时，我们的精神高度集中。当战胜对手的时候，我们内心会告诉自己我们比对手强大，从而体会到快乐。这种快乐来源于我们的胜负心，它促使我们向

第二章　第一层用户需求：游戏玩家的需求

更强大的对手挑战。玩家需要游戏提供可以反复挑战的机会。

在单机游戏中，当玩家面对一个问题并最终将其解决后，他就会发现自己学到了一些东西，并有所提高。无论这个问题是一道数学难题还是一个游戏关卡，这种因解决问题而带来的乐趣不会因为这个问题的性质而改变。所以说游戏带来的挑战能增加玩家的经验。想想看，你总能在玩游戏的时候获得经验，哪怕仅仅是如何升级。（人生不就是不停升级的过程么？）当然，好的游戏能潜移默化地将现实中的问题融于玩家游戏之中；好的游戏有时也能教会你解决问题的方法，比如在模拟游戏中掌握空间使用的技巧，在角色扮演游戏中体会感情的真谛。许多玩家就是在游戏中不停接受挑战、完成挑战而成长起来的。

二、玩家需要社会交流

有人认为游戏具有反社会性（看看网上关于游戏的负面新闻不难发现这些人不在少数），这当然是非理性的。

首先，几乎所有的常规游戏（非电子游戏）都是建立在一个社会组群之上的。游戏的出现来源于几千年的社会活动，一群人聚在一起从事一项具有挑战性的活动。游戏设计者必须谨记游戏的本源，特别是它的社会性。

其次，很多人玩游戏是为了与朋友或者家人进行一种社会交流。不仅是电子游戏，桌面类卡片类游戏更是如此，比如象棋、桥牌、《大富翁》以及2008年开始流行的《三国杀》（如图2-2-3）。大家喜欢玩这些游戏是因为它比起看电影或者看电视更能增强朋友之间的互动。这也就是为什么那么多人喜欢玩棋牌、麻将这类多人互动的游戏，而不是那些单人完成的游戏的

图2-2-3　桌面游戏《三国杀》宣传海报
图片来源：https://baike.sogou.com/v64923810.htm?ch=w.wty.xgbk。

原因，因为大家都喜欢那种社会交流的体验。

　　这些经验对于电子游戏开发有很大的指导意义。至今为止，绝大多数的电子游戏都是以单机游戏的形式存在的。早期的多人游戏形式可以追溯到 *Doom* 系列的《死亡竞赛》和经典游戏 *M. U. L. E.* 的回合与对战，以及早期形式的"泥巴"游戏（Mnltiple User Dimonsion，MUD）。

　　大多数支持多名玩家的游戏会将多人模式融入其单人模式的进程中，如"暗黑破坏神"系列。也有例外，比如"雷神之锤"和"虚幻竞技场"系列，它们既有单人模式，也有独立的多人模式。当然，单人模式和多人模式进行游戏时的规则和方式都是相同的，就算在这些游戏的多人模式中，玩家也很喜欢互相交流。只要你和你的朋友在一个局域网中玩过一局这种游戏，你就会同意这种观点。你一定和你的朋友一起在网吧或者寝室里相互炫耀过一击爆头的战果或者九死一生的场面。这些游戏大多也具有因特网联机的功能，但是用电脑打字和远在异地的玩家交流的乐趣就比不上坐在一起的那种感觉，而且这种高强度对抗的游戏，如果你想在战场上屹立不倒的话，它也不会留给玩家太多时间去打字交流。但是游戏为此也开发了类似网络聊天室的功能，如果你躲进一个死角，或者已经阵亡，或者在两局游戏之间，那么你可以用此功能与大家交流。事实上，在玩家忙乱地操控这些游戏的时候，这些交流信息往往只是浓缩成了几个字母或者单词，但是我们还是不难看出，哪怕是如此高强度的操作，也不能阻止玩家对互相交流的渴望。

　　多人游戏中也有一个分支，我们可以称其为"大型多人在线"游戏（Massively Multiplayer Online Games，MMOG）。这类游戏本质上是角色扮演类游戏的延伸，它提供给玩家一个虚拟世界，让玩家们在这个世界中漫游与互相交流，取代了原来玩家只能与电脑交流的方式。局域网已经不能适应这类游戏的需求，它们必须依靠因特网的支持。玩家们在游戏中通过打字的方式（现今的很多游戏也支持语音）在因特网上交流。由于这些游戏的节奏往往要比"虚幻竞技场"系列等"死亡竞赛"类型的游戏慢，玩家便有了较多的机会进行交流。20世纪80年代末期主要由大学生发明的MUD游戏便是此类游戏的先驱，因为当时大学生是因特网的主流用户群。MUD游戏全部靠文字表现，其任务就是与其他玩家交流，在游戏中，玩家接受任务、完成任务、行动与交流完全靠打字。它也引发一种风潮——大家乐此不疲地进入游戏中与朋友聊天，不论他们是自己的老朋友还是刚从网上认识的。MUD游戏的出现确实分离出了一部分不喜欢玩单机游戏的玩家，这些玩家玩游戏其实就是为了与他人交流，MUD游戏无疑给他们提供了共同游戏的空间。随着多人游戏的普及，游戏设计者们越来越发现这些游戏确实要比传统游戏具有更高的可玩性。人类玩家带来的不确定性和挑战性要远远高于任何电脑的人工智能，这就是玩家更喜欢玩多人游戏的原因。但是，究其本质，多人游戏最大的优势还是因为它将电子游戏的玩乐过程真正转化成了人与人之间的交流体验，这正是大家玩游戏的最大动机。

三、玩家追求个人体验

首先要申明，上文所述的玩家对于社会交流的需求与我们现在所说的对个人体验的追求并不矛盾，两者并不是同时作用的，某些玩家或者玩家在某些时候乐于去追求群体交流，而另一些玩家或者在另一些时候，他们乐于追求个人体验，诸如，有时候玩家的朋友不在，或者短时间内厌倦了和朋友交流，或者就是想一个人静一下，这类情况。这就好比有时候你可能喜欢和大家一起去看电影，但有时候你会去买盘DVD自己一个人在家里看。单机游戏的独立性迎合了那些"想一个人静一下"的玩家的需求。但是这时候的游戏和诸如看书、看电视等个人活动也不一样，因为游戏能给人提供一种交互和反馈。这种交互和反馈可以让玩家觉得具有一定的"生机"，而不似看书、看电视般死气沉沉。玩家想玩的时候就玩，想停的时候就停，游戏模拟出一种虚拟的人与人交往的氛围，而且玩家又不用担心受到不良因素的干扰。于是，电子游戏就为玩家提供了"独立但是互动"的个人体验。

四、玩家需要满足自我表现欲

玩家玩游戏，特别是多人游戏，多多少少都希望能够得到大家的尊重。如笔者的一位学生，平时成绩平平，不甚言语，但是玩起"反恐精英"系列来生龙活虎。他很喜欢大家这么介绍他："他是我们班'反恐精英'系列玩得最好的人"，而不喜欢老师对他家长所说的："他在班里排名靠后"。就算是单机游戏，玩家也乐于向大家炫耀自己多短时间就打通了游戏，轻松地完成了最高难度，或者自己多有创意地击杀了BOSS。你可能也会看到游乐场里那些大型游戏机上很多人为了争夺第一名而打上的那三个字母而反复奋战。那些在日常生活中并不出众，或者在运动和学习方面并不突出的人，也通过游戏找到了自己的一方天地，并找回了自信。当你玩透一款游戏，就算没人与你分享快乐，你也会获得极大的自我满足感。当玩家在一款竞技游戏中胜出的时候，他能够发现自己的某一方面特长，并自信他能比别人做得更好。

五、玩家渴望情感体验

比起其他娱乐形式，玩家能够通过游戏得到一定程度的精神感受。这种感受有时是一种刺激感，就像是你玩"虚幻竞技场"系列这种射击游戏时肾上腺素上升的那种感觉。这种感受有时也是细腻复杂的，就像玩《仙剑奇侠传98柔情版》时女主角为你牺牲时你那种怅然若失的感觉，哪怕她只是一个电脑虚拟的角色。可惜的是，大多数游戏给人的感受停留在战斗中的兴奋与紧张、完不成任务时的失落感和完成任务后的愉悦感上。如果玩家玩游戏是为了寻找绝望的感觉也不要觉得奇怪，因为很多观众也喜欢看悲剧或者电影中的不圆满结局，或者喜欢听忧伤的音乐。从文学角度上讲，悲剧也被认为是一种美，观众在欣赏这些艺术形式的时候产生的情绪未必一定是喜悦的，只要其内心被感动，便是心灵的升华。很多游戏中，玩家最终都会被电脑击败，比如"贪吃蛇"一类游戏，玩家无论接了多长，最后总会撞到自己。这些游戏其实就在一遍一遍地教导玩家如何面对失败。玩家屡败屡战，但不会因为老是失败而放弃游戏，反而最终被游戏所吸引。

现有大多数角色扮演类游戏都习惯性地将所有的角色保留到最后，以避免"得罪"玩家。但是统计表明，很多经典的游戏情节之所以能被玩家记忆，正是因为其中有主要角色牺牲了。很多游戏设计者尽量避免游戏带给玩家失落的因素，殊不知，情感的起伏能够给玩家带来更深刻的体验。现在在很多网站和论坛评选出最悲情的游戏主角死亡案例中，林月如往往排第一，赵灵儿往往排第二。但对于国产武侠游戏来说，《仙剑奇侠传98柔情版》并没有因为两位女主角的死亡而被大家否定，反而成为众多玩家感叹唏嘘的经典记忆。

六、玩家需要满足自身幻想

现今最流行的故事叙述方式中多少都加入了幻想的元素。观众无论是看小说、电影还是漫画，都希望能够超脱俗世，进入一个新奇的世界，在这个世界中充满着有趣的故事、异域的风光和奇妙的角色。（《阿凡

第二章　第一层用户需求：游戏玩家的需求

达》就是最好的一个案例。）当然，并不是所有的故事都会描绘令人兴奋且充满魅力的主人公，但是绝大多数的故事都包含了一个重要元素——逃离现实。艺术批评家们也经常指出这些"避世"题材的作品过于消极和不切实际，不能解决实际的问题，但是依然阻止不了观众对它们的喜爱。

相比之下，电子游戏更具备表现"空想"与"避世"的潜在因素。在游戏中，玩家可以扮演无畏的探险家、勇敢的剑客、超能力的英雄，亲身参与奇幻世界中的大冒险，而不像小说或电影那样，观众以第三者的身份观看事件的发展，而且在游戏中，玩家更可以抛开俗事的困扰，因为游戏角色不需要洗漱，不需要吃饭，不需要睡觉，能够避免单调乏味的细节而满足玩家的梦想。相较于别的艺术形式，电子游戏由于有互动因素的存在，它给人带来的幻想成分更为真实。

电子游戏另一个可以满足玩家幻想的方面就是设置一个安全的环境让玩家能够尝试现实交流中不敢实现的举动。很多著名的游戏都允许玩家扮演罪犯或者杀手，《侠盗猎车：圣安地列斯》就是一个很好的例子（如图2-2-4）。在该款游戏中，玩家扮演一个帮派成员，虽然也需要完成主线剧情，但更可以高自由度地盗窃、斗殴甚至袭击警察。实践证明，当很多玩家开着偷来的汽车跑赢或者撞坏警车时，他们表现得比玩其他赛车游戏更为兴奋。这也是因为在现实生活中极少有人真的有胆量高速驾车逃离追捕，当电子游戏提供这么一个尝试的机会时，玩家们自然很乐意去尝试一下日常不敢做的事情。

玩家也总是幻想自己成为历史人物参与历史事件。你作为玩家有没有想过，如果你是拿破仑，滑铁卢战役你能不能翻盘（如图2-2-5）？如果你是成吉思汗，你能不能征服欧亚大陆？如今已经有各种类型的游戏，包括战争、经营、模拟等，允许玩家模拟各个时代各种情况下事件的发展，模拟出任何一个决定可能引发出的不同结果。很多玩家对这些改变历史的机会非常感兴趣，因为当你知道当年错误产生的根源后，希望能够模拟伟人的决定甚至纠正伟人的错误，进而把握历史的流向。玩家模拟这些伟人时，甚至不会再在乎这位伟人的人生是不是惊心动魄。好的电子游戏能够使玩家用客观的视角观察世界、审视历史，这就是游戏带来幻想的乐趣。

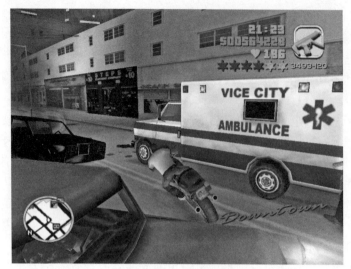

图 2-2-4 《侠盗猎车：圣安地列斯》游戏画面

图片来源：https：//www.52z.com/game/92191.html。

图 2-2-5 即时战略游戏《全面战争：拿破仑》宣传海报

图片来源：http：//secure.verycd.com/entries/294/images/view/2461。

第二章　第一层用户需求：游戏玩家的需求

知识拓展

无处不在的游戏

如今，很多人觉得玩游戏就是小朋友捧着手机在玩，或者一群小青年在网吧戴着耳机点着鼠标。其实，如果扩展游戏的概念，可以说现在几乎每个人每天都或多或少地在玩游戏。

首先让我们来还原游戏场景，因为只有从游戏场景开始了解，我们才会发现现代社会的游戏场景是多么普遍地存在着。大家最熟悉的游戏环境无非是窝在沙发上玩手机。逢年过节，很多家长让孩子听话的最有效方式就是扔给他们一部手机，让他们去玩游戏。2020年初爆发新冠疫情，中小学都延迟开学，小朋友有大把时间在家玩游戏。玩游戏到底有没有好处？这成了家长最大的疑问。在当今互联网信息化发展的大环境下，不让孩子接触游戏基本上是不可能的，而且"80后"父母们就是伴随着最早的电子游戏成长起来的一代，因此没有必要像洪水猛兽一般抵触游戏。低头玩手机这种游戏场景是我们大多数人曾经或正在经历的，躲也躲不掉，但是玩的时间长了对眼睛和骨骼都不好，所以这样的游戏场景不是最好的，也不是唯一的。这里重点介绍一些其他类型的游戏场景，大家可以回忆一下，是不是很熟悉？

最古老的游戏场景其实应该追溯到原始人群居的环境，大家吃饱喝足后，便开始跳舞嬉戏。这种古老的运动形式之所以被称为游戏，主要是因为它具备游戏的两个基本特性：一个是虚拟。舞蹈，特别是古代的舞蹈，基本都是模拟战斗、打猎、种植、生活等的基本动作。当然，这在原始社会有着更现实的意义，比如挑选战士、猎手、农夫或者伴侣等，舞蹈可以帮助部落以安全、直观而且更为有趣的方式完成这些挑选。另一个是交互。在古代，语言文字均不发达，舞蹈作为肢体语言的一种形式，无疑为人与人之间的交流提供了很好的补充。同时，舞蹈也是相对安全的竞争，通过舞蹈，我们的祖先可以表现自己的力量、技巧、勇猛等特质，争取到地位、配偶、食物，从而取代可能出现的杀伐抢夺，这也是社交的雏形。这些社会"潜规则"经过千百年的沉淀，发展成为我们的运动会体系（Olympic Games）和现代的各种游戏系统。虽然在现代社会，我们已经不需要像原始社会那般直白地表达自己的需求，像古代舞蹈那样体现的优胜劣汰或者胜者通吃的社会功能已经完全弱化，但是现代的舞蹈体系依然将健

· 61 ·

康的身体、优美的体态、灵敏的动作作为评判优秀的标杆，同时，大量的舞种也强化了现代社交功能，诸如营造亲密接触和对话环境、增进互相信任和依赖的情愫等。因此，从实体的游戏环境而言，从古代的舞蹈到近代的体育运动，再到现代的棋牌运动，乃至类似《三国杀》等实体游戏，其核心均是利用人类自身条件如肢体、大脑以及工具运用和计算的能力，在实景中虚拟其他环境而进行博弈的一种游戏。包括以上概念内的"游戏"，都努力在简化并营造"安全规则"，并尽量还原现实对抗中的核心目标，同时营造竞争氛围。以上所述可能过于抽象，我们还是列举一个案例——击剑，来帮助大家快速理解。击剑源于古代剑士对决，如果真的像电视剧里上演的西方剑士生死对决那样，那么击剑就不是游戏，而是杀戮了。但是击剑运动简化了复杂的战场环境，提供了充足的保护，强化了防御性装备，弱化了刀剑的杀伤力，将剑士对决的核心提炼为击中对手要害，从而优化了胜负评判机制，仅以击中的数量而不需要真正的流血牺牲作为胜负条件，这样我们就可以说击剑运动是一种游戏。如此一来，我们是不是发现身边的现实游戏场景一下子就丰富起来了呢？

当然，大多数年轻人应该能够理解上文展开的"大游戏"概念，即大多数社会博弈都是以游戏形式展开的，但是，还是不免有读者觉得这个概念展开得太大了。那么我们就收回来，除了我们熟悉的手机和电脑以外，再说说常见的狭义上的几种游戏场景。

第一个游戏场景是用游戏机玩游戏，泛指各种主机游戏。大家常听说的有索尼的PS系列、微软的Xbox系列，还有2018年开始异常火爆的任天堂的Switch。比起一打起来就需要摆好架势的手机和电脑游戏平台，在主机游戏平台玩游戏要轻松很多，特别适合舒适的居家游戏氛围。游戏主机往往会连接家中的高清电视，游戏玩家可以窝在家里的沙发上用舒适的姿态享受高清画面和高质量音效带来的视听体验。这一代的游戏主机（指PS4、Xbox One X 和 Switch）为了能够和电脑游戏平台差异化竞争，均加入了体感功能，特别是Xbox和Switch，其体感功能均能为多位玩家提供交互功能，使得主机游戏平台能够成为家庭娱乐中心（如图1）。正是由于游戏主机具有此种属性，使得每个游戏玩家面对游戏主机时都可以拥有自己的定位：有人把它视为专注于游戏体验的平台，有人认为它是派对的话题，有人把它当成亲子互动的方式，有人把它看成宅家锻炼的工具，正是由于游戏机具有提供多种交互方式以及借用电视和家庭环境的特点，因而具备了以上的多面手属性，提供了手机和电脑不能提供的很多乐趣。

第二个游戏场景是大型游艺机商铺，泛指在公共场所集体展示经营的

第二章　第一层用户需求：游戏玩家的需求

图1　游戏主机的家庭娱乐性目前是最好的

商业化游戏环境。这些环境一般都集中在热闹的商圈，有些也有专门的主题场地，但是主要的展示形式就是个人不太可能购买的大型游戏机或者游艺机。在传统模式下，玩家都亲切地称其为"街机"，主流是以摇杆和按钮为主的台式游戏机，也有逐步增加模拟类赛车或者运动类的大型游戏机，还有近年来兴起的带有赌博性质的各种捕鱼、抽奖、抓娃娃等游艺机。随着科技的发展，新的视觉和动态体验类，包括VR体验类，也逐步普及，例如VR射击、拟真射击、飞行、赛车等。对商家来说，目的很简单，就是吸引人流从而营利。但是对玩家而言，这种大型的游戏设施可以帮助他们完成个人游戏环境难以实现的拟真体验，例如我们在大型游艺厅常见的射击类、赛车类以及跳舞运动类游戏都是个人或家庭游戏环境难以还原的。

第三个游戏场景是游戏式的少儿教育系统，尤其是编程类的应用。是的，我把少儿教育系统也算作游戏，因为它和玩游戏目标是有很高的重合度，都是培养孩子的逻辑思维能力、对复杂环境的判断力以及最基本的反应速度。电脑平台和移动平台上都有一个叫 Scratch 的编程语言。所谓编程语言，其实就是可视化图形编辑，外加逻辑探索，是由麻省理工学院主导、由一堆程序员专门为儿童开发的免费的编程语言，主要是引导孩子进入编程逻辑，其实就是游戏。很多少儿编程课都是基于这一语言的教学，只不过是中国人拿着外国人开发的免费资源来赚本国人的钱而已。其实 Scratch 编程很简单，基本上就是利用编程来做动画、做游戏，但是它可以保证你通过玩游戏学会基础的编程逻辑，而不用担心不会码代码。恐怕这是未来人工智能时代到来前每个人都必须具备的基本素质吧。同时还有现在逐渐兴起的机器人平台。大疆率先入驻了这个领域，推出了智能编程机器人——机甲大师（如图2），并围绕它主办了大型的机器人电竞赛事。它支持 Scratch 和 Python 语言的编程，主要的乐趣也来自操控和编程，对青少年以及成年人来说都是不可多得的实体化游戏体验。

图2　大疆机甲大师——一款高度整合的实体编程玩具

第四个游戏场景是无所不在的游戏式应用。这个也是我最希望大家了解的，因此放在最后用主要的篇幅来说。很多读者可能会觉得自己平时不会在手机和电脑上安装任何电子游戏，所以肯定接触不到游戏。其实并非如此，我们每天都在使用大量的游戏式应用，大多数在手机端，因为我们

第二章 第一层用户需求：游戏玩家的需求

使用手机的机会越来越多。我拿微信来打个比方，来聊聊我们都是怎么把微信当作游戏去玩的，你也就顺带理解了微信是怎么"玩"我们的。最好的例子就是微信红包。很多人觉得微信红包是再正经不过的商业行为。当然，如果你支付给店家老板20元的红包是用来买一碗拉面，那确实无可厚非，但是绝大多数使用红包的场景都是在熟人和朋友之间不经意地进行的，而且普通红包的金额限制也保证了我们使用时更多的不是用于购买而是用于交流。接下来我们来拆解你使用微信红包时的游戏心态。

设想一下，如果现实生活中，有人往地上扔了1元钱，然后要你跪下去捡起来，你捡不捡？普通人肯定不会，哪怕有人扔10元、100元乃至1000元，恐怕都不会有多少人去捡，因为这里涉及的不是金钱问题，而是尊严问题。我们再来看看微信，群里有人扔了个红包，一般也就是几元钱，但是群友们就会快速点开，哪怕只抢到一分钱，你也会找出一个"谢谢老板""老板大气"甚至跪地作揖的表情包发出去。这时你想过没有，这个场景和我上面说的现实中的场景有什么区别呢？你很清楚，微信群是一个虚拟世界，人们在里面说的话都是逗乐的，没人会把这种夸张的举动视为成你人格的污点。就像在虚拟的游戏世界里，你可以打架、可以飙车、可以冒险，但是别人也知道现实中的你不会这么做，这就是游戏乐趣的第一重属性——虚拟！单从社交层面，它充分利用了所有网友对网络环境虚拟性、娱乐性的理解，把原本在现实生活中作用不太大的分分角角作为我们在虚拟环境中社交的调味品。从点开红包，惊喜地等待随机分配的结果，到看到红包金额的气愤，再到发现你是手气最好的那个所产生的兴奋和快感。从点击—反馈—对方响应，这就是最简单但也是最经典的一个按钮式游戏交互循环。从我们最不正经的游戏手柄按钮，到我们最正经的网银付款，其实都会陷入这个循环。从你在微信里回复表情开始，游戏乐趣的第二重属性——交互又被激发出来，这也是微信的第二个王牌功能——朋友圈。

现实中，我们可能过得并不好，但是朋友圈一定要好：发九张精美的饕餮照片，发一张跑车照片，发一条人生感悟，如"哪有岁月静好，都是我在负重前行"，等着朋友圈的点赞。我们为什么如此痴迷于使用朋友圈？这也是微信社交游戏化的一种体现，同样包括虚拟和交互。就像《王者荣耀》里88.80元的皮肤永远那么漂亮一样，我们在网络社交里也需要为自己蒙上一层虚拟的皮肤。我们玩网络游戏时往往会自己创建角色，所创建的都是自己喜爱的样子：或是粗犷猛男，或是谦谦君子，或是窈窕淑女，或是天真孩童。而朋友圈可以美化的照片，可以摆拍的视频，可以三思的文字，可以精选的美文，处处都可以将别人眼中虚拟的我们修饰得更好。别人看到如此美好的你，或钦羡、或崇拜、或爱慕、或嫉妒，点个赞表示"朕知道了"。他点击之后，系统给予反馈，你再做个响应，他的按钮循环就出现了。发个评论，他酸酸甜甜地说上两句，你再谦虚两句，交互就开始了。从广义上说，你发朋友圈，是一种点击操作，大家点赞评论，是一种反馈操作，最后你收到了，就是响应操作。这对你来说就是一种大型按钮交互循环。

虽然前面说得比较直白，但是包括我在内，大家都是这种心态。说到底，究竟是你玩了微信，还是微信玩了你呢？微信只是一个例子，类似的还有很多。让我们进一步推广到日常的消费类应用、服务类应用已经海量植入的交互循环，它让用户在不知不觉中体验到了游戏乐趣，从而产生了游戏快感而不自知。比如购物类应用经常用到的优惠券体系，你会发现现在手机应用程序中的优惠券已不像过去商场里的优惠券那么"实在"了。（当然，商场的优惠券体系又是另一种噱头，也是大量利用了人的游戏心态，但是由于时代久远，这里就不展开了。）现在手机应用程序中的优惠券参考的就是游戏中常用的集换制奖励系统，即收集到一定的成果后才可以兑换奖励。由于手机电脑的记录功能，这种奖励体系貌似让用户玩得很轻松，但是，当你差一点点就能解锁成就换取你想要的奖励时，计算机概率会控制你即将获得的成果，从而让你进一步消费以获得解锁的机会，结果大多数用户都不甘心抛弃之前所做的努力，而选择最后的冲动消费。总的说来，就算是平时不玩游戏的人，依然每天都在享受各种各样的游戏乐趣，何况天天玩游戏的玩家们呢。大家要记住一点，任何时候，"玩"都是一个广义概念，只要同时满足虚拟和交互即可。

不要忽略任何一种游戏环境，因为它们都能体现玩家对游戏的各种需求，也许，针对当下而言，虽然手机的普及导致手机游戏的普及，但是这并不代表其他游戏使用环境就不受欢迎，任何不同环境下的个性需求都有可能成为未来游戏发展的主流。

（作者　黄淼）

思考题

1. 玩家可以通过电子游戏满足哪些需求？
2. 除了本节所提及的需求类型外，游戏还可以满足玩家的哪些需求？

第二章 第一层用户需求：游戏玩家的需求

第三节 游戏玩家如何评价你的游戏

玩家并不知道他们想要什么，但是，等他们看到游戏后，他们就知道了！

玩家期待些什么？

玩家决定去玩一款游戏的时候总会有一定的心理预期。抛开游戏的画面表现不谈，玩家往往会对游戏的玩法有期望，如果他们的期望没有被满足，他们很快就会换另一款游戏玩。游戏设计师的工作就是了解玩家的期望并尽量满足他们。

作为玩家，不知道大家有没有类似的反思，当你开始玩一款完全未知的游戏时，你是否希望这款游戏是什么样的。你往往并没有这样的希望，大多数时候都是充满好奇心和求知欲地去打开一款未知游戏，玩了一段时间以后，你就会判断这款游戏是不是适合你，还要不要玩下去。玩家的期望是不可表述的，但却是真实存在的。这些期望是什么？玩家怎样判断游戏是否满足了自己的期望？以下我们一一来分析。

一、完整统一的世界观

进入游戏以后，玩家总是希望能够了解游戏允许他们做出哪些行为，以及这些行为所能得到的反馈。如果玩家在游戏中进行了某些操作，但是游戏无缘无故地给出了一个不合逻辑的反馈，那么玩家很快就会产生挫折感。如果玩家的操作收不到预期的效果，那么他们很快便会对游戏失去兴趣。因此，游戏中营造的虚拟世界必须为玩家提供与真实世界类似的动作与反馈，不然这个虚拟世界将得不到玩家的认可。

说到操作与反馈的规律，动作游戏往往是一个很好的典型。玩家操纵角色战斗时不希望有些招数时灵时不灵。比如在游戏"铁拳"系列中，玩家操纵角色踢出的一脚没有击中对手，可对手要么是跳跃、格挡了，要么就是距离太远了，反正必须让玩家觉得可以接受（如图2-3-1）。因玩家操作而导致的失败是游戏表现的重头戏，不能出现明明看到一脚踢过去时已经接触到对手身体了，而对手还纹丝不动，这样玩家便无法接受。就算游戏自身的碰撞系统计算出以上的结果，但是也必须给玩家一个交代，不然这样的结果就不能被接受，对于刚接触这款游戏的新手而言更是如此，如果相同的一招再次出现，但是结果却与前次的不同，相信无需多久，玩家便会放弃这款游戏。

图2-3-1 "铁拳"系列中的打斗场面

图片来源：https：//ps3.tgbus.com/zixun/200902/20090214095539.shtml。

深入一层，我们可以拿市场上主流的网络游戏打个比方。在这些游戏中，玩家知道一个不成文的定律，那就是你在游戏中冒的风险越大，得到的回报就越多。例如《魔兽世界》（如图2-3-2）中，等级越高的怪物

图2-3-2 提倡团队冒险、高风险高回报的《魔兽世界》游戏海报

图片来源：http：//www.iheima.com/article-31168.html。

第二章 第一层用户需求：游戏玩家的需求

就越需要玩家组成更大的团队或者付出更多的牺牲去战胜，同时，玩家获得的金钱或者装备奖励也会更大。这个定律可以沿用到这个游戏中所有你未探知的区域，甚至沿用到其他同类游戏中。这样的冒险定律和我们现实生活中的很多规律是相统一的，所谓"不入虎穴，焉得虎子"也正是这个道理。但是，假设有一款游戏不遵循以上的规律，相信很少有玩家愿意在其中投入时间。这也是为什么现在的网络游戏都大同小异的原因，因为它们往往都遵从同样一套"弱肉强食"的世界观。

又如，著名的 FPS 类 MOBA 游戏《守望先锋》中的世界观设定就颇为严谨。游戏描述了一个战后重生、充满希望但是秩序时有混乱的未来世界。由士兵、科学家、冒险家、奇人组成的特种部队组织，虽然已经解散了，但还是分为善恶两派影响着世界，而且人物的能力都用了较为科学的方式进行解释，也加入了智能机器人（"智械"），让未来世界和战争变得更为可信。这是对西方主流科幻故事和社会体制的延续，是我们未来社会"可能"的样子，其表现出的世界观较让人信服。

图2-3-3 《守望先锋》宣传海报

图片来源：http://www.zhaodanji.com/article/61390.html。

二、探究游戏世界

在玩游戏的时候，玩家总是喜欢试试游戏世界的底线，在这个世界中哪些能干，哪些不能干。很多时候玩家并不会马上进行那些过关所必需的操作，而是喜欢到处尝试一下游戏所允许的操作范围。

例如，在游戏"毁灭战士"（DOOM）系列中，玩家都知道不能和怪物交流，哪怕玩家被怪物包围了，逃不出去了，也不会缴枪投降，因为玩家知道和自己所要猎杀的怪物交涉并不是游戏的正常功能。我们设想一下，如果在游戏中有一种怪物玩家不能通过消灭只能通过谈话才能搞定，玩家一定会觉得很无语。因为像"毁灭战士"这样的游戏，玩家需要的永远是射击、躲避、射击，仅此而已。谈话不是游戏的功能，玩家不能对其进行尝试（如图 2-3-4）。

图 2-3-4　"毁灭战士"中玩家探索世界的方式——端着机枪扫射怪物
图片来源：https://itbbs.pconline.com.cn/diy/topic_6595841-9478008.html。

当然，一个会说话的怪物如果出现在"毁灭战士"这样的游戏中，将会产生很多有趣但未知的结果。"毁灭战士"没有做到这一点，但是如今很多游戏做到了。这些游戏除了正常地消灭敌人以外，还为玩家提供了很多不同种类的谜题，这些谜题必须用特定的方法才能解开。如"古墓丽影"系列游戏中，玩家会被指导完成一些搬动重物的动作，在其后的关卡中将会多次出现不同类型的需要靠搬动重物解决的谜题。一旦游戏教会玩家基本的操作规律，玩家就可以随机地尝试各种解决方案了。

让我们再来说一个就近的案例——《宝可梦 GO》（Pokemon Go）。这是一款主打真实的 RPG 休闲游戏，融入了先进的增强现实（Augmented Reality，AR）技术，这也使得能在现实生活中捕捉游戏中的虚拟宠物。由于有曾开发过 Ingress 的前谷歌智能手机设备研究小组 Niantic Labs 加盟制作，他们所带来的地理位置服务技术成为《宝可梦 GO》又一道炫目之光。在游戏中，玩家将跟随地理位置信息与藏匿于各处的神奇宝贝不期而遇，在收集它们的同时甚至还能与其面对面大战一场。千万要注意街角草丛中、岩石壁缝里、城市楼宇间、荒郊黄土上，这些地方都可能变为酷爱捉迷藏的精灵们躲藏的庇护所。

游戏允许玩家在世界范围进行探索，可收集超百只不同种类的宝可梦，《宝可梦 GO》的宝可梦主要基于初代《宝可梦》游戏。当玩家在野外接近一个宝可梦时，手机就会收到"有宝可梦在附近"的通知，宝可梦在200米范围内可见，玩家使用手机掉出的精灵球将小精灵捕获。它们会分布在许多有趣的地方（世界各地名胜古迹、著名景点），比如艺术馆、历史古迹、纪念碑等。而宝可梦主要根据自身属性分布在世界各地，比如水栖宝可梦水箭龟会在大海旁边或者沙滩上，喷火龙可能会在靠近赤道的地区出现，特定的宝可梦会在独特的地点生活。但是，稀有宝可梦只会在世界上的少数地点出现。开发者保证宝可梦不会被放在那些人们无法到达的地方，如火山内部或北极等。同样，一些危险之处（十字路交叉口）也不会有宝可梦出没。因此，这些宝可梦的栖息之地将是玩家可以方便到达的任何地方，包括未来稀有宝可梦也同样如此。这个游戏一经推出，玩家疯狂地拿着手机满世界找宝可梦，甚至相约在高频出现的地区等"刷怪"，形成一道奇妙的风景（如图2-3-5）。这种利用游戏鼓励玩家同时探究游戏和真实世界的案例，充分证明了调动玩家探索欲望的重要性。

图 2-3-5 在高频"刷怪"点等宝可梦的国外玩家

图片来源：http://www.360netnews.com/news/integrated-marketing/1301.html。

要在游戏中制造一个世界,并让玩家乐意去探索它,这是一个非常困难的任务。2017 年的年度最佳游戏《塞尔达传说:旷野之息》(如图 2 - 3 - 6)做到了。任天堂的塞尔达制作团队在当年的游戏开发者大会上,将自己在制作《塞尔达传说:旷野之息》过程中琢磨出来的对开放世界游戏的制作理念和心得公布出来。

图 2 - 3 - 6　任天堂游戏《塞尔达传说:旷野之息》游戏画面

图片来源:https://www.vgtime.com/topic/801487.jhtml。

对于为什么能将《塞尔达传说:旷野之息》做得这么好,任天堂给出的答案是游戏中所隐藏的三大要素:引力、三角形法则、3 把尺。

(一) 引力

引力在游戏中带有诱导的意思,比如游戏中解锁地图的高塔就是一个带有很强引力的物体。当玩家看到高塔时,不管你是否马上过去,它那显眼的位置一定会深深地印在你心里,使玩家心心念念,潜意识当中规划了一条前往高塔的路线(如图 2 - 3 - 7)。

图 2 - 3 - 7　高塔

图片来源:https://www.vgtime.com/topic/801487.jhtml。

具有这种引力的东西还有很多，从大到小，有高山、神庙、敌人营地、宝箱、马厩等（如图 2-3-8）。

图 2-3-8　其他具有吸引力的东西

图片来源：https://www.vgtime.com/topic/801487.jhtml。

这些东西对不同时期的玩家的吸引力也不同，当玩家想开拓地图时，高塔和马厩的吸引力最强。如果是想获得好装备强化自己的玩家，神庙和敌人营地的吸引力更大，到了晚上，发光的东西则会变得更吸引人（如图 2-3-9）。

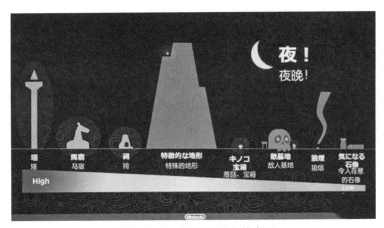

图 2-3-9　不同吸引力的东西

图片来源：https://www.vgtime.com/topic/801487.jhtml。

而游戏当中，这些引力点的摆放位置也非常有讲究，玩家到达一个引力点时一定会再次发现另外一个引力点，使得其潜意识中又多出一个目标，因此很容易出现一玩就停不下来这种情况，这其实都是任天堂提前设计好的。

（二）三角形法则

虽然引力这种东西非常好用，但引力点和引力点之间的路线依然显得十分线性。此外，如果玩家在到达一个引力点之后马上又发现一个新的引力点，就会显得这样设计是有意而为之，感觉玩家的行为像是被提前设计好而不是自己探索出来的。

为了打破这种故意设计感，任天堂又引入了第二个概念——三角形法则。任天堂将游戏中的很多场景物件轮廓都设计得接近三角形，比如山脉、山丘、巨石、马厩等，使它们的形状大体接近三角形（如图2-3-10）。然后再把它们放在两个引力点之间，使得玩家的路线一定不会是直线，而是曲线。

图2-3-10　场景物件设计中的三角形法则
图片来源：https://www.vgtime.com/topic/801487.jhtml。

同时，这些物体还会遮挡玩家的视野，使玩家对未来的场景充满未知和期待（如图2-3-11）。但玩家在面对这些三角障碍物时，比如山丘，不管是选择绕道还是直接翻越，都会在这个过程中看到下一个引力点，会产生一种眼前豁然开朗的感觉（如图2-3-12）。

第二章　第一层用户需求：游戏玩家的需求

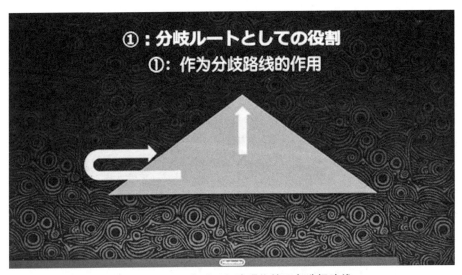

图2-3-11　应对三角障碍物的两条选择路线

图片来源：https://www.vgtime.com/topic/801487.jhtml。

图2-3-12　三角障碍物

图片来源：https://www.vgtime.com/topic/801487.jhtml。

任天堂就是利用这些三角形物体，配合一些其他形状比如树、房屋等物体，使得原本机械感十足的地图变得更自然、充满随机性（如图2-3-13）。

· 75 ·

图 2-3-13　游戏中的三角障碍物

图片来源：https：//www.vgtime.com/topic/801487.jhtml。

（三）3 把尺

任天堂为了明确开放世界游戏具体的模型，便设计出"3 把尺"这个概念，而这 3 把尺其实就是距离感、密度感、时间感（如图 2-3-14）。

图 2-3-14　3 把尺

图片来源：https：//www.vgtime.com/topic/801487.jhtml。

第一，距离感。任天堂的开放世界地形团队以现实世界中的京都为原型（如图 2-3-15），在京都步行，一边测量距离一边寻找感觉。绕行京都一圈，大致感知游戏地图应该做多大。

第二章　第一层用户需求：游戏玩家的需求

图2-3-15　距离感

图片来源：https://www.vgtime.com/topic/801487.jhtml。

第二，密度感。为了探究游戏中如神庙、高塔等物体的摆放密度，任天堂以京都中便利店和邮筒的密度作为参考，使团队对于游戏中场景物体的摆放有统一的感觉（如图2-3-16）。

图2-3-16　密度感

图片来源：https://www.vgtime.com/topic/801487.jhtml。

第三，时间感。游戏当中，一项主线、支线任务，迷宫探索、解谜题所需要的时长应该设定在什么样的范围内同样是未知的。任天堂为了寻找做任务解谜所需的合适时间，就以京都作为参考，以探索大大小小的景点的时间，作为游戏当中的事件时长参考标准，很好地把握了游戏的整体节

· 77 ·

奏（如图2-3-17）。

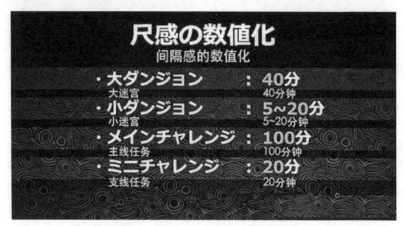

图2-3-17 任务时长的参考标准

图片来源：https://www.vgtime.com/topic/801487.jhtml。

任天堂之所以花这么多功夫设计出这三个隐藏要素，目的都是为了更好地引导玩家（如图2-3-18）。

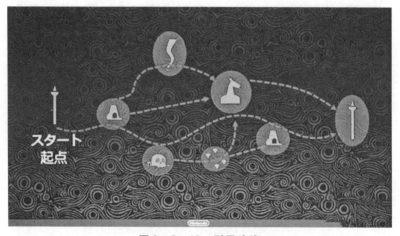

图2-3-18 引导路线

图片来源：https://www.vgtime.com/topic/801487.jhtml。

在游戏过程中，引导是很重要的。在开放世界游戏当中，为了让玩家有丰富的游戏体验，制作商需要在游戏当中塞细节、塞支线、塞收集要素，但塞的东西越多，要做好引导就越困难。《塞尔达传说：旷野之息》

第二章　第一层用户需求：游戏玩家的需求

（如图2-3-19）很好地利用了他们所设计的这三个要素，一直引导玩家，让玩家自己在游戏中作出选择。面对一座大山，有的玩家选择翻越它，有的选择绕道，但不管玩家做出何种选择，游戏都会给玩家一个回报，这样就让玩家在无形之中获得了引导，又使玩家以为自己获得了操纵权，感受到了自由。

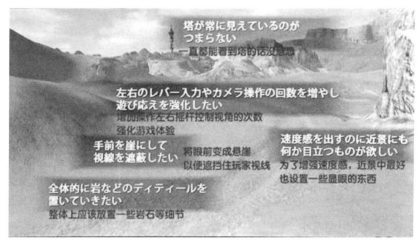

图2-3-19　《塞尔达传说：旷野之息》设计要素

图片来源：https://www.vgtime.com/topic/801487.jhtml。

三、合理的解决方法

一旦玩家一款游戏玩了一段时间后，他们渐渐地了解了游戏规则。当他们过了几关后，也会渐渐掌握过关的方法。玩家通过过关会逐步掌握在游戏中解决问题的套路，如果他们在游戏中再次遇到类似的问题，就会尝试用更好更合理的办法去解决它。玩家如果因为这样的尝试而失败了，他们一定会非常郁闷。

对于那些希望对现实世界进行一定程度上的模拟的游戏来说，这无疑是设计上的一个巨大的挑战。在现实世界中，一个问题往往有多种解决方法。因此，如果你希望你设计的游戏能够模拟现实中的一部分内容，也必须做到这一点。当然，游戏设计人员会保证每个问题都有一种合理的解决方式。但是，在游戏进行的过程中，玩家一定还会收集到很多其他的资源或者信息，设计者必须在设计初期便确定这些资源和信息能否成为解决问题的其他合理途径（见表2-3-1、表2-3-2）。设计者必须确定，如果这些资源和信息可用的话，它是否具有合理性和逻辑性；如果不可用的话，它是否会迷惑玩家。玩家可不希望游戏角色带着一堆不知道能起到什么作用的垃圾到处走，而无法解决任何难题。因此，作为设计者，你必须更多地了解游戏中的玩家行为，以便更好地设计出玩家能接受的合理的操作。

表2-3-1 《仙剑奇侠传3》可用资源和信息

人物	特技名称	特技类型	对象个数	习得途径	特技消耗（气）	特技威力（总）	特技解说
重楼	鬼降	攻击	全体	剧情	3	atk×0.8	攻击单体
	心波	攻击	单体	剧情	7	atk×4/3	攻击全体
	魔尊真身	增益	单体(本身)	剧情	每回合消耗6	—	己方单体武防加倍
月瑶	洒金笺	增益	全体	自带	9	精增加500	己方全体增加精
紫萱	梦蛇蛊	攻击	单体	自带	3	atk×1.5	攻击单体
	万蛊蚀天	攻击	全体	自带	8	atk	攻击全体

表2-3-2 《仙剑奇侠传·忘情篇》的技能设定

对象个数	所需上一级仙术等级	到二级所需次数	到三级所需次数	到四级所需次数	仙术消耗（神）	仙本威力（总）	仙术解说	附加效果	备注
全体	—	5	10	15	11	[(atk×(5+5×slv)]/30	攻击全体	一定概率地吸收部分伤害转为给本人治疗	
单体	—	5	10	15	16	复活,精增加(50×sly)	复活单体、增加神		
全体	—	5	10	15	29	精增加(80×slv)	己方全体增加神		

续表 2-3-2

对象个数	所需上一级仙术等级	到二级所需次数	到三级所需次数	到四级所需次数	仙术消耗（神）	仙本威力（总）	仙术解说	附加效果	备注
单体	—	5	10	15	10	[atk×(12+8×slv)]/20	攻击单体		
全体	—	5	10	15	18	atk×(1.2+8×slv/5)	攻击全体	一定概率地对目标造成持续伤害	
全体	—	5	10	15	30	atk×(1.2+slv/5)	攻击全体		
单体	—	5	10	15	10	[atk×(12+8×slv)]/20	攻击单体	一定概率震慑目标，使之在速度条上回原点	如果技能攻击在一个回合中攻击n次，那么每次伤害=总伤害/n
单体	—	5	10	15	16	持续回合数2+slv	己方单体增加武		
全体	—	5	10	15	31	atk×(1.4+slv)	攻击全体		
单体	—	5	10	15	9	[atk×(12+8×slv)]/20	攻击单体	一定概率地秒杀目标	
单体	—	5	10	15	22	持续回合数2+slv	己方单体增加速		
全体	—	5	10	15	29	atk×(1.4+slv/)5	攻击全体		
单体	—	5	10	15	11	[atk×(12+8×slv)]/20	攻击单体	一定概率地使目标定身	
全体	—	5	10	15	23	atk×(1.2+slv/5)	攻击全体		
单体	—	5	10	15	28	持续回合数2+slv	己方单体增加防		

续表 2-3-2

对象个数	所需上一级仙术等级	到二级所需次数	到三级所需次数	到四级所需次数	仙术消耗（神）	仙本威力（总）	仙术解说	附加效果	备注
全体	仙风云体4 五气连波3	5	10	15	60	[atk×(15+5×slv)]/50	攻击全体	水系+风系效果	
全体	流星火雨3+风卷尘生3	5	10	15	60	[atk×(15+5×slv)]/40	攻击全体	火系+风系效果	
全体	流星火雨2+真元护体4	5	10	15	60	[atk×(15+5×slv)]/40	攻击全体	火系+土系效果	
全体	三昧真火4+雷动九天3	5	10	15	60	[atk×(8+slv)]/20	攻击全体	火系+雷系效果	
全体	天罡战气4+真元护体2	5	10	15	54	持续回合数2+slv	己方全体武防速运增	雷系+土系效果	

注：《仙剑奇侠传·忘情篇》中的技能设定——它为玩家提供了一个完整的解决"问题"（敌人）的方法。

多种合理解决方法在卡牌类游戏中体现得淋漓尽致。虽然网易官方宣称《阴阳师》是回合制 RPG 游戏，但是其实它就是一款画面精美的卡牌游戏。卡牌游戏最有趣的就是没有最强的牌组，只有最合理的牌组，不同的出牌顺序能打出不同的效果。《阴阳师》提供了海量的角色（卡牌）（如图 2-3-20），每个角色的使用效果和条件都是不同的，如何使用好这

图 2-3-20　《阴阳师》丰富而精美的卡牌系统
图片来源：http://www.kuai8.com。

第二章 第一层用户需求：游戏玩家的需求

些角色，进行阵容搭配，给了玩家很多的选择。玩家遇到各种障碍时，不需要拥有最稀有的卡牌，只要搭配好手中的资源，一样可以合理地解决问题，而且解决问题的办法还不止一种。

又如 2014 年发行、2017 年出续作的著名解密游戏《纪念碑谷》，看似不可能到达的路径，利用经典的视错觉构图得以巧妙解决，一经推出，就因新奇的玩法、清新的画面以及诗意的剧情而获得了极大的关注。游戏摒弃了复杂的游戏画面，用最简洁的游戏界面鼓励玩家思考和创新，原本看起来不可能连接的路线因为巧妙地旋转而连接，令人觉得不可思议，但是又为之深深折服。操作上极致简约，就是移动和旋转，但是解题方式却绝不简单，而且轻松静谧的禅音不会因为难度提升而让玩家感觉到紧张和烦躁。这种一开始给玩家设置了"不可能的"任务、然后鼓励玩家解密以后能让玩家信服的设计，就是最经典的"合理的解决方法"。

四、目标与任务

好的游戏都会为玩家提供一个他们所期望的目标。玩家总是希望经历一个惊险刺激的故事，靠自己的能力完成游戏。在享受自由的同时，玩家也希望游戏给出一些提示，提示他们如何更好地进行游戏。现实生活中的目的性往往没有那么强烈，所以玩家希望脱离现实生活，而在游戏世界中得到指引。

玩家在玩游戏的时候往往希望知道他们的目标是什么，以及得到一些如何完成目标的建议。这些目标与任务有些是为了鼓励玩家探索世界，推进剧情发展；有些是为了让玩家进一步融入角色，体验更真实的角色扮演；有些是为了开启功能，提升操作技能。如果没有得到任何目标以及提示，玩家必然会失去动力，盲目尝试，如果仍没有任何拓展，那么他们最终将对游戏失去兴趣。如果玩家失去目标，可能仅是观赏游戏中的风景，感叹 3D 效果的魅力，那么游戏最终会成为一个无意义的过程。当然，实践也告诉我们，如果一位玩家确实不希望被目标所束缚，我们可以先为他提供一个没有目标的环境。经典游戏《模拟城市》便是如此，该游戏的设计者甚至在一开始没有称其为游戏而是叫作"玩具"，因为它就像玩具一样可以让人随意摆弄，而没有成功失败之说。在某种程度上，《模拟城市》就像乐高积木，玩家可以随意地搭建，不需要任何目的。作为一个模拟游戏，《模拟城市》的玩家可以模拟出自己心目中的城市，但是随着游戏的深入，玩家也会树立所谓"成功"的目标——对照现实中的美丽城市，玩家必须建立优美的环境、宏伟的建筑以及公共设施让市民安居乐业。当然，每位玩家对于这个"成功"的目标会有不同标准的定义，但他一定会想尽办法实现它。潜移默化中，玩家依据现实中的经验为自己设定了目标。如果《模拟城市》像现在很多游戏一样，第一关必须达到某一标准过关，第二关达到某一标准过关……那么可能就不会有这么多支持者了。所以说，哪怕游戏中没有设定明确目标，玩家还是会根据诉求设定属于自己的目标，然后完成它。很多玩具也正是通过这样的方式变成了大家喜闻乐见的游戏（包括篮球、足球等体育运动）。

五、任务难度递增

当玩家了解到游戏中要完成的目标以后，便希望能够得到一些正确的引导。解决这个问题最好的方法就是设置很多的"子任务"，以此串联成最终目标。玩家在完成这些子任务时得到的小奖励也成为完成最终目标的基础。如果子任务对于玩家来说还是过于庞大，游戏则可以继续细分，形成"子子任务"以提供给玩家适量信息（如图2-3-21）。一个游戏的流程往往很长，如果在进程的重要部分不给予玩家指引及反馈，玩家很可能会迷失目标。一旦玩家失去了目标并进行一些胡乱的尝试却仍没能回归征途，他就会选择放弃这款游戏。

图2-3-21　《魔兽世界》中多层次的任务及奖励系统

图片来源：http://wow.duowan.cn。

随着游戏发展，游戏难度再也不是一种单一的选项，出现了可以选择的难度，这实际上也是游戏扩大目标受众的一种方式。游戏设计师希望水平不足以挑战普通难度的玩家可以从简单难度开始进入游戏，通过足够的练习进阶下一个难度水平，而那些觉得普通难度已经缺乏挑战的系列"死忠"也可以在困难难度下重新找到游戏乐趣。在游戏玩家的"口味"愈发刁钻的情况下，这的确是一个让更多的人得到游戏乐趣的好方法。但问题是，游戏难度总是和平衡息息相关，而改变游戏难度的形式总能让玩家找到作弊的机会。如果玩家在难度尚未提升的游戏初期选择困难难度，但在具有真正挑战的中后期选择简单难度，这实际上背离了设计者的初衷，也会对其游戏体验造成影响。一些游戏因此选择难度等级只可提升不可下降，或者在游戏过程中不能够改变游戏难度作为调整——这样实际上也等于说是增加了游戏难度。尽管损失了难度调整的灵活，却让游戏更符合规则和流程。难度调节带来的另一个问题是哪一个难度下的游戏才是真实的。事实上，经过仔细优化调节的难度分级很可能导致不同难度下的游戏看起来根本不像是同一个，有些玩家对此非常在意。另外，尽管难度不同，但是流程与剧情的相似可能会令以简单难度通关的玩家不想挑战更高难度，这意味着制作者做了许多无用功。一种解决方法是给予以困难难度通关的玩家更多奖励。

一个完整的任务包含三块内容：触发任务—执行过程—完成任务。其中多种的形式变化以及丰富的内容表现为任务体系增添了血肉。

（一）任务的触发

1. 任务触发的形式

（1）条件触发形式。在满足一定条件的情况下，自动产生或固定NPC领取任务。

（2）固定领取形式。最常规的任务获得模式，通常情况下受一定范围条件的限制。

（3）随机触发形式。在任何场景任何等级段随机获得任务。

（4）连锁任务形式。由一部分人触发，完成后引发另一部分获得任务。

2. 任务触发的类型

（1）物品触发。拾取或者使用特殊物品时触发任务。

（2）NPC触发。玩家从某个NPC处得到该任务。

（3）区域触发。玩家进入某个区域后即触发该任务。

(4) 时间触发。玩家经过一段游戏时间后可以得到该任务。

任务触发的情况可以是多种形式的组合，也可以是多种类型的组合，同时，一个任务触发既满足条件触发形式，又满足固定领取的形式。

（二）任务执行过程

任务执行过程会通过各种形式来进行，以下列举了其中八种最常用的任务完成形式，该形式库的内容将根据需要不断地扩充，仅供参考。

1. 战斗

程序实现难度最低，只要验证所杀的怪物（数量）即可。这种任务系统的实现没有很高难度，程序只需要安排任务指定 NPC、任务对话及任务完成检测，是最容易安排剧情的任务类型。

所需消灭的怪物分为两类，一是普通的怪物，一是首领（BOSS）类怪物。普通的怪物就不必多说，BOSS 类怪物有些还需要触发条件。

2. 收集物品

收集的物品分四类：①指定怪物必然掉落的物品；②指定怪物随机掉落的物品；③从地图上可见并可采集的物品；④由玩家制作出来的物品。

3. 对话任务

最简单的任务过程形式，即与指定 NPC 对话。为大多数 MMORPG 最常用的任务过程形式。

4. 护送任务

保护目标 NPC 到达目的地，路上一定地点会刷新怪物，这时候要注意不能让目标 NPC 死亡，否则任务失败。程序实现的表现是：固定地点刷新怪物，判断目标 NPC 是否死亡，死亡则转入任务失败，任务结尾后若 NPC 仍存活，则任务完成。

5. 探索任务

一般的要求是到达探索地点的规定区域内即算完成，供玩家熟悉地图用。有些任务还要求发现某特征事物。

6. 捕捉

这种形式的任务通常需要玩家利用特定的技能或道具去捕捉怪物，也因此可以产生与场景互动的小游戏。

7. 摧毁

即摧毁某个特定物件。摧毁任务的执行需要一定时间才可以完成，并且在执行任务的过程中会受到怪物的干扰。

8. 送物品

这类物品一般是在完成收集形式的任务之后进行后续任务，玩家在上一个任务中收集物品之后，在本任务中将特定物品交给特定 NPC 或者将特定物品安放在某个地点。

以上只是列举任务执行过程中最常见的几种任务过程形式，在任务系统的设计中，这些形式会不断创新与交织，形成更庞大的任务体系。

（三）任务的完成

任务的完成是对任务过程的一种体现，好比任务需要你获得 10 个物品，那么，在任务的执行过程中，你获得的累积数量达到 10 个，将物品带给指定 NPC，任务就完成了。所以，一方面，任务的完成和过程可以合为一体，任务的执行也就是任务的完成；另一方面，任务的完成也有可能是另一个任务开启的条件，那么，完成和触发也可能是与任务系统同步进行的事件。

（四）任务的奖励

1. 任务奖励的内容

奖励内容包括物品、金钱、经验、称谓、积分。

2. 任务奖励的形式

任务奖励的形式有：①随机。玩家随机获得某项内容奖励。②指定奖励。玩家完成任务之后一定会获得某项奖励。③可选奖励。玩家任务完成之后可以选择奖励内容，玩家一般在任务链体系中获得积分，当积分累积到一定程度后，玩家可以换取所需要的奖励内容。

3. 任务的难度

任务的难度可以通过以下几个方面进行综合控制：玩家任务需求等级、玩家任务完成时间、玩家需要杀死的怪物数量、玩家完成任务所需要的技能要求、玩家完成的风险程度。可以通过建立一张难度控制表来规划任务的难度需求。

先说单个任务的难度控制。在普通的链状结构任务中，难度都是循序渐进的。链状结构任务设计的时候，切忌任务之间跨越等级太大，或者任务越到后面难度越低。等级跨度太大，给玩家无所适从的感觉，再加上当前能力无法完成任务，造成放弃任务的概率大大增加；任务难度安排颠倒，越到后面越没有挑战性，给予玩家的成就感也就降低了。

(五) 任务的互动模式

1. 合作模式

合作模式是多个玩家为达到一个共同的目标进行合作并完成的一种任务模式。例如《魔兽世界》中"开启安琪拉大门"的任务,需要联盟与部落的玩家共同收集一定数量的物品,在特定的时间收集完毕后,该任务才能完成。

2. 竞争模式

竞争模式是多个玩家之间为达到一个共同的目标进行博弈的一种任务模式,这种模式可以划分为良性竞争和恶性竞争两种情况。

(1) 恶性竞争。《大话西游2》中的地星系统,高额奖励以及争夺目标是唯一的,经常引起帮派霸星以及大规模的比拼。也许有人会认为这也是玩家进行游戏的动力,但是这种刺激是短暂的,无论比拼的双方哪一方赢得胜利,都将以玩家离开而终结,这不是我们想看到的结果,也不是我们提倡的游戏环境。

(2) 良性竞争。领取任务的玩家有自己独立的争夺目标,玩家之间不会相互干扰,并且胜负是以玩家的完成时间或是完成策略的优异性进行评定的。例如《梦幻西游1》中的游泳大赛,玩家各自组成一支队伍,其间需要和13个不同地点的NPC对话,并有概率触发战斗,最后成绩是看谁先完成13个NPC的对话,这种情况就不会引发玩家之间的恶性竞争。

合作模式与竞争模式也会同步存在。例如《梦幻西游1》中2006年的暑期活动花妖任务,玩家杀死花妖后会有概率获得花妖的种子,将种子种植在特定的区域内,每个服务器都将在固定时间段内计算玩家种植的种子总数,数量排名前十的服务器,玩家的双倍时间将会增加4小时。可以看出,任务的前半部分是一种需要玩家合作的模式,而后半部分则是需要玩家服务器之间竞争的模式。

六、沉浸其中

总的说来,沉浸感就是让人专注在当前的目标情境下感到愉悦和满足,从而忘记真实世界的情境。沉浸感往往包括人的感官体验和人的认知体验,是强烈的正负情绪交替的过程。早期沉浸理论指出,挑战与技巧是影响沉浸的主要因素。若挑战太高,使用者对环境会缺少控制能力(技巧),从而产生焦虑或挫折感;反之,会觉得无聊而失去兴趣。沉浸状态主要发生在两者平衡的情况下。两者均低时，使用者的心态则较为冷漠。

后续的研究则开始着重于沉浸经验带来的自我肯定，促使使用者后续学习行为的进行。

随着计算机科技的发展，沉浸理论延伸至人机互动上的讨论，这种互动具有游戏和探索的特质。有科学家就人机互动对工作的影响进行研究，提出沉浸的两个主要特征：心理享受和完全专注。

之后的研究发现，在网络使用行为中，信息寻求最容易进入沉浸，其次为阅读与书写。不同的网络活动形式，如在线游戏、在线购物、电子邮箱等也会带来沉浸经验的差异。

沉浸体验的发生伴随着九个因素：①每一步有明确的目标；②对行动有迅速的反馈；③挑战和技巧之间平衡；④行动和意识相融合；⑤摒除杂念；⑥不必担心失败；⑦自我意识消失；⑧时间感歪曲；⑨行动具有自身的目的。

沉浸理论认为，空间临场感的发生要经过三个步骤：第一，玩家在头脑中形成游戏展示给他们的世界或空间的影像；第二，玩家开始以这种基于媒体的空间（游戏世界）作为自己"在"哪里的参考点；第三，玩家可以获益。

而促进沉浸感的游戏特性大致可以分成两类：一类负责创造游戏环境的丰富的心理模型，另一类负责创造游戏环境中的事物之间的一致性。丰富性是指：①感觉信息的渠道多；②感觉信息的完整；③对认知要求高的环境；④生动的和有趣的叙述、情节或故事。一致性是指：①游戏世界中没有不协调的视觉线索；②游戏世界中的行为是始终如一的；③游戏世界的表现是完整的；④与游戏世界的物品产生互动作用。

玩家本身的特点对其是否沉浸于游戏也是有一定影响的。有些人的空间能力强，可以很快地形成更加生动的心理模型；有时候玩家会自发地沉浸于游戏之中；有些玩家就是相信幻觉，使自己的偏见倾向于接受"我就在那里"的假设。用户，比如喜欢角色扮演的玩家，渴望在信以为真的世界中活动，使之与自己的生活保持平行关系，根据他们自己的设计影响这个想象中的世界的变化。

你一定有过这样的经历，就是当你坐在电影院中兴趣盎然地观看一部电影而且正进入情节高潮的时候，身后突然传来了两人的嬉笑，或者身前挤过另一位正要离开的观众，这时你一定会非常生气，除了因为他们打扰到你之外，更因为他们在你正要融入电影世界的时候提醒了你这一切都是虚构的。与此类似，游戏玩家也非常不愿意陷入如斯境地。当玩家进入游戏，熟悉了操作，接下来他会慢慢进入游戏角色，幻想自己正遨游在游戏中的世界，此时玩家一定不希望被任何因素打扰，游戏也绝对不能突然中断。

针对这种情况，游戏中的图形界面都必须经过精心设计，务必保证能够透明化或者融入游戏的整体风格（如图2-3-22），如果显得过于突兀或者不协调，那么它必然会影响玩家享受游戏（如图2-3-23）。如果玩

图2-3-22 原创的魔幻风格游戏及其风格统一的界面

图2-3-23 严重抄袭且与本身中国古代仙侠风格极度不符的游戏界面
图片来源：https://ent.163.com/game/10/0112/20/5SRRO6T200313OM9.html。

第二章 第一层用户需求：游戏玩家的需求

家操纵的游戏角色在虚拟世界中产生了莫名其妙的举动，如踩空或者穿墙，玩家会因为类似的漏洞（BUG）而中断游戏感受，也会大大降低游戏的拟真性。又如，玩家在游戏中的解密过程中可能会想到一些比游戏设定更简洁的方法，如果这些方法不起作用，玩家也会意识到他玩的只不过是一款电脑游戏。如果游戏中经常出现类似的小小漏洞，玩家就等于一次次地被抽离出游戏所营造的幻想世界；一旦玩家被抽离出游戏世界，他就很难再次进入。对于设计者而言，请永远记住玩家玩游戏的初衷是为了满足自己的幻想，而你制作游戏的每个细节都不能破坏玩家的幻想世界。

另外一个容易影响玩家沉浸于游戏的因素就是游戏角色操作。如第三人称视角动作冒险类的"超级马里奥"系列，马里奥作为一个小大叔，形象并不很出众，但是穿着很个性。在游戏中，马里奥几乎不说话，完全靠动作，如移动、跳跃、发射，仅此而已，但是玩家可以通过这些操作组合出无数种充满个性的攻击方式。而有些游戏的表现却恰恰相反，诸如很多RPG游戏中，角色设计可谓千奇百怪，但是操作模式十分单一，就是找NPC一遍遍地说废话触发剧情。说话的时候对白很长，甚至还有配音，但玩家无法选择说话的内容，只能在一边看。玩家玩这样的游戏时就会觉得不是自己在操纵角色，而是角色在操纵自己。一个能让玩家投入的游戏必须让玩家觉得自己化身成为游戏角色进入了虚拟世界。

游戏中玩家的情绪体验与游戏营收能力呈一种正相关的联系，一款好的游戏应该能唤起玩家强烈的情绪波动。而影响玩家情绪的有以下三个因素：①故事性。当玩家在游戏中与有趣的故事情节产生交互时，都会产生不错的情绪。②挑战性。难度太高易引发挫折感，难度太低则会无趣。③画面性。绚丽精致的画面能让玩家产生愉悦的情绪。

随着科技的进步，各种显示以及声音技术日新月异，在沉浸感营造上表现突出的无疑是目前流行的各种VR设备。VR沉浸感是指周围的图像、声音以及其他刺激因素为用户营造的存在于一个非真实的场景中的感觉。用户完全被虚拟世界所吸引，相信他们是真的身处这种虚拟的场景中，并且这个世界看起来及感觉起来都是"真实的"。

不过，沉浸感的多少会直接影响你的大脑反应，从而判断出真假虚实。为了尽可能地欺骗人们的大脑，创造出完全沉浸的体验感，就必须让"视、听、触、闻、味"这种五种感官相信虚拟场景是真实的。下面看看VR的沉浸感是如何引导感官产生"错觉"的（见表2-3-3）：

表 2-3-3 VR 沉浸感对感官的引导

感官系统	解 决 方 法
视觉	头戴式显示器：HTC，Oculus，PlayStation VR 等
听觉	3D 环绕音效：声学仿真、HRTF 音效定位算法、实时动态声音渲染等
触觉	触觉（感知纹理、粗糙、温度等）、力反馈（感知物体大小、弹性、硬度等）
嗅觉	气味鼻罩：模拟各种气味
味觉	味觉接口：感知食物温度、甜、咸、苦、辣等味觉传感器

七、失败

玩家不喜欢那种"闭着眼睛都能通关"的游戏。如果游戏过于简单，不需要动脑就能通过关卡，玩家会觉得还不如去看电影。绝大多数玩家玩游戏是为了接受挑战。所谓挑战，往往意味着一定概率的失败，玩家必须承受这些失败才能够享受到胜利的喜悦。容易取得的胜利不能给玩家带来喜悦，你可以想象一下在赛跑中赢了一位老年人你会有多少兴奋之情。

但你必须了解的是，玩家所能接受的失败应该源于自身的弱点，而不是因为游戏过高的难度。当玩家过关失败后，他们会总结这些失败的教训，并立刻去改正，而不是抱怨游戏设计者动了手脚或者电脑玩家"作弊"了。游戏必须做得天衣无缝，让玩家失败的时候只能怪自己，然后才能继续给予他们充分的挑战。

还有一个不错的方法，就是在游戏的一开始让玩家都能获得胜利，玩家会觉得"这也不是很难嘛"。这种先入为主的情绪会让玩家对游戏产生一些好感，有助于吸引玩家继续玩下去。但是，紧接着，游戏的难度必须慢慢提升，以保证能让玩家尝到失败的苦头。因为之前玩家已经投入游戏中，于是他们便不会轻易放弃游戏，这使得他们尝试解决问题、继续游戏并获得快感。如果一开始就让玩家感受到游戏的高难度，或者让玩家看不到玩这个游戏的任何好处，那么玩家很可能就会放弃游戏。开始让玩家"尝到甜头"，他们就会努力进取，这类似于俗语中的"先喂个枣，再给一棒槌"。（如图 2-3-24）

第二章 第一层用户需求：游戏玩家的需求

图2-3-24 《仙剑奇侠传1》中的战败画面

设计"失败"功能是非常考验游戏设计师的，弄巧成拙可能适得其反，影响玩家的访问量。但大部分具备丰富玩法的佳作已经努力在游戏中实现这一元素，设计这类系统需要游戏设计师理解一些特定重点。

（一）累积难度

在设计一款能够吸引大量用户的游戏时，设计师们希望尽可能多的玩家可以参与其中，并爱上它。这意味着设计师必须作出一些妥协：更改游戏难度，提供玩家获胜机会……这些游戏均拥护一个与众不同的宗旨，即玩家会面临多次失败，而他们更加喜爱这种效果。

其中一种最佳的改善方式便是呈现失败模式。如果你曾遭遇失败，那么该因素会促使你重新回到游戏进程，征服这些挑战。

X-Com（如图2-3-25）中，玩家的胜算如同在拉斯维加斯老虎机中赢钱的概率。当你首次体验该作时，你会发现游戏中的敌人比你更具优势：他们配备更加精良的枪支，射击更具准确性，而且有时它们的人数会超过玩家组建的小分队。在头几个回合的战斗中，玩家难以保证半数以上的队员能够存活下来。通常外星人的一次攻击就可以使游戏角色丧命。随后，游戏中会出现更加强大的敌人。

图 2-3-25 X-Com 游戏画面

图片来源：http://tech.hexun.com/2013-06-18/155257396.html。

同时，围绕 Rogue-like① 机制设计的游戏也会令玩家陷入表面困境。《恶魔之魂》中，你的最初装备非常基础，而且你无法升级角色。《黑暗之魂》甚至更加完美地诠释了盒子上的标语——"准备受死吧"。现在，游戏一开始便让玩家陷入困境是一件易事，但挑战型游戏与纯粹让玩家受挫的游戏之间还有诸多差异。

（二）取得进展

一方面，为了确保不让玩家觉得失败是一种很糟糕的感觉，游戏开发者们必须设计出可以让玩家多少获得一些进展的体验。比如，基本的做法是让玩家更加了解游戏，这是任何 Roug-like 风格的游戏所具备的主要

---

① Rogue-like，欧美国家对一类游戏的统称，是角色扮演游戏（RPG）的一个子类（Rogue-like-RPG）。它是 20 世纪 80 年代初，由 Michael Toy 和 Glenn Wichman 两位软件工程师共同在 UNIX 系统上开发、在大型机上运行的游戏。其类型始祖游戏 Rogue 在 2009 年被游戏权威杂志 PC World 评为"史上最伟大的十个游戏之一"。其本身的理念源自 20 世纪 70 年代的游戏，包括 Adventure（1975）、Dungeon（1975）、DND/Telengard（1976）、Beneath Apple Manor（1978），并利用了一些 PLATO 系统（即第一代网络游戏）完成了基础建设，目的是在电脑上再现 DND 游戏体验，并且严格遵循 DND 游戏规则的单人回合扮演游戏。这款游戏在当时非常受欢迎，以至于后来衍生出了一系列与 Rogue 相类似或者同类型的游戏作品，这些作品被统称为"Rogue-like"。

元素。

一开始，玩家并不清楚游戏规则与潜在危险。随着进程启动，他们逐渐掌握了对抗某些敌人、避免陷阱、寻找积极情境的方法。最终，玩家知道如何让游戏转向有利于自己的方向。

另一方面，获得游戏进展其实是个更加复杂的设计。在 X-Com 中，尽管玩家失去了一些重要队员，他们却仍然取得了一定进展。解锁急救箱、动态感应器以及更加精良的装备。这类实用道具意味着，即使玩家失败了，他们仍取得了一些进展。

《黑暗之魂》（如图 2-3-26）与《恶魔之魂》都包含了支持玩家提高游戏角色灵魂等级、从而提高玩家数据的游戏进程。借此，玩家可以永久性地改善角色，避免它们丧生时从游戏中消失。

图 2-3-26　《黑暗之魂 3》角色展示

图片来源：https://m.19yxw.com/Article/2016-4-19/273058.html。

同时，玩家还可以在通过地下城时解锁捷径模式。虽然敌人会复活，但任何解锁的捷径与大门都会保持永久开放。比如，玩家在《恶魔之魂》的关卡 5-2 中必须勇敢地在充满毒气的沼泽地中艰难作战（如图 2-3-27）。如果他们可以通过这道关卡，可以开启捷径的开关，就能跳过该关卡中 75% 的挑战。

图2-3-27　《黑暗之魂3》游戏画面

图片来源：https://www.gamersky.com/news/201209/211805.shtml。

　　例如，《以撒的结合》中游戏进程的设计方式广受大众好评。作为Rogue-like风格的作品，当玩家消耗完生命值、游戏结束时，他们不得不重新回到关卡1继续作战。但随着他们再次进入游戏，游戏会解锁一些全新敌人、道具与关卡，它们会随机分配到游戏进程中。

　　在《以撒的结合》与 X-Com 中，玩家的失败仍会获得某些奖励，最终，解锁道具会扭转玩家的局面。《以撒的结合》中的许多道具会竭尽全力帮助玩家消灭大部分的敌人，它们甚至有助于玩家获得解锁机会。同时，由于具备更具优良数据的全新设备，X-Com 中的更多队员可以幸免于难，而且最终玩家甚至会从军备竞赛中脱颖而出。

　　另外，我们还需提到"风来的西林"（*Shiren the Wanderer*）系列（如图2-3-28）。"风来的西林"属于真正意义上的 Rogue-like 游戏，它包括回合制玩法、丧命模式令玩家回到初始关卡，以及具有挑战性的敌人。"风来的西林"中还设置了收藏屋，玩家可以用其保存道具，以迎接接下来的战役。

第二章　第一层用户需求：游戏玩家的需求

图 2-3-28　《风来的西林》宣传海报

图片来源：https://jiaocheng.hxsd.com/course/content/6444。

也就是说，游戏的城镇中有一个工匠，他可以在每个回合中通过收取玩家的一定费用来完善某款装置。玩家可以在每个回合中携带某款武器，完善之后储存起来，而后重复这个动作。最终这款武器会变得十分强大，它的一次攻击便能消灭任何敌人。只是现在这款武器并非提供进展、平衡游戏的最佳渠道，它可能会影响用户基础。

游戏设计的动力是让玩家感受到自己时时刻刻都在进行自我完善，完善结果如何并不重要，只要玩家取得进展即可。如果游戏体验如同用自己的头去撞击一堵砖墙，直到把它撞碎，那么大部分玩家不会坚持玩这种游戏。

又如《忍者龙剑传：黑之章》（如图 2-3-29），这款游戏为玩家设置了更多挑战难度。除了攻克困境，玩家仍无法在游戏中获得进展，因此，不少玩家会停止前进，最终放弃游戏进程，因为该作品最初的设计主要是由玩家的技能决定胜负。

· 97 ·

图 2-3-29 《忍者龙剑传：黑之章》宣传海报

图片来源：http://www.paopaoche.net/tv/80105.html。

有些游戏设计趋向一种极端模式：玩家有时会解锁一些罕见事物，而其他时候却得不到任何东西。比如，2018 年 10 月 23 日发行的 Rogue-like 游戏《超越光速》，玩家可以通过完成任务或获取特定成就解锁一些新型战舰。

由于不同的设计与启动装备，每艘战舰会对游戏玩法产生巨大影响。但由于玩家只能以一些特定动作解锁它们，所以，对某些玩家而言，这是一个长期的过程，在此之前，他们只能使用基础军舰，或者他们可以通过一次性获胜解锁这些军舰。（类比《以撒的结合》，《超越光速》提供较少的前进机会，但每艘军舰可以从根本上改变作战策略。）

你可能会认为，《暗黑破坏神 3》也是提供较少前进机会的例子，它降低了游戏的升级速度。63 级道具可以极大地提升玩家的统计数据，但这不仅只有一次机会，而且会降低职业的本质属性。现在我们已经了解了游戏难度与前进概念，最后，我们应探讨取得进展的相反面。

（三）避免失败循环

"富者愈富，穷者愈穷"一语正对应于"失败循环"的观点。由于大量游戏均围绕 Rogue-like 机制中的重玩模式设计而成，设计师们必须注意一点：一个失败循环可能意味着角色丧生，因此，玩家无法恢复失去的东西，他们的生命值开始逐渐下降，最终丧命。

X-Com 中，一到两次的作战失败并不会让玩家丧生，如果游戏中出现一些全新元素，那么玩家很容易陷入连续不断的惨败境地。最终他们便无法负担能源补充的费用、维护基地，他们别无选择，只能重新开始游戏进程。

玩家在"风来的西林"系列中一次性完成任务之后，该系列会解锁一些测试玩家技能的地牢模式。其中不少模式要求玩家在此之前需具备一些升级道具。如果玩家丧命，失去所有东西，他们便无法再次重玩地牢关卡。他们必须耗费数小时的时间重新收集道具，并希望自己这次可以通过。

虽然《超越光速》（如图2-3-30）并不允许玩家在一场军舰战役失败后继续体验游戏进程，但游戏中的其他情境会被迫产生一个失败循环，从而防止玩家打败BOSS，比如无法找到武器或升级防御系统，或者无法凑足碎片升级战舰。同时，失去宝贵成员或者玩家处于微弱状态时遭遇攻击也对成员处境不利。

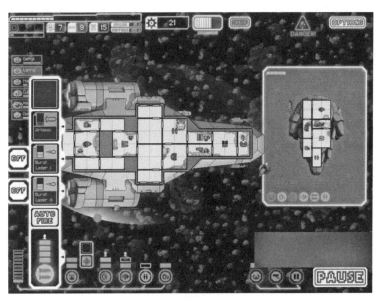

图2-3-30　《超越光速》游戏画面

图片来源：https://www.feng.com/post/12738354。

我们并不希望经历失败，但它是生活中的必要部分。将失败融入产品，并设计成有趣的作品，似乎是一个疯狂的设想，但如果游戏产生正向效果，就意味着你将获得一款惊人之作。如果玩家连续丧命10次，却仍然打算重返游戏，则说明你的游戏确实摸到门道了。

·99·

八、机会平等/公平

玩家不喜欢那种要通过胡乱尝试才能够通关的游戏,特别是当这些尝试会要他们游戏角色的命的时候。玩家能够理解适当的运气成分出现在游戏中,但是这也往往只能出现在他们不熟悉游戏的时候,而不能过度出现。依此类推,除非玩家经常玩某款游戏,不然,想在一款刚上手的游戏中保持不败之地,则需要其具有很好的游戏素养。设计者必须保证自己设计的游戏使玩家投入的时间、精力与游戏水平成正比,都应该是一开始失败次数较多,而后水平渐渐提高。绝对不能出现如下情况:一位初学玩家依靠几次随意的尝试就打败了经验丰富的资深玩家。如果出现这种情况,玩家会认为游戏的操作过程是通过"瞎猜"而不是通过"经验"完成的,这样的游戏必然得不到大多数玩家的欣赏。如《星际争霸2》中的天梯系统——玩家必须付出更多的练习才能够获得更多的胜率,最终才能在排名中领先,新手玩家必须从底层开始"爬"起(如图2-3-31)。

首先,游戏的平衡性是服务于有意义的选择的创造过程的。平衡性使得在对抗的游戏过程中,玩家的选择变得有意义,从而调动玩家的积极性并使游戏过程变得有趣而非无聊。

从这个层面上讲,如果一个游戏中玩家在对抗中作出的选择都有意义,那么可以算是平衡的游戏。但反过来讲则未必,如果对抗中出现了无意义的选择,那么也可能是叙事表达需要、玩家特殊行为的后果或其他因素,游戏平衡性不佳只是其中一个可能的因素。

那么,什么是有意义的选择呢?

根据Zynga前首席设计师Brice Morrison在国外的游戏新闻网站Gamasutra上的说法,有意义的选择通常需要有如下组成部分:

(1)存在感。玩家需要意识到他们正在作出选择。

(2)玩法上的结果联系。游戏中的选择必须在游戏玩法与艺术要求上能够产生影响和结果。

(3)提醒。玩家在作出选择后必须被提醒他们作出了这个选择。

(4)永久性。玩家在得知后果后,不能直接从头再来重新作出选择。这个说法还需要有所补充,比如永久性并不是绝对的,但要付出一定的代价,比如存在符合这些定义但是依旧是无意义的选择。

我们再来看看与竞技游戏更相关的说法。《英雄联盟》的首席英雄设计师Andrei 'Meddler' van Roon曾在官方博客上发表过相关的概念解读。

第二章　第一层用户需求：游戏玩家的需求

图 2-3-31　《星际争霸 2》中的天梯系统

图片来源：http://games.ifeng.com/pcgame/news/detail_2010_02/20/349785_2.shtml。

　　他指出："有意义的选择需要玩家对他们的决策所导致的后果有充分的理解。"同时他还补充说："选择的可执行性也很重要。如果三个选择中的两个只能被最好的万分之一玩家所执行，那也意味着它基本就是不可行的。"

　　为什么要让选择有意义呢？

　　在对抗游戏的过程中充斥着选择。Meddler 举的例子有很多，其中包括一次性选择和持续性选择，特定时间段的选择和全局可行的选择，战术选择与战略选择，等等。

在选人阶段，"我"应该用一个璐璐那样的功能性中单还是一个劫那样的刺客？最理想的情况下选人阶段没有绝对的正确答案（这正是平衡性的关键），对个人而言，任何选择都可行，但他们依旧有一个或者多个指导思想，比如，"队伍缺什么"，"我对什么比较熟悉"，等等。

在商店里，"我"是应该把所有钱花掉，买成小散件，还是攒着买一个更大的大件？虽然 LOL 中物品的属性与"金币"价格呈现正相关，但是对特定英雄特定形式而言，不同属性依旧有实战价值的区别。因此，玩家得以根据当前形势进行分析，得出特定的最优解，而非机械地按特定顺序出装。

在战斗中，"我"是应该继续往前冲？是因为"我"感觉对方的支援要到了，还是往旁边走位一下？因为对方的下一个技能的冷却（Cold Down，以下简称"CD"）即将结束。这类即时性的战术选择往往需要快速的反应和判断，既可以考量玩家对游戏的掌握程度，作为选择的结果又能因此导致战局天平的倾斜。

其实，反观另一个同类竞争者的作品——*DOTA 2*，也在维持有意义的选择上进行着不懈的努力。7.0 版本最新推出的"天赋树"系统取代黄点，就是为了避免后期点黄点成为无意义但是必须进行的操作，取而代之以一系列不存在绝对最优解的天赋选择，让玩家时时刻刻需要根据形势来选择适合自己天赋的操作。

我们再来从反面看这个问题。与有意义的选择相对的就是无意义的选择。完全无意义的选择其实很少，但真正关键的是这种选择是否符合游戏目的，是否符合玩家群体的需要。

20 世纪 80 年代 D&D 系的《惊恐墓穴》(*Tomb of Horrors*) 中有一个"死亡之箱"，一个房间中有三个并排的看起来像装有宝藏的箱子，但打开任何一个箱子都会触发机关导致角色死亡。三个并排的箱子看似提供了可能充满丰厚奖励的选择，但实际上，这个选择从现在的角度来看属于都不可行的伪选择。

"巫师"系列的很多对话都是多选一，但多数不会导致深远的影响，那么它们是无意义的选择吗？

如果你喜欢剧情营造的代入感，那么选项就是有意义的，因为这些选项能够改变接下来几秒内你的角色的对话方式，从而提供掌控感，并塑造角色性格。

如果你喜欢通关杀敌的快感，那么这些选择就是无意义的，它们大多数并不会改变你的对手以及你的状态。你甚至可能感到困惑、无聊。谁会去做无意义的事呢？但最关键的一点是，"巫师"系列不是所有对话都不会产生影响。理论上，玩家在没有通关的情况下，是不清楚自己的选择究竟会不会产生影响的，也就是说，他们依然要承担这部分风险，直到作出选择后才知道对自己到底有没有影响。

总的来说，选择的意义事实上是能让玩家利用游戏信息估计形势和快速反应等，并以此作出决策往游戏目标推进，保证了玩家的参与感并维持了紧张程度。失去了意义的选择可能导致游戏无聊，使玩家失去动力，产生不好的游戏体验。

平衡性与选择的意义是怎么挂钩的？

其实写到这里应该已经很清楚了，一定程度的平衡性是对抗类游戏中维持选择的意义所必需的。你一定希望在选人阶段选择在任何段位的平均胜率都高出其他人10%的英雄，你一定希望用一个能控能打能抗还没有操作难度的英雄，但如果这些就是你的选择，你未必觉得有趣。同样地，在面对这些英雄时，你多多少少会丧失动力，因为你的努力、你的选择在一定程度上未必能弥补英雄强度上的差距。

但平衡性不全是指英雄的胜率，英雄之间的差异性也很重要。一方面，游戏设计中最担心的事之一就是出现"全能"的定位。如果一个英雄在任何方面都不差，其存在会掩盖其他英雄的闪光点，使其他英雄成为伪选择，这同样是对选择意义的破坏。另一方面，平衡性的追求也存在边际效应。要知道玩家在英雄的选择上不完全是依靠胜率的，熟悉程度和独特玩法同样是影响玩家选择的关键因素。50%胜率但玩法无趣的英雄与48%的胜率但玩法有惊喜、有可追求性的英雄相比，后者很多时候更胜一筹。

还要补充的一点是，虽然有意义的选择能使《英雄联盟》这类对抗游戏变得更加耐玩，但这也不是适用于所有游戏的概念。Undertale 中充斥着无数的无意义选择，但它们反而帮助构建了这个游戏的艺术性——尤其是作者要传递、要表达的正是基于这个玩法之上的。

九、不要重复

当玩家在游戏完成某项目标后，他往往不希望再重复完成一遍。如果作为设计者，你设计出了一道非常复杂的谜题，哪怕玩家玩过一遍以后还是无法轻易破解，也请你不要滥用这道谜题。相同或者类似的谜题不应反复出现，除非乐趣和奖励发生了变化。如果你老是让玩家重复同样的操作，而没有任何创新的话，他们一定会恨死你的。

当然，绝大多数的游戏是建立在"重复"基础上的，起码也是重复输入以达到各种各样的操作。运动模拟游戏"实况足球"系列无非就是跑动、传球、射门，"极品飞车"系列无非就是左转、右转。经典游戏《俄罗斯方块》似乎更简单，只有移动、翻转、下落的重复使用，其他一无所有，但玩家还是乐此不疲。因此，这里所指的"不要重复"是针对那些以"探险"和"发现"作为主要玩点和乐趣的游戏，这类游戏的弱点就在于虚拟环境无论多大，但都是恒定不变的。玩家探索过一遍以后，就会变得索然无趣。这也就是为什么运动类的游戏看上去都是重复的，但玩家愿意一遍遍地玩；而探险类游戏诸如"古墓丽影"系列等，玩家玩过一遍以后便很难再提起兴趣的原因。

游戏存档的发明多少也要归功于玩家对重复的厌恶。一旦启用了存档，玩家就不必重复之前千辛万苦闯过的关卡了。如果游戏过程中玩家过了一个难关或者干掉了一个高强的BOSS，务必记得给他一个存档的机会，不然万一出了什么差错，玩家很可能因为失落而放弃游戏。如今的很多游戏都具有自动存档的功能，当玩家到达一定位置或者关卡时便可自动保存游戏信息，这对某些获胜后容易得意忘形的玩家尤其有用。当玩家击败强敌时，可能会因为兴奋或者急于继续探索而忘记存档，此时万一失败了，玩家必须在遇到强敌之前再来一遍，这是玩家不愿意经历的。因此，当设计者设置一个难题给玩家时，千万别忘了在其后设置一个自动记录点。当然，自动存档功能往往不能完全取代普通的存档功能，因为你永远猜不到玩家希望在哪里存档，但两者可以相辅相成，互补不足。当然，从上文提到的沉浸于游戏这点来说，自动存档更具优势，因为每当玩家调出存档界面时，都是对游戏进程的干扰，这无疑在提醒玩家："你是在打游戏。"这不利于玩家进行流畅的游戏体验，自动存档可以帮助玩家流畅地进行游戏而不被干扰。

十、不要被麻烦困死

游戏应该时刻保持让玩家胜利的可能性，注意，只是"可能性"，而不是让玩家"死档"。特别是许多老牌的RPG游戏，设计的时候明显就没有考虑这一点。在这些游戏里，玩家如果做错了某个特定动作或者遗忘了某个特定道具，那他就别想通关。很多时候玩家因为不知道问题出在哪里

第二章　第一层用户需求：游戏玩家的需求

而浪费大量的游戏时间。没有什么比玩一个没有结局的游戏更让人受挫的了。

例如在现代的3D游戏诸如《魔兽世界》中，经常会出现卡在地图某一点的情况，有时也会因为地图的漏洞而使角色置身于一个错误的空间或者无限下坠。为此，游戏专门设计了"反卡死"系统来让玩家摆脱窘境。原理其实很简单，无非是让角色瞬移到附近的某个点上。如果没有这个系统，玩家必须让怪物杀死自己或者等待某些冲撞才能摆脱，这样也会使玩家对游戏的兴趣大打折扣。

现在市面上主流的即时战略游戏，如"魔兽争霸""星际争霸"等系列，也极力试图避免过度一边倒的情况产生，因为，正如大家所熟知的，在此类即时战略游戏中，兵种单位和科技建筑的升级会带来极具优势的变化，当一方玩家得到这种优势后，往往会不停地给另一方玩家施加压力直至游戏结束。如果这种优势持续而稳定，处于一招占先的玩家便会不断地积累优势，那么处于弱势一方的玩家必然被这越来越大的困难所困扰。连续积弱的必然性最终将导致玩家一旦出现劣势便直接放弃游戏，这肯定不是游戏设计者希望看到的。因此，现在的即时战略游戏往往可以通过扩张资源、兵种相克、偷袭暗算、数量弥补质量等方法挽回劣势，以有效减少过多的优势积累而产生一边倒的可能性，不然玩家真的可能因为开局的一个小小的操作失误而放弃一局有趣的游戏。

当然，要做到平衡游戏中各种"困难"是很难的，特别是当每个玩家的水平不确定时，所以有的游戏就提出了可调整的难度系统，玩家可根据自身水平设置游戏难度是简单的、普通的还是高难度的。当然，根据各种具体游戏的不同，这些级别可能会变得更多，名字也更霸气。难度调节主要是更改游戏中敌人的参数，使操作不力的玩家不至于太尴尬，但是对于游戏的情节和关卡往往没有任何改动。这也难免出现以下情况：玩家操作也许没有问题，但是在某些关卡剧情上卡壳了，一方面，这也可能是游戏设计的瑕疵，另一方面，玩家可能因为无法过关而中途放弃游戏。

尽管有诸多问题，玩家还是基本上接受了这种让游戏变得更为人性化的设计。但是，这种难度调节是基于玩家心理预期的判断，也就是说，玩家需要根据对自己的游戏水平进行预估而选择难度。虽然大多数时候这种预估是准确的，在某些情况下也有失误，而且难度调节只能在几个选项之中进行选择，但是一旦选择了，正如前文所说，许多游戏并不允许进行更改，即便可以更改，愿意不停手动切换游戏难度的玩家可能并不多见。动态难度调整（Dynamic Difficulty Adjustment，DDA）很好地解决了这个问题。使用这一方法,游戏将根据玩家在游戏中的表现调整难度。最早使用这种方式的游戏之一是街机射击游戏 Dragon Spirit,在这款游戏中,如果玩家在第一关死亡,将会进入简单难度;反之,则进入普通难度。随后有大量游戏沿用了这种做法,而在细节处理上则要更复杂。

国内玩家熟悉的华人游戏设计师陈星汉在发布第一款游戏 Flow(如图 2-3-32)时也发表了学术论文《游戏中的沉浸理论》(沉浸理论即流理论,为不同译法),说明了动态难度调整可以使玩家停留在沉浸状态,从而获得更好的游戏体验。另一个例子就是水管工大叔新作的难度不断下降在很大程度上也与动态难度调整有关。比如《超级马里奥3D大陆》中的金色枫叶的获得就是极为典型的动态难度调整的应用。游戏《新光之神话》在进入每一关卡之前将依据玩家的上一回合游戏表现计算出相应的难度系数(以"心量"表示),但是玩家还是可以按照自己的愿望进行调节。根据难度的不同,玩家在战斗胜利后获得的装备也不一样。作为一个连续动态难度调整结合的范例,《新光之神话》的表现非常优秀。

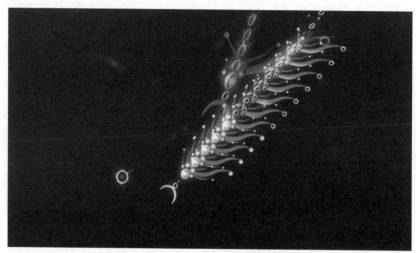

图 2-3-32　*Flow* 的游戏画面

图片来源:https://bbs.gameres.com/thread_676774_1_1.html。

但是,与其他难度调节方法一样,动态难度调整也有缺点,其中一个缺点是会导致变相作弊的情况出现。当玩家发现了游戏难度变化的规律之后,他们可能会故意死去以获得额外的奖励。另一个缺点则是动态难度调整将带给玩家失败和输家的感觉。玩家可能并不想要简单模式,他们希望挑战而不是认输。有的游戏如《战神》和《恶魔猎人》将在死亡数次之后提供给玩家自行选择简单模式的选项，不过这依然没有减轻玩家的失败感。

十一、自主行动而非旁观

有一段时间，电影制作公司很流行研究一种叫"交互式电影"的新形式，观众可以根据自己对剧情的需求选择故事的发展方向，这其实是融合了游戏的概念。

一方面，电子游戏的过场动画做得越来越像电影，很多很好的电影制作人都投入其中。但是，正因为如此，反而导致很多游戏因为失去互动而变得越来越无趣。有些游戏投入了大量的资金用于制作动画，画面确实非常惊艳，但最终玩家会发现自己不喜欢玩它们。很多公司沉迷于此，却不解为何玩家们不为它们的辛勤劳动买单。笔者认为史克威尔公司的"最终幻想"系列中的某几代就是在这条路上越来越走火入魔的一个案例。这都是因为游戏设计者偏离了游戏玩家的需求，玩家需求的是自己动手，达成目标，而不是像看热闹一样袖手旁观。

当然，从个人而言，笔者并不排斥过场动画，因为它们往往是串联剧情或是向玩家提示重要信息的有力工具。当然，笔者也建议过场动画应该控制在适当长度以保证既能向玩家传递信息又避免给人"看电影"的感觉。如果一段过场动画超过1分钟仍没能给玩家提供任何对游戏有用的信息，那么还不如省略它。过场动画的形式可以多种多样，可以是制作精良的动画，也可以是一组图片配上旁白，还可以是游戏引擎的运行效果，甚至可以是黑底白字的滚动信息，但长度方面应该尽量精简。如果紧接着的游戏剧情中有很多分支，那么在此之前也尽量不要使用过场动画，因为这反而会让玩家困惑，从而误导玩家，如果过场动画确实含有重要的过关信息，那么作为设计者，也应当尽量提醒玩家，相信玩家还是会愿意多看几遍的。

另一方面，你真的不用很在意过场动画的质量，因为有很多经典游戏的过场甚至是公司的游戏测试员自己录制的。相反地，如果你设计的游戏够好玩的话，就算你制作了好莱坞电影级别的过场动画，玩家在亢奋攻关之际还是会毫不犹豫地跳过你的动画。

总而言之，大家之所以喜欢玩游戏，就是因为游戏能给他们提供电影、书籍、广播、动漫提供不了的乐趣。这种乐趣是由玩家自主控制赢得胜利带来的，这是别的娱乐形式无法提供的。

总的说来，游戏公司的试玩员是一份十分重要的工作，笔者这么说也许会引来争议。试玩员的主要工作除了寻找 BUG 以外，更重要的应该是衡量游戏乐趣和游戏规则，并反馈给制作人员。设计者的想法有时偏于主观，并不能满足大多数玩家的需求，这些都是试玩员必须衡量和评判的。

与此同时，游戏公司可以"纠集"一群游戏的"骨灰"级玩家，在游戏制作出来但尚未发售的时间段内对其进行测试，并反馈给游戏公司，这便是时下流行的"内测"或者"封闭测试"。玩家测试的好处就是可以直接得到玩家对于该游戏的意见，当然，还能省下一笔小小的开支。玩家测试也有其问题，即玩家往往不能准确地说出问题的本质，或者提供实质性的建议。但是，他们知道自己的体会，知道自己玩这款游戏是开心、厌恶还是兴奋，或者是否完成了自己的梦想并得到了挑战。当然，千万别指望"骨灰"级玩家就能给你"骨灰"级的建议，很多时候这些人的意见反而偏于保守，真正有用的建议反而来自那些"菜鸟"级的玩家。很少有人能够一眼看出游戏的不足，或者准确地评价游戏的好坏。如果你发现自己有这种才能，那么恭喜你，说明你具备当游戏设计员的潜质。而大多数玩家不具备这种才能，他们喜欢玩游戏，但是往往不能告诉你这个游戏到底好玩在哪里。即便如此，当他们玩到某款游戏的时候，他们绝对能第一时间告诉你这个游戏到底好不好玩。

知识拓展

玩家评判游戏好坏的九个要素

经典游戏之所以经典，与其在各个环节的紧密设计是密不可分的。虽然近年来游戏开发的方向偏向于在游戏中加入很多盈利模块，但自游戏产业高速发展的 20 世纪 90 年代以来，仍然有许多经典游戏以其完整的世界观剧情架构、精美的游戏画面、独特的玩法设计、高度可探索的世界，在游戏界占有重要的一席之地。对玩家来说，他们经常会有诸如"为什么不把这种看上去很有趣且实用的机制加入到游戏中"之类的建议。因此，如何将玩家的困惑最小化，并最大限度地提高游戏体验，一直以来是每一位游戏设计者都在思考的问题。以下列出游戏的几种标准化设定，事实上，包含这些设定的游戏有很多种，但这些设定也可以全部加入到某一款游戏中。

第二章 第一层用户需求：游戏玩家的需求

一、自定义化的按键操作

虽然游戏开发者在设计游戏按键操作时会试图构造最符合玩家习惯的体系，但这仍然无法同时满足所有玩家的需求。例如，有人会将"攻击"按键或者"格挡"按键设置在自己熟悉的键位上，也有人习惯用左手按键，无论是哪种情况，游戏起码应该提供给玩家按自己的喜好进行调节的操作体系。目前大部分动作游戏或 RPG 游戏都支持这一系统，但仍然有部分游戏连 Y 轴翻转都无法做到，至少在这一系统上，应当给予玩家一定的自由。

二、自动存档系统

相比于网络在线游戏的即时保存，一款单机游戏如果拥有自动存档系统，无疑会给这款游戏大大加分。对玩家而言，最担心的不是很难打通 BOSS，而是在玩了一段时间之后游戏突然崩溃，导致自己的游戏进度丢失。所以说，现在的游戏自动存档功能是不可或缺的。（当然，有部分游戏为了增加游戏难度，会刻意控制玩家的存档次数或删除自动存档系统。）早先的很多游戏可能是阶段性的手动存档，但是这样的设定已经无法满足现代玩家的需求了。在进入新的游戏区域时、在艰难的战斗结束之后、在剧情流程到达一个新的节点时，甚至分配技能点时，都应该设定自动存档点。虽然大部分游戏都被设定为可以根据玩家自身的需求而进行的手动存档或读档，但令玩家最难以容忍的莫过于在玩了很久之后，由于自身的疏忽而忘了存档或者突然游戏结束（Game Over），导致之前所做的努力全部白费。

三、剧情演出流程的跳过与暂停

虽然不受干扰地玩游戏是每一个玩家的希望，但有时也会有一些突发情况发生，比如电话、微信、QQ 的干扰，这时，玩家往往不想跳过在游戏故事中十分重要的一些剧情，解决这一困扰最为理想的方法是在按下某个按键后可以使之暂停，包括台词、剧情、花大价钱制作的过场 CG，这些全都可以暂停。不只是暂停，还可以使剧情快速跳过，这是可以在设定项中进行更改的，只要在暂停画面中再按一次某个按键，就可以使一些台词普普通通的剧情快速跳过。这样的设定通常在某些游戏的二周目或剧情已经看过等情况下出现,目的是避免玩家浪费时间。

四、亮度的调整

次时代的游戏会通过高精度的模型和贴图体现出角色和世界的美感,但有时这些精美的画面会因为屏幕的问题无法完美地展现出来。在玩这些游戏的时候,有两点是不可欠缺的,一是游戏画面的亮度调整,二是适合的亮度以及参考画面。而最理想的做法是在设定中进行优化,并且这种优化应当是在设定菜单中允许的调节范围进行的。

五、二次通关之后的奖励

玩家在升级或得到武器并花费了大量的时间来完成一些任务之后,往往都希望这些已经获得的物品和角色的成长属性可以被继承下去,即使无法全部被继承,能有一些特典奖励或解锁一些新东西也是相当不错的。如果玩家在花费大量的时间通关游戏两次以上却无法获得任何奖励时,往往会失去继续探索游戏的动力。虽然继承属性可能会导致游戏的平衡性丧失,但这并不全是缺点,因为所有的关卡和 BOSS 战都是玩家之前已通过的。当然,也可以在游戏二次通关之后增加一定的关卡难度或者挑战性更高的隐藏 BOSS 以维持游戏的可玩性。

六、剧情字幕的显示

对一些游玩非母语系游戏的玩家来说,想要全面了解游戏,字幕是不可缺少的,因此,字幕成为游戏标准化设定是理所应当的。除此之外,字幕对正确识别专有名词和地名也很有帮助,对一些剧情设定怪异的幻想型游戏来说则显得更加不可或缺。有时候,为了不打扰其他人,玩家会调低音量,故仅仅给角色的台词加上字幕还不够,玩家的需求是台词与字幕应该尽量同步,为了避免二者混乱,要尽量正确显示出角色说出的台词。此外,游戏语言文本的翻译对不同国家的玩家也相当重要,谁不希望在体验游戏时看见自己熟悉的语言和字幕呢?

七、完善的正版保护措施

对很多单机游戏来说，盗版是一个很大的问题，尤其是在2000年前后的中国，盗版游戏的猖獗导致美国和日本很多的游戏发行商不敢将自己的正版游戏在中国大陆发行或代理，虽然近几年这个问题在中国已有所改善，然而盗版之风依然没有根绝，因此，游戏发行方一直在与盗版游戏作斗争。但有时这种斗争也会对正版用户造成伤害。虽然游戏发行方有保护知识产权的权利，但这不应该建立在牺牲用户体验的基础上，使得玩家成为正版产品的受害者。

八、减少教程流程

目前游戏产业已经进入了不需要同步发行说明书的时代，但有一个问题仍然困扰着游戏设计者，即玩家无法快速上手游玩，因此，在玩游戏的初期仍然需要一段有效的教程关卡来使玩家对游戏的基本机制有所了解。然而，如果每次开始玩新游戏或者游玩到一个新阶段时，玩家都需要经历一段冗长的教学，则会使玩家无法忍受。如果游戏将说明的文本导入游戏流程内部，那么这个问题或多或少可以得到缓解，或者设定一些单独的练习战斗关卡。如果确实需要教程，也应当尽可能简洁，千万不要把玩家当成傻瓜，一段简洁明了的教程流程能使得玩家快速上手，并增加他们持续游玩的兴趣。

九、制作人列表部分的要求

这个部分有三个要求。首先，在玩家通关游戏后，不应该直接跳回标题界面，而应当在游戏的最后播放制作人列表。在游戏结束之后，在播放制作人列表时，玩家有再玩一次的机会。其次，需要谨慎检查记录在列表中的名字。制作人员列表中记录的是游戏开发人员的功绩，但没有必要记录所有成员的名字。最后，跳过播放制作人列表的功能必不可少。虽然玩家并不会每次都跳过这一环节，但如果已经通关了很多次，仍然要花费十多分钟观看制作人列表，会让人感觉是在浪费时间。

（作者　张桐）

思考题

1. 电子游戏通过什么方式架构完整的世界观?
2. 电子游戏在设计与制作过程中应当遵循哪些原则?
3. 电竞游戏在设计与制作过程中与非电竞游戏的不同体现在哪些方面?

第三章　第二层用户需求：电子竞技选手的需求

第一节　竞技运动的特点

所谓竞技运动，是指按照一定规则，最大限度地挖掘和发挥人体运动能力，以创造优异运动成绩、战胜对手，从而显示个人和团体在体育运动方面的实力为目的人体运动。

追溯体育的发展史可以得知，竞技运动是从游戏发展而来的。发展历程如下：游戏活动（对抗性）→非正式竞技运动→半正式竞技运动→正式竞技运动→职业竞技运动。

现代竞技运动具有以下特点：①激烈的竞争性；②高度的公平性；③严格的规则性；④高度的技艺性；⑤高尚的娱乐性；⑥广泛的国际性。

竞技体育对运动员的基本要求包括：①体育技能。有深厚的技能功底，有能与强手争锋的体育技巧。②竞技素质。有在战术上重视对手、在战略上藐视对手的决心，有十足的、必胜的竞技心态。③心理素质。大赛来临时有稳定、不躁的心理素质，正常地作息，正常地饮食。④抗压心态。有胜时不狂、败时不馁的心态，有再次战胜对手的信心和行动。

第二节　电子竞技选手的需求

根据上文所述，传统的竞技运动项目形成的时间较长，规则基本已经固定，允许选手自由发挥的空间较少。这些运动对于选手的要求非常明确，需要选手去适应，而很少允许选手提出需求。但是电竞游戏不同，电竞游戏没有一个明确的范围，用来做竞技对抗的游戏也是多变的，因此，选手可以对电竞游戏的开发提出需求。游戏开发公司也会根据玩家的需求来设计游戏机制，毕竟玩家是用脚投票的，当游戏开发不能满足玩家需要时，玩家就会抛弃这款游戏，更别说组织电竞比赛了。那么，真正的电竞选手在玩家的普遍需求之外还有哪些进一步的需求呢？

一、快速

从竞技比赛的观赏性角度，以及选手的注意力疲劳周期考虑，每一局的电竞比赛都不会太长，一般控制在 1 个小时以内，手机游戏出于设计初衷，时长一般会更短。由于正式电竞比赛的赛制往往是 BO3 或者 BO5，因此总时长也需要好好控制。对于经历大赛的选手而言，过长的比赛时间无疑是一种煎熬，所以目前主流的电竞游戏其实都是该类型游戏的优化版。以 MOBA 类游戏中的 *DOTA* 和 *LOL* 为例，虽然它们的出品公司、角色风格、操作感觉、技能物品等都不尽相同，但是都属于最早的 RTS（即时战略类游戏）的优化版。这里说的"优化"并不是指两种游戏类型有优劣比较，而是指游戏为了增加紧张程度、加速比赛进程所作出的牺牲与改进。早期的 *DOTA* 就是脱胎于 RTS 经典游戏《魔兽争霸3》的地图编辑器，玩家只需控制一个英雄即可，而不必指挥大量的部队。这种操作理念的变化直接省略了玩家进行营造、生产、布阵的操作，提升了对抗的紧张度，选手也可以专心于一种类型的思维和操作，提升了比赛节奏。MOBA 类游戏逐渐取代 RTS 类游戏的电竞主体地位，比赛的快节奏是一个主要因素。

这种感觉就像是传统竞技里的拳击。拳击脱胎于近身搏斗，但是，为了让这种搏斗更具可操作性，对规则进行了一系列限制。例如在较小的场地，制定了只能用拳头、点数与击倒等这些限制之后，对抗性就变得清晰明朗起来。由于对抗增加，体能消耗就快了，出于选手体能优化的考虑，拳击比赛被划分为若干小局，每一局只有几分钟，如此一来选手就能够充分利用短时间来展示自己的爆发力，不用过多考虑因避免体能损耗而留力。这样就充分考虑了选手对于快速比赛规则的需求。

二、公平

公平竞争是运动主体以自身的身体条件，在许可的技术运用范围内，以同样的规则为标准进行裁定的竞争，它包含三个方面的内容：以自己的身体为条件；有标准、统一的体育规则和许可的技术限制；有正确的道德倾向。现代竞技体育追求公平竞争的精神产生的根源有两个：一是文艺复兴中的人文主义。在当时的社会背景下，人们对古代奥运会的"公平竞争""拼搏意识""身心和谐发展"等思想倍感尊崇，从而推动了公平竞争在欧洲的兴起。二是欧洲的骑士精神，它主张"公平分配、公平交易"

第三章 第二层用户需求：电子竞技选手的需求

的原则。"公平竞争"赋予人的一切都是通过在平等基础上的竞争来实现的。公平是竞争的基础，竞争是公平的目的，这是构成"公平竞争"思想内涵的核心范畴。公平是有效地发挥每个人的价值和合理地使用个人权利规范。公平竞争被人们视为社会进步的动力。

竞争具有排他性，竞技运动受竞争加剧的驱动，是一种不稳定的文化形态，它的技术方法、管理体制、价值观念都在不断变更。竞技运动场上，公平的竞争给人们带来的平和只是暂时的、相对的，当人需要的广泛性与维护这种需要的利益的有限性之间发生强烈冲突的时候，其中的一些利益单元可能采取一些不正当手段谋求利益，导致竞技运动出现不协调发展。

由于电竞的"电子"属性，绝大多数的胜负判定由电脑完成，而且规则统一、公开可见。有一些在传统竞技项目上容易出现的不公平现象不会在电竞中出现，例如"黑哨""作弊""篡改成绩"等，这些常见的不道德问题在电竞领域不复存在。计分和仲裁往往由电脑程序直接完成，都不需要经过后续的比对。比如在电竞游戏中，A 选手控制的角色对 B 选手控制的角色进行了"击杀"，那么这个过程就是由电脑来计算 B 选手角色的生命值减去 A 选手造成的伤害结果为负值直接获得，不需要经过裁判的认定，而不像拳击运动那样，击中的点数由坐在场边的裁判记录获得，而且，为了尽量公平，计点的是三位坐在不同角度的裁判。尽管如此，由于观察的角度、对规则的不同理解等问题，还是会导致计分结果不尽相同，最后只能少数服从多数。

当然，传统竞技项目中的不公平因素也可能会在电竞运动中体现，例如"假赛"。体育比赛中收受好处打假赛、踢假球的案例不在少数，电竞赛事中也有发生，主要表现为选手收受好处后故意"送人头"、消极比赛等情况。

由于电竞游戏是电脑程序的这一特性，传统项目中的不公平因素可能被屏蔽不少，但是新技术带来的不公平因素也随之产生，"外挂""作弊器"就是其中最突出的例子。

外挂，即通过欺骗或修改游戏以谋取利益的作弊程序，是指利用电脑技术针对一个或多个网络游戏，通过改变软件的部分程序制作而成的作弊程序。部分外挂具有一定的风险，而随着游戏官方对外挂的抵制，可能还会被封号。游戏本身也有了超强的自动检测外挂的功能，但制作外挂的技术也在不断提高。现在最流行的就是在游戏中用封包和抓包工具对游戏服务器提交假的数据，从而改变游戏人物的能力。另外，外挂也指单位形的作战武器系统在其原本的作战单位上添加的用于辅助作战单位作战的工具、器具。

由于目前主流的电竞游戏均是网络对战，除了绝大多数大型赛事的总决赛外，大多数赛事是相隔一定的物理空间的，有些是隔壁房间，有些是千里之外，这给缺乏体育运动精神的选手一个可乘之机。外加程序作弊的便利性和隐蔽性，诱使许多人铤而走险，当然，这些人主要还是娱乐型的普通玩家，他们没有大量的时间进行练习，又急于体验胜利的快感，虽然这些行为不一定会直接影响到具体某项赛事的结果，但是长此以往，会给该类型游戏带来非常大的负面影响，造成玩家流失、对对手不信任，最终导致游戏被边缘化。

这种情况在第一人称视角射击（First-person Shooting，FPS）类游戏中极为明显。由于游戏玩法的特点，射击游戏本身就是本地端电脑提交给服务器数据。例如，A玩家击中了B玩家，简单而言，就是A玩家的电脑向服务器传递数据，告诉服务器B玩家被击中了，然后服务器分别向A、B两位玩家的电脑传递击中的数据，之后同时在A、B玩家的电脑上显示"掉血"或者"死亡"。外挂作弊就发生在一开始A玩家电脑上传数据的时候，A玩家的电脑是很难分辨这种击中是由玩家的鼠标操作完成的还是由外挂完成的，让服务器来检测这些数据也比较困难，因为击中本身只是一个"开关"的概念，服务器也不可能判断这个"开关"信号的真假。

几乎所有的主流竞技类FPS游戏都被外挂困扰过，例如之前的《反恐精英》《穿越火线》，之后的《守望先锋》（当然，《守望先锋》是含有更多MOBA元素的，但是射击部分一样被人诟病。），以及《绝地求生》等各类"吃鸡"游戏。虽然这些游戏都或多或少地加入了举报作弊行为的环节，但是由于举报是基于玩家的判断，所以收效有限。

当然，还有一种隐性的不公平因素，就是开发商与赛事之间的关系可能引发的不公平现象。由于现在是电竞大型赛事肇始阶段，这种不公平现象目前还没有充分暴露出来，但是未来很有可能会被关注。目前绝大多数传统竞赛项目的举办权均掌握在其"运动联合会"手中，哪怕科技感最强的F1赛车也是如此。这种机制保证了没有任何一个单一厂商或者个人可以轻易获得规则上的优势，也几乎不可能出现参赛一方为了争取己方选手的优势而改变规则的情况，目前电竞赛事的主导权往往掌握在该游戏的开发或发行的厂商手里，这也很好理解，因为每个游戏都带有自己的商业目的，互相都有竞争性，且在目前的市场环境下，盈利差异非常大，很难出现顶层的管理型组织。这样问题就来了，游戏内的数值变化是经常发生的，有些是为了获得更好的游戏体验，也主要是为了公平性，但是不排除有些是为了增加盈利点，如加强新英雄、推广新装备，从而激发玩家的购买欲等,这样一来就会轻易地影响现有的竞技环境,影响现有的公平性,这也就是玩家经常调侃的"一代版本一代神,代代版本×××"。未来甚至可能会出现为了保证己方队伍的优势而刻意加强己方善用角色的可能性。毕竟在大量的荣誉和利益面前,很难保证所有人都是神圣的。

三、可控(可训练)

竞技体育运动是人类所有活动的精简版。例如百米赛跑,就是所有跑步前进形式的一种极简概述,规则极其简单,追求的目标非常明确。例如围棋就是对大脑中博弈策略变化的一种概括表达,也是规则明确,操作方式简单明了。强调一下,这里只是说形式上的简化,并没有说达到目标简单。我们现在探讨的电竞游戏也是如此,所有的电竞游戏都是对世界上某一种或几种人类活动的概括表达。例如,MOBA类和RTS类游戏是对战略战术的概括,FPS是对射击和战争的概括,赛车游戏是对真实赛车的模拟,等等。

既然是简练地概括,那就有明确的规则可以遵循,也就有为了达到目标的精确可控的训练方法。例如现实中的近身搏斗,为了打倒对手,可以有非常多的办法,双方均是防不胜防,有人练拳头,有人练腿,有人练抗击打,有人练速度,甚至还有人练暗器,其准备方式是极不可控的。但是简化为竞技拳击运动以后,规则明确了,打法也明确了,如何通过准确的练习方式提升自身的部分能力打败对手的方式也就明确了。这便于竞技选手针对性地进行训练,即"可控"。换句话说,游戏是对世界规则的精简化,而竞技游戏是对游戏的精简化,其精简的最终目的就是便于大家理解和观赏,便于选手训练和突破。

回到电竞游戏上来理解,就是电竞游戏之所以能从万千游戏中脱颖而出,成为玩家的宠儿,除了画面精良、游戏性强、乐趣性强、公司推广等之外,也必须具备如下的特征,即电竞选手能够精准地操控游戏,利用好明确的规则,以达到自己的目的。就像是开F1赛车一样,好的赛车手、好的赛车、好的赛道缺一不可。例如MOBA类游戏,选手就明确知道自己需要练习哪些技能才能打好对战,例如走位、技能释放时机、预判、正反补、卡位、协同作战、连续技等,本质上和一个足球运动员的训练逻辑没有太大的区别。因此,一个好的MOBA游戏在设计的时候不仅需要考虑宏大的世界观、新奇的角色和技能,还需要针对上述内容进行设计。因为MOBA就是为竞技而生的,所以只做好游戏的娱乐体验是不够的,必须考虑电竞选手的提升需求。

这里着重介绍一下《守望先锋》失控的教训。《守望先锋》(OverWatch，简称OW)是由暴雪娱乐公司开发的一款第一人称视角射击游戏，于2016年5月24日全球上市，中国大陆地区由网易公司代理。2016年12月2日获得"TGA 2016"游戏大奖年度游戏、最佳多人游戏、最佳电竞项目，2017年9月21日在2017东京电玩展（TGS 2017）获得优秀奖，2017年11月获得2017英国金摇杆奖年度电竞游戏奖，可见OW的游戏素质是不容置疑的。但是为什么OW不仅没有成为主流电竞游戏，其市场（主要是国内）还在快速萎缩呢？

笔者认为，从竞技运动训练层面来说，OW要求玩家技能太综合、太复杂了，而基础选手乃至推广至普通玩家层面都适应不了OW的高标准操作需求。

竞技对于技能掌握的要求往往是简单的、高效的，可以反复训练达至臻境地。比如足球，看来各种阵型打法非常复杂，但是其实要求球员的就两个核心技能：判断自己的位置（二维空间层面的），判断出脚的时机。对比一下看似复杂多变的LOL、DOTA也是这样，宏观上只需要选手判断好自己的位置，判断好自己的出招时机以及轨迹线路。OW就不一样了，想要玩好的话，一方面需要射击类游戏枪法，一方面需要位置判断（最可怕的是OW的打法是三维的，因为天上有双飞和飞天鼠），一方面需要对技能释放时机、效果、位置的掌握，而且还不像LOL、DOTA、《王者荣耀》那样只有一张地图。你让一个选手怎么把这些技能都练好？当然，个别天才选手可能做得到样样精通，但是这对普通选手或者广大玩家而言太不友好了。虽然OW在运营伊始，其出色的氛围营造、故事铺垫以及新颖玩法获得了海量的粉丝，但是始终停留在娱乐层面。反观它的竞技层面，由于所要求的玩家能力太综合，导致在充满胜负心的高强度对抗中，玩家经常会责怪队友的能力不足，所以导致"喷子"满天飞、一言不合就"送人头"这种现象。而暴雪依然觉得需要通过营造玩家的新奇感而不停地添加新地图和要求技能更多、更诡异的英雄（各种预判、各种抛物线、各种正负状态），不得不说，这是OW走下坡路的重要原因。

知识拓展

中国电竞选手的生存现状

2020年6月3日，知名电竞选手简自豪（《英雄联盟》游戏ID名：

第三章　第二层用户需求：电子竞技选手的需求

Uzi）在个人微博中表示："由于常年压力过大，加上饮食和作息的不规律等原因，对身体造成了伤害，如今身体条件不允许自己再继续比赛。"正式宣告退役。这一消息迅速引发无数玩家关注。退役公告发布不到 2 小时，"Uzi 退役"的话题即冲上微博热搜榜第一位，阅读量达到 3.4 亿人次，讨论量更是达到 19 万次。除了数以万计的粉丝留言外，包括《英雄联盟》官方网络以及多位职业选手也纷纷表达了对 Uzi 的祝福，Uzi 退役的消息将电竞选手这一争议较大的职业再次推向了社会舆论的风口，一时受到了众多的追捧或鄙夷，对之褒贬不一。本文将围绕该职业人群的生存现状作详细的阐述。

一、电竞选手的成长之路

（一）社会误解

目前社会对电竞最普遍的认知为电竞就是打游戏，就是不务正业，影响正常学习与工作，不能向社会传播正能量。这种误解是由两个方面导致的，第一，由于电竞与打游戏存在某种同质化内容，使社会上不了解电竞的人对之产生了深深的芥蒂。20 世纪初，计算机硬件与网络的普及与发展，使得网吧和家用电脑越来越多地出现在人们生活中，尤其是给青少年提供了一种全新的娱乐方式，导致部分学生沉迷网络游戏，无心向学，甚至荒废学业，贻误前途。而由于电竞比赛的过程就是打游戏的过程，这一表象自然引发了众多人尤其是家长对电竞的偏见和抵触。第二，社会主流媒体的片面报道。由于电竞项目不同于其他体育竞技类项目，自发展之初便不被官方认可，一路走来饱受非议。而一些媒体对电竞的负面报道，在警示社会和大众的同时，对电竞及其选手也造成了不良影响，电竞选手因此被视同为"坏孩子"。近几年来，随着对电竞了解的加深，媒体加大了对电竞拨乱反正式的积极宣传，国家也从政策层面对电竞给予支持，该行业逐步走上正常化、和谐化发展轨道。电竞选手开始出现在镁光灯下，像其他的体育选手一样，成为明星，受到追捧。虽然目前中国电竞产业发展势头向好，但仍然面临诸多困难，需要全社会不断地为其造势，以帮助其实现最大化的正向影响。

（二）职业选手的选拔方式

1. 俱乐部主动邀约

这是成为职业选手的主要方式之一。受邀人员一般为在某款游戏内排名靠前的玩家，且具有一定的职业素养，俱乐部会主动向他们示好并发出邀约。双方均有意向后，再做进一步的信息沟通，俱乐部会确认受邀人的身份，一旦认为其条件合格，就会确定其工作地点以及薪酬待遇等，受邀人如果接受，则注册成为一名职业选手。

2. 业内人士推荐加入

通常是教练或者玩家在路人局或观看网络赛事时，被某一玩家所吸引，进而推荐其加入俱乐部。

3. 半职业选手通过大型赛事加入

社区赛或主办方举办的大型活动赛事较多，半职业选手都可以参加。而该类活动常常为俱乐部所关注，对其中能力较强者，俱乐部会邀约入会。

4. 经过培训提高后加入

选手们在开设电竞选手培训班的学校中，通过刻苦学习，不断强化自身对特定游戏的操作方式与游戏战略的掌握程度，当其技术水平达到俱乐部要求后，可以申请加入俱乐部。

以上虽然是新人成为职业选手的四种主要方式，但俱乐部往往需要从试训效果、心理评估、能力评估等方面对申请人员进行深入考核，最终确定其能否成为一名职业选手。而这些评估也只是职业生涯开始的第一步，除非选手天赋异禀，否则，他们将从作为战队的陪练开始训练，需要在短暂的职业生涯快速成长为一名一线职业选手。

二、电竞选手的成长成才之路

（一）日常作息

电竞选手的日常便是把打游戏当作工作，即围绕某款游戏进行各方面的训练，主要包括体能训练、心理训练、技能训练。不同的电竞项目、不同的俱乐部，具体的作训方式也是有差别的。以国内某老牌俱乐部 DOTA 分部的训练时间为例，每天 10：00—12：00，体能训练，12：00—14：00，吃饭与午休，14：00—17：00、19：00—23：00，技能训练，该时间

第三章　第二层用户需求：电子竞技选手的需求

段内禁止玩其他游戏，训练结束后进行1个小时的复盘与总结，复盘后才可以休息。训练期间不得迟到、早退与旷工，且每日还有训练任务或者上分（段位）任务等，这些均与绩效工资挂钩。同时，俱乐部还制定了严格的纪律，如统一标准化着装、俱乐部赞助广告的强制转发（选手通过个人社交媒体转发其所在俱乐部赞助商的广告）、线下集体化活动、训练室的保密工作（包括对训练体系、训练室机密等保密）等，同样是与工资挂钩。虽然选手的上班时间相对延后，但每日十几个小时的高强度且单调的训练终究是常人难以承受的。

（二）职业发展状况

对一名职业选手而言，其职业生涯的黄金期一般为16~23岁，需要在这有限的时间内进行自我挑战，不断历练成为一线选手或者具有一定影响力的人物。但是，通过社会调查发现，并不是所有的职业选手都具有较高的薪酬与职业高度。仅以薪酬为例，目前电竞职业圈基本呈现两极分化现象。例如，IG俱乐部的选手Ning，其身价超过1500万元；Tes俱乐部的Karsa，仅佩戴的手表价格就高达160万元。但是，这样的电竞选手毕竟是少数，大多数的电竞选手目前还在争夺二三线俱乐部的替补席，其工资甚至无法满足自身的基本生活需求。2019年6月发布的《新职业——电子竞技员就业景气现状分析报告》显示，只有顶尖俱乐部的一线电竞选手，其年薪才达到百万元甚至更高。但是，不同梯队的俱乐部之间、同一俱乐部不同职位之间，电竞选手的收入也存在较大差别，仅有约两成的电竞选手收入较高，达到当地平均薪资的两倍以上。

从职业生涯角度出发，一个电竞选手成长成星远远不是其个人能实现的，也不单纯由其游戏水平决定，通常情况下要归功于比赛与俱乐部运营的双管辖机制。具体来说，首先，竞技专业技术水平要过硬。初入此行，从青训队员做起，不断提升竞技水平，历经二线选手、一线替补选手，最终成为一线选手，因此，竞技水平是最重要的素质。其次，需要借助某个大赛的契机。只有一线队员才可以在大型比赛中亮相，并展示自己的技术，也只有大型赛事才会吸引更多的媒体与观众，由此才可以通过某个高光时刻，让观众记住你，让俱乐部认可你，让媒体发掘你。最后，俱乐部的运作。电竞选手的成功，永远离不开俱乐部背后的支持，只有俱乐部肯定你，认为你能够为俱乐部带来一定的效益，它才会在新闻发布或者媒体宣传等活动中重点推广你，以产生名人效应，形成示范作用，借以推动俱乐部的发展。

· 121 ·

（三）疾病困扰

上班族普遍患有职业病，以游戏为职业的电竞选手同样存在疾病困扰，因为他们以坐姿为主的训练方式，导致其手腕、手肘、颈椎、腰椎这四个部位容易劳损，最常见的是颈椎病与腰椎病，同时，由于久坐不运动，容易造成肥胖，并引发多种综合征，如糖尿病或高血压等。如 Uzi 手腕伤病以及糖尿病等都是为人所知的。对职业电竞选手而言，一次伤病对其本来就短暂的职业生涯的打击是毁灭性的，他们常常因为某种疾病而不得不停赛治疗，停赛期间又无法进行常规训练，而后面又有新人补位，导致其很快便丧失主力地位，从此职业走下坡路，更有甚者，会因为疾病提前结束职业生涯。因此，很多俱乐部在加强日常游戏训练的同时，也会将体能训练纳入日常的训练中，一来是保证选手有体力完成比赛，二来是保证选手能够拥有健康的体魄，尽量减少职业病的产生。

三、电竞选手的转型之路

（一）转型时存在的问题分析

职业选手的转型面临三个重要的问题，第一，由于其职业生涯的黄金期在 16～23 岁，正是青少年学习文化知识的最重要时期，而他们却必须放弃这一阶段的学习，转而从事电竞职业，因此，职业选手的学历以初中、高中居多，受教育程度和综合素质普遍偏低。而当下社会看重文凭和学历，各个岗位和职业也有明确的要求，高中学历往往只能从事体力劳动，这就导致电竞选手在转型时，产生岗位预期落差大、工种类别较大差别、收入差距悬殊等问题。第二，电竞选手的职业特殊性，导致其除了会玩游戏外，别无他长，并且思维受到一定的限制，缺乏其他职场所需的基本素质和技能，与人沟通和交往也存在一定的障碍，难以胜任工作。第三，社会的认同感不足。因为社会对该职业仍然存在一定的偏见，用人单位常常对他们抱有怀疑态度，认为其自由散漫、目无纪律等。以上这些问题成为他们再就业过程中的一道隐形的屏障。

（二）转型方向

不同等级的选手在转型时，所面临的选择与困难也是不同的，最具代表性的就是顶尖选手的转型与一般选手的转型。

1. 顶尖选手的转型

顶尖选手的转型往往分为三个大方向。第一，从事与俱乐部相关的职业。对顶尖选手而言，退役后，因其拥有较强的技术和丰富的大赛经验，往往转型为俱乐部的教练、职业经理人或者领队，更优秀者则成为俱乐部的总经理，如 LGD 现任总经理潘飞便是职业选手转型成功的案例。第二，从事与电竞相关产业的职业。一些顶尖的选手本身就是吸引媒体流量的播报点，因此，其退役后会去电竞相关产业从业，如电竞赛事直播、解说、主持人等，其优势不仅吸引媒体，自然也会受到企业青睐，有助于后者扩大知名度和影响力以及良性发展。第三，其他职业。由于顶尖选手往往工资待遇较高、比赛奖金较多，因此资本积累较丰厚，其退役后，因为某种原因不再从事与电竞相关的工作，便可投资其他产业，创造更多的收益。

2. 普通选手的转型

普通职业选手在退役前就处于不温不火的状态，薪酬待遇自然较低，每日为了生活奔波，勉强能养活自己，因此，其退役后再就业形势不容乐观。普通选手在退役后，绝大多数成为劳动密集型产业的劳动者，继续为生活打拼。

综上，中国电竞选手这一新兴职业正在逐步进入社会视野，并为人们所关注和接纳，同时也饱受争议，而其最为人诟病的是：职业期短，竞争性强，转型难，但由于其所具有的高回报与明星效应等优势，仍然有很多年轻人趋之若鹜。此类状况也促使越来越多的业界人士反思：如何在保证电竞产业繁荣的同时，为所有的年轻选手们做好职业规划，并切实保障和维护他们的权益，为其长远发展保驾护航。

（作者　章凯）

思考题

1. 电竞选手对电竞比赛和规则有哪些需求？
2. 电竞比赛举办方如何制定规则以同时满足观赏性和公平性？
3. 电竞游戏应当从哪些方面入手来减少游戏中的不公平现象？

第四章　第三层用户需求：电子竞技运营端的需求

第一节　满足广大游戏玩家的需求

众所周知，任何体育运动的发展与参与人员的基数是密不可分的，从事的人员多，成才的基数就大，受到的社会关注度也高。任何国家的优势运动都是与当地人对于该运动的喜爱程度息息相关的。电竞虽然已经成为一项公认的竞技运动，但是细分起来，它是由好多子项目（游戏）构成的，这与足球、篮球等运动形式还不能一概而论，而且由于厂商开发、社会热点、玩家喜好等因素，这些子项目（游戏）又注定会经常变化，这就必然导致游戏玩家分散在各个电竞游戏项目中。所以，虽然从整个社会上看，游戏玩家的基数似乎占到青年人群的绝对多数，但是参与电竞类游戏的、有胜负心的、关心赛事的玩家基数则大大减少，加之还要分散到各个项目中，基数就更加被削弱。对于电竞运营端来说，一个游戏能否上升为电竞项目完全取决于该游戏玩家基数的多少。

从宏观的角度说，人类是逐渐变"懒"的，几乎所有的发明都是为了"偷懒"，玩游戏也是如此。在电竞发展的早期，RTS（即时战略）游戏是当之无愧的宠儿，当时最大规模的电竞赛事 WCG 就是使用暴雪的两款 RTS 拳头产品《星际争霸1》和《魔兽争霸3》，要打好《星际争霸1》可是要费一番苦功的，动辄平均 APM 300＋，还要有双线、三线甚至四线的战略意识，而且一局比赛一旦开始，几乎没有任何喘息之机，这不是每个玩家都能够达到的操作强度。随着后期《魔兽争霸3》的诞生，操作优化了很多，但仍是一个主要的参照标准。随着《魔兽争霸3》为了突破 RTS 模式而融合 RPG 英雄概念，玩家们发现了一丝"偷懒"的可能性。强大的地图编辑器功能提供了有趣的改编游戏的可能性，诸多游戏爱好者按照自己的理想简化了 RTS 的操作，去除了玩家对于小兵的控制，让玩家安心控制好英雄，释放好技能，战略上只需要简单地进行道路选择即可——"3C"类型的玩法和后来的 DOTA 由此诞生。此时的"即时战略"游戏，由于大局观压力的减轻，已经逐渐转变为"即时战术"游戏。后来从脱离

War3 引擎的 *DOTA 2* 到另起炉灶、长盛不衰的 *LOL*，这种对于操作要求的简化，定义了一种新的游戏类型——MOBA，即多人在线战术竞技场。电竞的主流发展至此，操作其实已经足够"友善"了，但是，由于电脑操作、复杂角色、兵种属性、海量装备等因素，还是有很多玩家对大型 MOBA 游戏有畏难情绪。

随着近年移动端游戏的崛起，以《王者荣耀》为首的海量手机版 MOBA 游戏风靡一时，它着实对电竞的普及化、电竞用户基数的增长起到了极大的推动作用。这些游戏既保留了 MOBA 类游戏几乎所有的游戏特征，又基于手机的特性进行了简化。加上手机的普及、带宽的升级，几乎男女老幼都了解到了最基本的电竞体验。撇开手机端电竞游戏正规性的问题不谈，不得不承认，到目前为止，任何类型的操作平台、主机形式、游戏类型都是电竞风潮中的过客，不必过于拘泥。我们只需要关注如何让更多的玩家接触到电竞游戏、了解其乐趣、享受其过程、找到自身定位即可，至于如何让玩家喜欢上电竞游戏，本章和第五章会详细论述。

第二节　满足广大观众的需求

体育史从来都是属于运动员的，观众的因素往往被忽视。早期的竞技体育可能单纯地就是运动员比拼更高、更快、更强，但是到了现代竞技体育的商业舞台上，观众是不可或缺的一环，甚至毫不客气地说，观众是商业体育的衣食父母，观众希望看到什么样的比赛，现在也被提到重要的讨论环节。虽然运动项目没有优劣之分，但是观众的关注度确实有高低之分。例如，同样级别的世界锦标赛，大球类项目就要比小球类项目更受关注，相比之下，田径类赛事则受到了冷落。同比，世界上最受关注的三大体育赛事是篮球 NBA、足球世界杯和赛车 F1 锦标赛，我们不得不思考为什么这三项赛事成了世界体育迷们的宠儿。

体育赛事确实能够激起观众的兴奋情绪，尤其是在大家万众一心为了自己喜欢的健儿加油助威的时候。但是这种亢奋情绪不可能长期维持，而且观众观看比赛，除了希望看到选手胜利之外，也希望有更加丰富的情感体验。因此，不难发现，受观众喜爱的体育赛事都具有较高的对抗强度，较为多变的竞赛节奏，非常明晰的胜负准则，等等。那么，作为新兴竞技运动的电竞项目，它的观众具有什么明确的需求呢？

总体说来就是四个方面：短时长、强对抗、多曲折、易代入。

一、短时长

上文也提到了，竞技赛事带来的肾上腺素飙升的快感不可能维持很长时间，时间长了，选手和观众都会感觉到疲惫和乏味，所以，单局体育赛事的时间一般来说控制在 1 个小时以内。例如，足球半场时间为 45 分钟；NBA 为了增加比赛的激烈程度，将传统篮球比赛的上下半场打散为 4 节，每节 12 分钟。目前 PC 端的电竞游戏，单局竞赛时间也控制在 1 个小时以内，移动端的游戏在设计初衷上就考虑到轻量化因素，更是压缩到 30 分钟左右。

二、强对抗

熟悉 NBA 的人一定知道，美国篮球的发展历史就是竞技对抗性不断增强的历史。在篮球运动发展早期，技术、战术单一，比赛速度缓慢，几乎没有身体接触。20 世纪五六十年代，人们逐渐认识到身高和速度的重要，促使比赛向高、向快的方向发展，篮球逐渐演变成一项"巨人的游戏"。与此同时，比赛中的身体接触也开始增加。到了 20 世纪 90 年代，身体对抗的程度日益激烈。人们意识到，篮球比赛的技术、战术和心理、智力等的对抗，都通过队员的技术动作表现出来，而技术动作的运用是在攻防队员身体接触对抗的条件下进行的，要保证动作效果，就需要在身体对抗中争得主动和优势。电竞比赛也是如此，环顾现在主流的 MOBA 类游戏，不难发现，均是一开场就打得你来我往不亦乐乎，为了增加冲突性，游戏还加入大量中立生物，以供双方抢夺资源。反观"吃鸡"一类游戏，由于游戏胜负机制的问题，很多选手宁愿选择保守躲避型的求胜策略，让比赛的对抗性大打折扣。

三、多曲折

大家都有一种共识，撇开民族情绪等求胜因素，我们都不喜欢看那种"一边倒"、胜负局势明显的比赛。竞技体育的魅力之一就是其不确定性——不争夺到最后一刻、永远不知道鹿死谁手的悬念。我们可以想象，拳击比赛中，如果我们看到一个肌肉发达的选手对阵一位身体瘦弱的选手，我们一定会认为这场比赛会很快结束，这无疑失去了欣赏的乐趣。所以，面对这种可能性，比赛规则进行了严谨的设计，要求对阵双方有严格的体重限制，必须达到同一个重量级别方可比赛，从很大程度上避免了比赛"一边倒"的局面。这个与玩家需求中的"不要被麻烦困死"非常相似，即不能因为游戏一开始的优势就一直出现压制弱势方的情况，而是应该适当地给予弱势方翻盘的可能性，甚至加入各种兵种和种族的相生相克，以增加胜负的不确定性，从而增加游戏的乐趣。竞技运动也是如此。

四、易代入

人们天生对于自己不熟悉的事物会抱有观望态度，而不愿全情投入，所以观众接受度高的竞技运动都是易于观众理解和体验的运动。例如球类运动，人类天生就对球类运动的不确定性抱有极大的兴趣，这从幼儿无意识的运动就开始了。球类运动也是最易于玩家体验的，从踢球、投球到打球，我们很容易就能理解各种球类运动的基本运作方式，因此我们观赏此类竞技运动的时候就会有更强的代入感。另一个很好的案例就是赛车运动。几乎所有的男性观众都喜欢观看赛车运动，因为我们从小就对速度感非常痴迷，其中男性尤甚，所以我们对这种追求速度感的运动也会有很好的代入情绪。电竞领域也是如此，我们对于战争、格斗、杀戮、竞速、射击类游戏都有很好的代入情绪，观众不需要通过任何"翻译"就能够直接体会游戏中表达的胜负关系。相反，棋牌、策略、扮演、消除、养成类游戏则很难达到最大化的情感共鸣，喜欢的自然喜欢，不了解的则很难看懂，导致代入感缺失，从而不利于游戏的电竞化。

第三节　赛制复杂度

对于对战游戏来说，简单省事的设计是对战双方完全拷贝，这样绝对不会出现任何平衡性的问题。例如最早的《红色警戒》和《魔兽争霸1》就是如此，除了角色单位的美术造型和个别不常用的究极单位外，双方单位都是数据一样的镜像，地图也是能镜像就镜像。随着 RTS 游戏的进步，暴雪较早提出了3个种族、不同兵种和打法的概念，并在"星际争霸"系列中予以落实。当然，不同种族、兵种、打法导致一开始游戏还难以达到平衡，好在游戏里兵种多，数值更多，暴雪通过平衡胜率的方式一直在默默地更改着数值，以期3个种族达到相对的平衡。绝对平衡已经不存在，因为在一场战斗中，每个种族、每种打法都有着自己的优势期和过渡期，但是好在有足够的攻击和防御手段来平衡这些时期。这些都是十多年来经历了十多版重要改动才换回来的。有了这样丰富的经验，暴雪开始了《魔兽争霸3》的宏大工程。加入了英雄概念以后，暴雪缩减了魔兽中的部队规模，设计了人口税收概念，就是希望把战斗控制在战术层面，而不是像"星际争霸"系列那样多线多兵种的大战略。也是经历十多版改动，拥有4个种族、20多个英雄的"魔兽"才趋于平衡。但是这一切的变化都是值得的，因为如此复杂的设计思路带来了竞赛的复杂度，观众不会因为只看到一种类型的战斗而感到乏味，相反，他们会满怀期待地看着两个风格迥异的种族进行对战，各种兵种错纵交织，战况胶着。

要做到4个种族的平衡已经非常为难暴雪了，所以《魔兽争霸3》之后暴雪也没有再次尝试突破极限。加上目前MOBA类游戏进入强势期，估计RTS要蛰伏一段时间。但是MOBA类游戏里动辄上百的英雄池让游戏平衡性设计师伤透了脑筋，因为不管怎么修改，也不可能让数十个英雄都平衡，故禁止和选择（Ban & Pick，以下简称"BP"）的赛制应运而生。BP赛制的出现让原本单一战斗的MOBA类游戏加入了棋牌类游戏斗智斗勇的心理战元素，增加了赛制的复杂度和竞技难度，也为本来平庸的游戏开局增加了看点。

BP到底有哪些优点呢？

之前不敢说，但是现在有 *OW* 这个多英雄但是却没有 BP 的反例之后，我们就能看到了。

一、玩家参与平衡

在多英雄游戏类型里，平衡始终是非常困难的事情，甚至可以说，因为多人在线网络游戏是一个活系统，开发商为了让玩家始终保持新鲜感，会不断地加入新的英雄。在这种环境之下，平衡是不可能实现的，而且，开发商不仅无法实现平衡，很多时候它们连大致的平衡都实现不了。开发商很容易出现一种情况，就是自己更新了一个自认为很平衡的版本，然而最后发现这个版本导致某些英雄极度失衡，然后，游戏性被极度失衡这件事破坏了。

而BP模式的引入，就是让玩家主动参与平衡调整。比如 *LOL* 的 S 系列赛，有一次比赛，金属大师跟海洋之灾的逆天程度过高，如果没有 BP 制度的话，天梯或者比赛都会因这两个英雄千篇一律的镜像登场而破坏游

戏的观赏性和娱乐性。但是因为 BP 的存在，这个危险的炸弹都被选手自发静默拆除了。

二、多样化的游戏开局路线

BP 的第二个优点在于，它提供了一个多样化的开局。多样化的 PVP 开局式样是经典的 PVP 游戏长盛不衰的秘诀。

我们熟知的"星际争霸"系列、《魔兽争霸 3》这样的 RTS 游戏，玩家的不同随机出生点和选择的科技树暴兵策略构成了不同的开局。

BP 系统对游戏最直接的影响，就是避免了双方使用一套阵容打遍天下无敌手的可能性。而玩家和选手总能找到英雄最优解，这是对游戏观赏性的毁灭性打击。

有人会问，《穿越火线》不是也千篇一律么？为什么只有《守望先锋》出现了千篇一律的问题？但是《穿越火线》这种传统 FPS 游戏，它的开局变化体现在开局走哪条路上。比如经典的"沙漠 2"地图，进攻方一开始就有 3 条以上的进攻路线的选择。

《守望先锋》千篇一律的问题在于，它为了实现有趣，给予了英雄较强的机动性，这导致很多版本中的强势英雄在防守区域总能找到一个能照顾全局的高地最优解。这种情况下，因为普通玩家的游戏经验限制问题，玩家选择的进攻战术和防守战术几乎没可能打出花来，大量玩家只集中在天梯模式中游玩。

三、消灭创新门槛

至于《守望先锋》现状阵容的千篇一律，很大程度上是因为玩家自发匹配时，过高的创新门槛导致了玩家根本没有办法进行创新。《守望先锋》不是 1V1 游戏。1V1 游戏，玩家创新只会影响到自己的胜负，这种情况下，无数人愿意为了乐趣或者其他原因进行试错创新。《守望先锋》是 6 人组队的天梯模式，单排或者组排的玩家都不可能让其他 5 个人迁就自己的想法进行创新。而《守望先锋》天梯这种环境决定了你越是愿意熟悉和强迫自己与队友使用公认的强势英雄和阵容版本，玩家天梯胜率和积分也就越高。于是，最终天梯一定是阵容几乎必败无疑，玩家是不可能单独脱离环境进行创造的。

但是，除了玩家之外，有些职业天然就是为了开发技战术而存在的，它们就是战队的职业分析师和教练。这些职业战队的分析师和教练能带来创新么？其实这个答案的结果是很令人遗憾的——不能。

第一，拿着工资的职业分析师承担着职业战队的成败风险。如果保守一点，跟其他分析师一样，只在强势阵容上优化，是不用犯错不用背锅的，运气好还能拿到冠军和奖金；如果敢自发进行创新，那犯错就是分析师的锅，数学上大概率打不出成绩的战队肯定要炒掉这个分析师和教练的组合，因此，分析师大概率上是恐惧创新的。

第二，那种愿意试错的团队，他们的分析师和教练一定是人才。这种情况下，他们比其他绝大多数战队更容易找到最优解。如果一旦类似NIP这样的战队发明一套战术所向披靡，破解了之前的毒瘤战术，新战术很容易就成为无法破解的毒瘤。这就像勇士屠龙的故事，屠龙成功之后，勇士自己变成了龙。

只有引入BP，杜绝千篇一律，有想法的领袖型玩家和游戏分析师才有动力去寻找游戏里潜藏的一些能发挥巨大威力的技战术，最终这些技战术得以丰富我们的天梯和比赛。

在今天，意见领袖型玩家多是游戏大主播，他们协助开发游戏的过程本身也会带来更多的粉丝和人气，这是一个由商业经济利益作为发动机的事情。大主播在扩大他们的影响力的时候，也是对游戏开发商和运营商的大利好。

四、提供了"可见进步空间"

实际上，一个天梯系统玩家的活跃，必须做到的就是让玩家看见进步的空间。

对于大量充钱（Pay to win）的游戏来说，这种游戏的天梯，"可见进步空间"就是"充钱"。充钱，你就可以变强。玩家想要变强，于是充钱，于是玩家得到了良性反馈，玩家高兴了，渠道商、运营商、开发商自然也高兴了。这是一个非常好的天梯提供"可见进步空间"的案例。而Pay to win的游戏为什么经常寿命短呢？因为这种游戏玩家很容易冲动消费，最后发现消费速度难以维持下去。对他们来说，"可见进步空间"没有了，于是最终就换了游戏。

"可见进步空间"非常重要。对传统MOBA类游戏来说，因为BP的限制，导致玩家一定要熟悉非常多的英雄才能综合提升排名，这样就让难以提升排名的大多数玩家能自我感觉、自我看见自己能提升的空间在哪里。

可能有人要问，对游戏来说，"可见进步空间"要维持到什么时候呢？我们来看《炉石传说》的设计。《炉石传说》的天梯系统非常巧妙。对新人来说，"可见进步空间"是"充钱"；对中级玩家来说，"可见进步空间"是卡牌技战术里那些容易忽略的细节；对沉浸一段时间的玩家来说，"可见进步空间"是运气，是时间；对已经达到"传说"的大多数普通玩家来说，他们已经得到了满足，体验上是很幸福的，哪怕下一个赛季没有提高名次，也可以自我归结为"运气不佳"。

对《炉石传说》来说，"传说"就是其设定的"可见进步空间"的里程碑终点。一旦达到"传说"级别的玩家，他们的忠诚度就很高了。而暴雪在《炉石传说》上的做法非常聪明，暴雪做到了能让几乎绝大多数智力正常的玩家摸到"传说"或者与"传说"沾边。

当然，做到这一点的同时，其实是《炉石传说》竞技性的丧失，因为《炉石传说》的运气特性决定了它不可能保证明星冠军稳定常驻。

一个天梯系统需要提供"可见进步空间"，然后保护游戏玩家在不弃坑的前提下最终能大有希望地达到公认的"里程碑"。显然，《守望先锋》这个游戏，因为"可见进步空间"里连传统 FPS 的枪法都没有（对大多数辅助和坦克补位玩家来说），《守望先锋》玩家很难坚持玩到目标里程碑"光论坛群耀朋友圈"的那一天。

对于职业战队来说，"可见进步空间"也很重要。一个战队的英雄池深度本身就会成为战队选手努力的目标、玩家评论的对象、观众选择粉丝队伍的重要参考。

《地球 OL》上的天梯玩家们，困难模式下的挑战天梯玩家们，他们在如此艰难的游戏玩法下坚持游戏，没有跳起来用脚投票掀桌，就是因为运营商给了天梯玩家们"可见进步空间"，也可以翻译为"希望"。

五、保护玩家和比赛选手的稳定性

因为 BP 机制，玩家要娴熟使用并清楚相对海量的游戏英雄的优缺点，才能达到天梯荣耀的顶端，这就一定程度地保护了玩家。《守望先锋》是反面例子，因为多英雄池，"一代版本一代神"，导致每一代版本都会陨落或者崛起一批玩家。而《守望先锋》里，大量高分段、拥有某些绝活英雄的玩家其实是处于相当大的版本危机中的。

拜《守望先锋》这个最典型的反例所赐，我们可以清楚看到多英雄游戏因为没有 BP 而导致的问题。因为没有 BP，所以玩家选择千篇一律；因为千篇一律，暴雪不得不缩短更新平衡的时间以期打破千篇一律带来的审美疲劳；因为更新加快，玩家不得不反复于因为版本对自己英雄池的影响，在天梯分上出现大量对玩家不可控的波动。

对玩家来说，波动可能会影响到他产生 Away From Keyboard[①]（以下简称"AFK"）的心理。对比赛战队来说，波动会极大地让队伍和选手难以维持稳定的成绩和粉丝。

竞技游戏当代能刷屏的条件，很大程度上就是竞技游戏可以造星。让游戏明星维持稳定的成绩，推广宣传一个人有梦想有努力就可以成功的故事，是竞技游戏火爆的一个重要因素。《炉石传说》做不到这一点，所以它的竞技性和比赛被玩家嘲讽和忽视。而《守望先锋》也做不到这一点，所以《守望先锋》的真正竞技性根本没有体现出来。

《守望先锋》里，因为没有 BP 系统保证选手的英雄池，没有 BP 系统来减少"版本之子"对比赛的影响，体现出来的实际结果就是玩家前天粉 IGF，昨天粉 NGA，然后到了今天，就突然把 IGF 与 NGA 都拉黑了。

六、仪式感、退缩感、期待感

BP 过程在游戏比赛正式开始前，对玩家心理影响是非常大的。

（一）仪式感

第一个是 BP 过程所带来的仪式感。这种仪式感就像体育大赛开始之前，双方队员进场握手；这就像知乎上的一篇长文，起步一定要写一个故事一样，看过故事的人，自然而然就会意识到这是一篇长文的节奏。

BP 过程提供了仪式感，自然而然就会影响到人类的潜意识。只要没有恶意游戏竞争的文化，玩家自然会尊重游戏。

（二）退缩感

从另外一个层面来说，因为 BP 本身需要游戏带来极大量的英雄池，休闲玩家就会对带有 BP 的天梯玩法产生退缩感。而这一定程度上减少了休闲玩家进入天梯的机会，实际上就是延长了他们的游戏寿命。《三国杀 3V3》可能是这方面最好的例子。《三国杀 3V3》玩家都说这个玩法吸引新

[①] 游戏中使用的术语，直译为双手离开键盘，代指不玩某一款游戏。

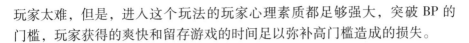

玩家太难，但是，进入这个玩法的玩家心理素质都足够强大，突破BP的门槛，玩家获得的爽快和留存游戏的时间足以弥补高门槛造成的损失。

（三）期待感

BP过程对比赛期待感是实实在在有影响的。就像WINGS战队的BP，被吐槽这是"random"（随机的），于是整个解说团队傻了，对手傻了，但是观众却炸开了。于是就像英雄联盟全球总决赛S6 SKT书写神话的最终局，最后一个Counter Pick（针对性选人）位置留给了"大魔王"Faker（韩国电竞职业选手李相赫的网名），Faker最终拿出了他的招牌英雄瑞兹，于是整个现场轰动了。

七、成就感

BP还能给玩家带来成就感。相反，自由切换武器的设定，会削弱玩家获得的成就感。

我们继续用多英雄却没有BP的反面例子OW来讨论。

在OW里，玩家看到对方上半藏和寡妇，往往是不喜欢自己换出猩猩、DVA去针对的。哪怕换了英雄打赢了，玩家也不觉得这件事有成就感。有成就感是在哪一方呢？用源氏打败猩猩的，用半藏打败DVA的，用寡妇打败闪光的，用天使打败黑影的，用猩猩打败死神的。OW快速游戏里，最困扰老玩家的问题就是，老玩家知道什么是胜率更高的选择，但是这种选择却往往降低了玩家的乐趣。老玩家可以单场某个场次迁就胜利，但是不能每一局都迁就胜利，因为OW选择以强打弱根本谈不上成就感。OW快速场里，老玩家在场面压力不大的平风局里往往不想拿出自己最擅长的英雄，就是因为缺乏成就感。

以弱击强是有成就感的，而要做到以强击弱有成就感，就必须引入一个媒介，这个媒介就是BP。

通过BP，以强击弱胜利了就有成就感："我们这边用智商打败了你们。"而不是现在《守望先锋》里老玩家在游戏里遭遇的体验困难："我知道怎么可以轻松打败你们，但是我觉得这样做了就很没意思。"

八、降低平衡压力，提速新英雄设计效率

对于一个多英雄PVP游戏系列来说，想要做到平衡性几乎是不可能的

事情。

　　但是这个问题在于，一个良好的设计构造，可以容忍非常大的不平衡存在。《三国杀》也不平衡，但是因为《三国杀》对局中有"内奸"这个设定，哪怕《三国杀》设计中出现了刘备、荀彧、刘备和鲁肃这样的"BUG 点"组合，也可以被容忍。

　　对一个游戏来说，真正的不平衡是什么？

　　平衡这个问题很复杂。不是说一个游戏平衡了 99%，还差 1% 就叫平衡。真正的不平衡就是《守望先锋》这样的，这个黑影的版本可能平衡了 99% 的内容，但是结果是大家都只在天梯和比赛中选择那不平衡的 1% 并围绕这 1% 打固定体系，这才是真正的不平衡：没有给玩家留下选择空间。

　　这种在非常平衡版本中出现一个极端不平衡结果的情况，就说明《守望先锋》的设计机制有问题，对平衡容忍度太低。虽然《守望先锋》在平衡微调器上可调选项很多，但是《守望先锋》现在的游戏模式对调试结果精度要求太高。在《守望先锋》目前的模式下，哪怕平衡了 99% 也一定是不平衡的结果，而且因为 99% 的黑，那 1% 的不平衡的灰就会被无限放大到纯白。

　　因为设计机制导致玩家对平衡容忍度低，所以《守望先锋》必须花费大量时间用于基础的游戏测试，这就导致《守望先锋》出英雄速度极慢。反映到今天的实际情况就是，在《守望先锋》自身英雄池就单薄的情况下，半年时间才新加入两个英雄，因为暴雪要测试的平衡几乎是苛刻的。而 DOTA 和 LOL、《三国杀》这种游戏，要实现一两周时间间隔更新一个英雄并不困难。问题无非是这些游戏的英雄池数量已经过于庞大，内部的变化已经过于繁杂，玩家消化新英雄的速度跟不上，没有以前那么期待更新而已。

　　《守望先锋》这个游戏可能实际上比传统 MOBA 类游戏如 LOL、DOTA 2 平衡，但是因为游戏设计机制缺乏一个 BP 的问题，玩家感觉它远远不如 LOL、DOTA 2 平衡。

九、"不平衡"成为比赛观赏性的卖点

　　《三国杀 3V3》是一个靠 BP 模式成功的经典案例。

　　在《三国杀 3V3》使用 BP 模式之前，《三国杀 3V3》的官方游卡桌游真的不知道怎么去继续它的三国杀比赛。前两届王者之战，身份局比赛上就已经出现疑似演员局的情况。

而游卡尝试使用《三国杀3V3》，但是没人喜欢。后又加入BP模式，才真的盘活了这个模式。

《三国杀3V3》英雄中，不同武将之间的平衡性极差。就标风版本来说，刘备、张辽、诸葛亮、貂蝉等武将，强度远远超过其他英雄设计，而且还有一堆类似周泰、赵云、吕布等武将，远远弱于主流武将设计。

但是BP模式引入之后，这一切不平衡都被盘活了。大家都铆足了劲，在32取16的随机开局将面上寻找一个能让自己压制对手的BP解。这个模式是如此成功，以至于《三国杀3V3》贴吧有长达几年的时间一直在坚持"每日选将"这一活动，由大神带领玩家分析这个将面应该怎么选将。

《三国杀3V3》的比赛，因为BP的存在，也非常具有观赏性。玩家极其需要一个懂行的主播来解说游戏的BP过程。当然，《三国杀3V3》运气差的是，它火爆的时候没有赶上主播时代；当然，这个机制本身也有问题，因为给选将过程的时间太短促，导致观赏性有所降低。

BP模式给《三国杀3V3》带来的东西是什么呢？

最大的意外惊喜，就是让"不平衡"本身成了游戏观赏性的一部分。就是因为《三国杀3V3》英雄池里有一堆相对羸弱和相对强势的武将混搭，所以《三国杀3V3》的选将布阵极有意思，甚至几乎都可以单独做成一个游戏。（如果能有AI自动评估局面的话。）

但是后期《三国杀3V3》为什么陨落了呢？

除了《三国杀3V3》本身是卡牌游戏，导致难以稳定职业选手的成绩外，重要的是游卡方面的失策。在游卡方面，《三国杀3V3》的开发商没有意识到，正是因为标风32将的3V3一大堆"神"级和"白板"级的武将同时存在，才导致了选将过程充满如此丰富和有趣的博弈。而后期3V3限制了"神"级武将的能力，又砍掉了一些"白板"级武将进入游戏，致使《三国杀3V3》选将之后的对局难以做到靠"技术"打败对方，于是游戏就开始变得乏味。

实际上，大家看到的精彩BP，必须是建立在游戏里英雄强度的不平衡和克制与被克制的条件下的，也就是说，BP除了能让绝大多数英雄登场以外，更重要的是BP就是天然鼓励不平衡的。不平衡这件事本身会提高游戏的观赏性、游戏性乃至竞技性。

十、设计师喜欢BP

除开Pay to win的游戏，如果站在游戏设计师的角度，他肯定会喜

BP 这种模式，因为这种模式可以极大量地让设计师设计的英雄登场。

就像从今天 CS 到 CSGO 的比赛都是"买枪制"，因为这个模式可以尽可能多地让玩家使用到更多的枪械而不是千篇一律的 M4、AK、AWP。就像 LOL 直接默认玩法是上单打野、中单 ADC 和辅助，因为这个分路原则可以让 LOL 设计的每一个英雄都能找到至少一条路线的存在感。就像桌游的《三国杀》国战是随机分发 5 张武将，因为这个模式可以让玩家使用到尽可能多的英雄组合。

BP 这种机制本身鼓励尽可能多的设计被利用，是一个尊敬游戏设计师的设计。对于游戏设计师来说，他能感受到的最大快乐，就是玩家对他的尊重。这种情况下，哪怕是业余搞平衡的冰蛙，也有动力把 DOTA 搞出来并震惊世界。

在游戏业内做 UGC[①] 是非常困难的，不是说设计师做不好内容，而是设计师在没有经济作为推力的时候，坚持产出第一流的内容非常困难。能让冰蛙坚持到最终挑战暴雪的原因，就是因为玩家喜欢的 random 玩法是一种尊敬设计师的玩法。因此，在 DOTA 玩家数量不断攀升的时候，任何一个有才华的设计师在冰蛙这个位置上都不会选择放弃——前提是他有资格不放弃。

就 OW 这个情况来看，设计师今天好不容易完成了一个英雄设计，造势了那么长时间，结果玩家因为不知道该怎么用在最优配置上而导致英雄没法登场，那是怎样的一种感受？如果你是一个世界顶级的 OW 英雄设计师，一次两次这样下去，然后整天陷入永远无法调试到满意的平衡的马拉松陷阱里，你会不会考虑辞职？

让设计师喜欢他的游戏非常重要。设计师如果热爱游戏，他做出来的事情的有趣度很可能会让玩家想都想不到。但是 OW 这个反面教材，它对不平衡几乎零容忍的情况，对游戏设计师是一种什么样的打击？相对而言，如果没有别的更好的解决方案，设计师至少不会讨厌 BP。

---

① UGC（User Generated Content），互联网术语，指用户原创内容。UGC 的概念最早起源于互联网领域，即用户将自己原创的内容通过互联网平台进行展示或者提供给其他用户。UGC 是伴随着以提倡个性化为主要特点的 Web 2.0 概念兴起的。它并不是某一种具体的业务，而是一种用户使用互联网的新方式，即由原来的以下载为主变成下载和上传并重。

第四章 第三层用户需求：电子竞技运营端的需求

电竞赛事执行方是如何运作的

如今电竞赛事已经在年轻人的日常娱乐中占据越来越大的比重，线上线下的比赛有如琳琅满目的商品，让观众应接不暇，而线下比赛现场的气氛渲染，线上比赛专业的 OB 视角和解说，也让电竞更具观赏性和娱乐性。然而，一场电竞比赛的举办并不是简单地将比赛作为主要输出内容，中间还有很多烦琐的程序、附加的内容，以及前期后期的准备工作，这些都需要赛事执行方前来解决。但电竞的赛事执行方一向在大众面前鲜有曝光，故一直比较神秘，观众在享受电竞比赛的精彩的同时，却不知道一场比赛的背后要经历怎样的过程。本文主要讲述赛事执行方的相关知识，让读者了解执行一场赛事都包括哪些环节，有哪些需求，赛事执行方是如何营利的。

一、赛事执行

赛事执行方在准备承接一场赛事时，会先对之做一个评判：这场赛事是否值得举办？而评判的标准，首先是赛事是否有足够的利润空间。其次是赛事的影响力大小。这涉及赛事执行方的品牌影响力，而这部分的评判标准比较多，比如游戏的热度、赛事的规模，以及公司在这款游戏类型方面具不具备市场，能否扩大自身的品牌。同时，赛事执行方会对比赛进行分类，包括线上比赛、线下比赛、官方比赛、商业比赛、联赛、杯赛、长期赛事、短期赛事等，而根据不同的比赛，匹配的赛事策划、资源配置等也不尽相同。

二、赛事类别

（一）官方大型线下赛事

这类赛事基本代表了该游戏赛事的顶尖水平，包括官方举办的联赛和杯赛等，也代表了官方在观众中的形象，因此，对这类赛事，官方的要求十分严格。一些大的甲方厂商，例如腾讯、网易等重量级的公司，是所有赛事执行方希望抱紧的"大腿"。首先，这些公司旗下的游戏甚至是当前最爆款的游戏。而官方线下赛事的影响力大，官方也会利用自己强大的推广渠道来推广赛事，这对执行方的品牌曝光是十分有利的。其次，这些公司旗下的游戏众多，举办赛事的需求也很多，如果双方能长期合作，对赛事执行方的现金流是有一定保障的。在这类赛事的选择上，各执行方竞争十分激烈，官方会在这类赛事上实行竞标：有意向承办此赛事的执行方，需要向官方提交一份赛事策划PPT，内容包括自身的优势、资源等，再由官方进行筛选，最终确定执行方的归属。

赛事执行方在获得举办资格后，开始进行赛事筹划，包括比赛场馆、舞美、人员统筹等前期准备工作。而在费用方面，一般情况下，官方会出一部分资金来协助执行方。并且，在赛事的执行上，官方是有着绝对话语权的，会全程进行监修，大部分环节都需要有官方的许可。例如，在舞美这一项上，由于赛事执行方没有专业的团队，因此需要另外聘请团队来做；如果是赛事执行方寻找的团队，则需要提交一份执行方案给官方，官方的审核通过后才可以实行，甚至官方会直接指派一个团队来做这项工作。

人员统筹方面也需要赛事执行方来落地，具体包括战队、表演嘉宾、解说以及媒体人员，都要求执行方与战队的领队、嘉宾解说个人对接，而媒体宣传则由赛事执行方专门的媒介部门来做。值得一提的是，影响力大的赛事，其解说和主持人需要由官方指定。例如，腾讯就有专门的部门来指派解说和主持人，并且会提供给赛事执行方一份名单，告知哪场比赛、什么时间需要哪位艺人上场，而赛事执行方需要和与赛事相关的每个人对接来确定时间。

赛事的宣传主要是由官方负责，因为赛事执行方的宣传能力很弱，而官方的垂直用户就是游戏用户，推广渠道更广、更强。赛事执行方会提供给官方所要推广的素材，例如战队选手的介绍宣传片、宣传海报等。可以说，一场电竞赛事，除了游戏相关的技术问题之外，其他事项基本上都是由赛事执行方来做的。这种官方顶级赛事分为长期赛事与短期赛事，具体体现分别是联赛和杯赛，而这两种赛事对于执行方的要求也是有所不同的。

联赛一般时间跨度都比较长，最重要的是确保赛事的持续性与稳定性，因此，官方会选择最稳妥的方式来规划赛事，各个环节都比较固定。短期的杯赛则不同，官方希望可以在杯赛中呈现出区别于联赛的独特模式，加入一些周边文化。例如此前《英雄联盟》的德玛西亚杯就加入了游

第四章 第三层用户需求：电子竞技运营端的需求

戏元素的角色扮演（Cosplay）以及游戏角色的糖人艺术，这些在官方联赛上是无法看到的。

在赛事进行中，呈现出更清晰、更顺畅的比赛以及提高观众体验是最终目标，因此，在比赛中会加入数据让观众更直观地了解比赛。例如，在比赛中会有选手的各项数据，赛后会评选 MVP、本场比赛的最佳镜头，等等，而这方面官方与赛事执行方是有分工的。以《英雄联盟》比赛为例，比赛中的一些可见数据是由赛事执行方的人统计的，如选手的击杀、金钱、KDA 等，甚至 MVP 归属也由赛事执行方来做，但官方会提供更为精确的数据，如游戏中击杀"纳什男爵"后，携带 BUFF 期间获得的经济收益，这一数据是借官方之口公布的，因此，我们在比赛现场看到的数据其实是执行方与官方共同完成并提供的。不过，也有执行方和数据公司合作，通过人力计算出这部分不可见的数据，但是这种方法非常耗费精力，不及官方的方法来得便捷。

线下的比赛一般会在线上直播，这是赛事最重要的部分，也是赛事执行方需要耗费大量精力去完成的环节，其中涉及一个专业名词：推流。所谓推流，即指把采集阶段封包好的内容传输到服务器的过程，延迟越低，线上观众体验越好。在电竞赛事直播中，现场比赛的画面信号与现场的解说信号是不同的，而赛事执行方要做的，就是接收两端的信号，再进行合成，使画面与声音匹配，之后传送到网络上进行播放，这也就是线上观众所看到的直播。然而，在合成的过程中是存在时间差的，因此，现场实况与线上直播并不同步，同时，现场观众所看到的舞美呈现以及中场休息的嘉宾表演等，观看直播的观众是看不到的。因此，电竞赛事对设备的质量、现场演播室的能力、网络工程的能力要求特别高，这些都需要赛事执行方进行把控。值得注意的是，在电竞赛事执行时，官方会全程在线进行监督，但如果监修的官方不止一个，那么很可能会出现问题。例如，在此前的《英雄联盟》LPL 联赛上，拳头中国与腾讯都属于甲方，比赛时，拳头中国想在比赛中加入一项数据，但是因没有及时与赛事执行方沟通，导致比赛延时非常长，给执行方的品牌造成了很大的影响。

（二）线上赛事

线上赛事没有舞美等流程，只需要确定参赛战队和人数，保证推流的顺畅、观众的体验，以及进行主办方的一些线上活动，等等，相对线下赛事来说，成本降低了很多。一般来讲，线上赛事基本上都是小型赛事，这其中既有官方赛事，也有第三方赛事。于执行方来说，这种赛事的举办无须竞标,其中可能会有甲方的需求,也有公司自己独立制作的赛事。官方的线上赛事,主要目的是为了活跃玩家气氛,以及对线下赛事进行选拔赛。由于线上赛事没有地域限制,因此参与人数特别多,但受重视程度以及推广力度都远不及线下赛事。

而一些公司自己举办的赛事,以拓宽自己的赞助商、彰显自己制作能力为主要目的,公司一般就是赛事执行方或者是内容产出单位,如七煌旗下的"贱驴杯"就属于这一类型。对这些公司来说,在早期,最主要的任务并不是说服赞助商赞助,而是争取引起官方的注意,并获得他们的认可,这样赛事的资源才会更多,同时,执行赛事做出名气后,也更有利于自身品牌内容的传播。

(三) 第三方线下赛事

第三方线下赛事的流程和官方线下赛事相差不多,最大的不同便是要求没有后者那么严格,同时,举办比赛还需要获得第一方厂商的授权,而若第三方主办方没有获得授权,或者是一些传统企业进入电竞圈,不懂如何取得授权,赛事执行方就会向官方申请版权,这个也属于工作范畴。不过,从目前的赛事情况来看,第一方赛事已经越来越强势,第三方线下赛事依然处于"赔钱赚吆喝"的阶段,加上第三方主办方缺乏游戏厂商的强势(IP授权),即使赛事执行方具备谈判的资本,花销也会很大。

(四) 商业赛事

商业赛事的目的大多是推广品牌,赛事要求和质量都偏低,基本就是维持赛事运行正常。通常来说,电竞赛事的高额举办费用体现在附加内容上,例如场馆、舞美、解说艺人等,而如果赛事制定的目标不是特别高,那么一般的赛事准备工作就能满足这部分的需求。商业活动由于影响力小、专业性差、推广力度不强,通常很难请到一线战队或者选手参加,这也导致比赛质量降低。因此,赛事执行方在举办这类赛事时,就会对吸引观众的噱头做一些改变。一是邀请知名的解说或者艺人,增强赛事的吸引力。在请不到一线职业战队的情况下,执行方会邀请一些知名解说或者艺人,作为赛事焦点。二是采用戏剧性与随机性手段。这类比赛的赛制比较宽松。相比于官方线下赛事,商业比赛更加多变,利用粉丝喜闻乐见的方式,增加更多的戏剧性与随机性也是其常用的手段。

三、盈利模式

赛事执行方的利润空间比较有限,而造成这一现象的原因在于第一方厂商的过于强势。之所以做赛事执行,是因为他们本身的宣发推广能力弱,因此需要一种具有强推广效果、可以让自己聚焦的手段,而赛事执行就是一个比较不错的选择。在早期电竞资本还未进入时,官方为举办线下赛事提供的预算也很有限,很多赛事执行方即使亏钱也要做,"赔钱赚吆喝",目的就是为了自己的品牌曝光。赛事执行方需要第一方厂商的游戏版权来制作赛事内容,离开了游戏,赛事执行方将一无所有,可以说等同于一名"打工者"。举个例子,一位导演想拍电影,找到了一个摄影团队,之后电影大卖,你说这个摄影团队有资格向导演要票房分红吗?因此,很多赛事执行方其实是多线发展的,先利用赛事扩大自己的品牌知名度,进而利用名气开发自己的其他业务,这与我此前分析的主播与经纪公司的关系是一个道理。

而我们目前在电竞赛事上看到一个现象是:一些赛事执行方在做了一年的赛事后,第二年可能就不做了,赛事执行方的轮换非常频繁。而电竞发展早期的一批赛事执行方,很多已经不再做赛事执行了,因为赛事执行本身的利润很少,这些公司的主要收入来源并不在此,而是自己开发的多线业务,赛事执行只不过是它们用来提高曝光率的一种手段。当有了名气以后,这些赛事执行方就将重心放到其他业务上。没有宣发渠道,就利用赛事扬名,之后主推其他业务,这是目前中国赛事执行方的一个大致发展路线。值得一提的是,在赛事执行这一块存在一个有趣的现象:规模越大的赛事,利润空间越小,反之,利润空间越大。

赛事执行的花费主要用于场馆的租赁、舞美、解说艺人等,在官方的大型线下赛事中,这部分的要求是最高的,因为这在一定程度上代表了官方形象,而官方支付给执行方的预算却满足不了这部分的需求,因此利润空间特别小。但作为回报,执行方的品牌得以曝光,可能得到甲方的认可,获得更多的赛事资源,而可以营利的部分就在这里。一些大厂旗下的电竞赛事众多,若得到它们的认可,这部分的资源可能也会分给你。例如一些商业比赛等,因为要求没有那么高,其利润空间非常大,执行方可以从基本赛事的运营成本或者从人员配置上来赚取利润。因为在大型线下赛事中,各个环节都需要最专业的团队来运作,而赛事执行方又满足不了,只能另请高明。但是对商业比赛而言,赛事执行方可以让自己的员工来担任,以减少人力成本,或者像七煌这类旗下有自己知名艺人的公司那样,解说、主持等资源均可以自己解决,进而赚取其中的利润差价。

据上可知,目前,第一方游戏厂商面对赛事执行方甚至整个电竞产业链来说,都处于绝对优势,而且发展趋势也是第一方赛制逐渐占据主导地位,很多游戏研发商已经在逐步回收赛事举办权。据了解,甚至腾讯方面也在逐步将赛事的权利移交到拳头公司。而在第三方赛事方面,官方机构目前承办的比赛占据很大比例,但电竞用户似乎并不以为然,这与传统体育行业"国字号最强"的理念截然相反。从赛事执行方来看,最专业的执行团队似乎更愿意贴近第一方游戏厂商而不是官方机构或者第三方赛事,在这点上,游戏厂商的影响力甚至可以说高于官方机构。

随着电竞的发展,不少行业人士认为,电竞未来的发展方向或许可以达到传统体育行业的高度,但游戏版权所有带来的授权获取难、游戏寿命短等问题,也使得很多业内人士对电竞未来发展担忧。电竞的发展如今已经是大势所趋,但它将采用什么方式继续发展,甚至上升到传统体育的商业模式,这些问题还需要游戏研发商以及国家相关机构共同探索和解决。

(作者　游戏葡萄,https://www.gameres.com/704178.html,本书收录时有改编)

第四节　可观赏性

玩游戏和电竞最大的区别是——游戏是玩给自己看的,而电竞是玩给别人看的,所以电竞比赛就必须考虑观赏性。很多人观看体育赛事,但是自己并不一定要从事体育运动,这就是体育赛事的可观赏性。比赛"好不好看"就是一个非常感性的概念。

2004年刘翔的110米栏"好看",是在于国家荣誉与民族自豪感。12年之后傅慧园的"好看",是在于运动员的真性情。电竞也是如此,Sky(李晓峰)在WCG夺冠时的"好看",那是背负着一个不被主流认可的行业的情感爆发。而LOL选手Meiko对于很多粉丝来说,那是真正意义上的"我家宝宝长得真好看"。

时代在变化,审美也在变化。竞技体育的"观赏性"含义也在不断丰富。观众既在看比赛对抗,也在看选手性情,甚至还在看自己。与《王者荣耀》同源的LOL项目,迷妹应援团已经成为一种重要的内容输出来源。

当她们不远千里、花费不菲来到比赛现场，整齐划一地举起应援物、高喊选手名字时，她们自己也成了竞技观赏性的一部分。

电竞观赏性的四层要素分别是游戏设计、对战水平、解说表演、观赛氛围。

电竞项目最大的不同在于游戏本身的设计水平（玩法规则、对抗机制、观赛模式）直接影响观赛体验，游戏设计的规则越完善，漏洞越少，越能刺激对战双方发挥竞技实力，反之，则完全无法进行有意义的竞技对抗（极端例子如《剪刀、石头、布》）。而传统体育的赛事规则基本稳定不变，更多的是在其他方面进行纵深优化。

除了游戏内的竞赛规则之外，游戏的角色形象、故事背景、阵营冲突、世界观设定等艺术水平能不能为竞赛提供更多的代入感和话题性，也是极为重要的一点。不得不说一下 OW 在 2016 年发布初期做的一系列宣传铺垫。作为 2016 年的年度最佳游戏，评测网站给了剧情很高的分数，很多玩家可能不理解，这个连游戏内剧情关卡都没有的游戏，怎么就能获得剧情的高分，这就要从它前期官网上的世界观营造开始说起了。（后来怎么没落的，上下文也多有涉及。）在游戏发布之前，OW 的官网陆续更新了多条动画短片，短片以游戏中的英雄为主角，核心技能为动作戏，表达了惩奸除恶的"正能量"。精美的短片制作水平，加上游戏的核心口号："这个世界需要英雄！"仿佛反复地呼唤玩家立刻披上战袍投入缉恶扬善的战斗中，这样的宣传策略在发售前就为游戏积攒了极高的人气，并且在游戏发布的很长一段时间内，玩家疯狂地投入竞技场进行体验，这多少受到了"英雄主义"感召的影响。所以说，游戏的设计已经不再是独立地设计游戏内部的角色模型、场景道具等小零件，而是需要总体上围绕游戏所体现的精神进行包装。

如果说游戏设计是电竞观赏性的基础，那么对战水平、解说表演、观赛氛围则决定了竞技观赏性所能达到的上限。和游戏本身设计不同，对战水平（和俱乐部组织运营密切相关）、解说（成熟的经纪体系和赛事磨炼）、观赛氛围（专业场馆、衍生产品）等依赖于游戏外的各环节投入。众所周知，目前电竞赛场的布置也基本是参照科幻或者魔幻游戏中竞技场的氛围来打造的，例如红蓝撞色的灯光、冷色的霓虹灯条，体现出现在流行的"赛博朋克"风格，而多边形的各种结构和面光则还原了科幻游戏中宇宙飞船内舱的景象（如图 4-4-1）。这些资本和人才的投入建设是后发性的，需要游戏本身首先证明对用户群体的吸引力，具备观赏性的基础，后续的投入才存在规模变现的可能。

图 4-4-1 电竞赛场

图片来源：https：//m.sohu.com/a/242869136_351302，http：//www.6a.com/detail/567221_3.html。

第五节 商业植入点

到目前为止，电竞行业已经影响了众多产业的发展。电竞产业在形成统一且固定的商业法则的进程中，资本从中提供了巨大的推动力，导致具备电竞特色的商业机会逐渐显现出来。现代电竞是基于互联网发展的，在互联网的体系下，电竞的竞技价值、观赏价值、社交价值都成了利益的载体，让市场上更多不同的角色参与进来，其中一个角色就是广告业。不可否认，目前电竞的最大收入和增长都来自广告和赞助，主流或传统媒体的关注和转播会转变先前对其的不重视或偏见。在美国，ESPN 和 TBS 等大电视台覆盖了越来越多的电竞赛事。赞助商和广告商们渴望通过海量观众获利，而这将推动电竞行业的增长。根据荷兰市场研究公司 Newzoo 的预测，2015 年全球电竞用户数量高达 2.26 亿，同比上升了 27.7%。随着职业战队的影响力变得越来越大，有市场调研数据表明，电竞粉丝用于观看电竞比赛的时间超过了其他在线娱乐活动。近 50% 的粉丝观看电竞比赛的时间比观看在线视频、电视剧和电影的更长；在所有电竞粉丝中，观看电竞比赛时长超过观看传统体育赛事的粉丝占比也达到了 50%，绝大多数电竞粉丝是男性，不过也有 20% 粉丝是女性，女性粉丝占比在未来将会持续上升。

具备电竞行业的广告特色不仅体现在相关赛事活动上，直播与媒体两大平台也是品牌曝光的重要渠道。普华永道发布的《2017 年全球娱乐和媒体展望预测》中特别强调电竞内容媒体的价值，尽管现在的市场体量还比

第四章 第三层用户需求：电子竞技运营端的需求

较低，但这一领域将是数字广告的重要突破口。2017 年早些时候，英国市场研究机构 Juniper Research 也曾得出过类似的结论。研究表明，伴随电竞产业消费能力及流媒体内容的快速发展，电竞和游戏直播市场规模将从 2017 年的 18 亿美元增长到 2021 年的 35 亿美元，类似 Twitch 这样的游戏视频直播平台将成为广告主眼中的香饽饽。该机构还预测，到 2021 年，90% 的电竞和游戏直播观众将会观看广告商赞助的休闲游戏直播。紧随 Twitch 之后，YouTube 也在 2015 年推出专注于电竞和游戏的流媒体服务。大企业们早已迈出了第一步，未来势必有更多的品牌与广告企业来分割这块市场。

以上说的商业植入都是基于电竞赛事举办的基础上的。从本质上说，电竞赛事的商业植入并不会和传统体育项目竞赛的商业植入有太大区别，总的说来，所有能做的都已经在 NBA 和世界杯赛事中被实践了。但是，我们不能忽略的是，抛开赛事不谈，电竞游戏本身就是一个巨大的商业植入平台，它的主要受众是千百万的青年人群，而且游戏比任何其他形式都更具备互动性。传统的广告形式，无论是平面广告、明星代言、影视软广告，除了极个别的商品可以让受众直接试用外，受众永远是看客，是站在第三方的上帝视角的。电竞游戏就不一样了，游戏的特点就是允许玩家进行互动，操纵游戏内的角色进行各种操作，时间长了，玩家就会代入游戏角色，觉得"我"就是角色、角色就是"我"。这种代入造成的认同感是其他体验形式很难企及的。举一个例子，作为国内移动端电竞游戏"王者"的《王者荣耀》，就经常利用游戏中的角色进行各种植入，有传统文化的敦煌飞天，也有商业目的明确的汽车广告。2017 年，《王者荣耀》与宝马官方进行合作，推出了游戏角色"赵云"的皮肤"引擎之心"，销量火爆，单款皮肤销售近 2 亿元人民币，这对于一款游戏的单个物品来说，商业回报是惊人的。

目前，电竞游戏的设计者都有着比较相同的认知，那就是游戏角色的开发有上限，但是角色皮肤的设计没有上限，多多益善。很多游戏玩家钟情于买皮肤，就像钟情于给自己买衣服一样，上文提到，这是为了满足自身"炫耀"的目的。除了购买皮肤打扮自己喜爱的角色外，游戏的代入感会让玩家感受到对于游戏角色的认同，所以经典的游戏角色特别能够获得玩家的疯狂追捧，这就为游戏虚拟偶像的产生带来了很大的可能性。

虚拟偶像并非游戏提出的，早在 2007 年，现象级动漫虚拟偶像初音未来就刷新了人们对于"偶像"一词的认知，原来不需要真实存在，偶像也能火爆全世界。细想也是，真人的偶像同样是存活于粉丝的幻想中的，粉丝们几乎见不到真实的他们，网络上的种种"星闻"多数也是舆论的包装而已。相比之下，倒是虚拟的偶像来得纯粹。与真正意义上的虚拟偶像相比，真人偶像依托于真人，存在各种不可控的因素。正是这些真人偶像存在的痛点和不确定性，给了虚拟偶像更多的发展机会。

首先，虚拟偶像不存在"私底下"的场景，不具备真实的个人意志。只要是粉丝不希望发生的事情，它便不会存在。虚拟偶像的行为举止都受到官方团队的精心安排，在偶像的职业规范上面，想营利的市场主体和运营团队都不会铤而走险地冒犯粉丝或者是其他群体。

其次，PGC[①]的内容安全基本上可以得到保证，官方对UGC内容的"扶正"也会有严格的选择，不会出现直播时口不择言或正式专辑有违规内容的情况，内容安全不会轻易出问题。

虚拟偶像不用上学、拍戏和服役，还可以同时出现在多个场合，甚至推出"一对一"的衍生产品，在商业价值的挖掘上有很大的想象空间。尤其是在人工智能发展起来后，偶像与粉丝的互动将会更加有效，其发展前景也有望继续拓宽。

上文提到，文艺界的偶像往往只可远观，而且受众都是处于旁观者的位置。而游戏中的偶像受控于玩家，玩家具有"支配权"，这让很多玩家更愿意为这些偶像付出情感，所以游戏开发厂商就动起了这些角色脑筋。当然，鉴于绝大多数硬核玩家的"宅男"属性，出挑的偶像必然是能够吸引他们的女性角色。在这样的趋势下，很多公司也开始尝试打造自己专属的虚拟偶像以吸引更多用户。以下列举其中一个典型例子。

商业植入的新尝试——"英雄联盟"的造星运动。

如果要给2018年的娱乐圈选几个关键词，"出道"和"成团"肯定会在其中。防不胜防的是，女团已经无处不在，连看个S8总决赛都会碰上超新星出道——只不过这回的小姐姐们可能办不了握手会。这个由著名游戏公司Riot推出的新女团，名字叫作"K/DA"，由游戏中的4位英雄组成：阿狸、卡莎、阿卡丽、伊芙琳。虽然没有经历紧张刺激的练习生淘汰环节，但大家对钦点的人选还是挺满意的。其实官方在很久之前就以图片的形式透露出端倪，但在总决赛舞台上通过AR来完成的首秀，依然让不少

---

① PGC（Professional Generated Content），互联网术语，指专业生产内容（视频网站）、专家生产内容（微博），用来泛指内容个性化、视角多元化、传播民主化、社会关系虚拟化。经由传统广电业者按照几乎与电视节目无异的方式进行制作，但在内容的传播层面，却必须按照互联网的传播特性进行调整。

第四章 第三层用户需求：电子竞技运营端的需求

玩家都觉得惊艳。与此同时，K/DA 女团的皮肤也正式开卖，一时之间高呼"真香"的玩家们甚至挤爆了购买的页面，连长期以"不用皮肤"著称的 Faker 都管不住自己的手，点点鼠标就来了一套。

在一开始，不少国外媒体都觉得这只是"另一次卖皮肤的活动"而已，关注的点也集中在这次的精良制作能够为 Riot 带来多大的一波钱上。但很快，大家都意识到，其实 Riot 要做的远没有这么简单，他们想要制造出货真价实的虚拟偶像来。作为刚刚出道的偶像，一首成团曲当然是必不可少的。那首在 S8 总决赛前表演过的 *POP/STARS* 在 YouTube 上发布了 MV，24 小时内就突破了 500 万的播放量；而在国内，它也一度冲上了哔哩哔哩日排行的第 2 名。

Riot 在 2018 年 S8 世界赛之前就偷偷地放出了 K/DA 女团的相关消息，当初很多人都认为她们将成为当年 S8 全球总决赛主题曲的演唱者，但是，随着一首激昂的 *RISE* 横空出世，K/DA 女团也开始被遗忘，直到最近一次版本更新后，K/DA 女团皮肤正式出现在玩家眼前，才让所有的玩家意识到 Riot 这次要造星了！不得不说，Riot 这次的造星计划非常成功，在确定了 K/DA 女团的四位成员之后，从外形包装到歌曲的创造再到最后的决赛舞台首秀，简直是一场完美的剧本，尤其是在决赛上的全息投影技术的运用，让玩家真真切切地感受到了什么叫科技的魅力。

熟悉女团配置的朋友，看 MV 的时候很可能会有种"你为什么这么熟练"的感觉。C 位阿狸、RAP 担当阿卡丽、领舞卡莎和主唱伊芙琳，成熟女团该有的分工一应俱全。这时候，四位小姐姐"不是真人"的好处就凸显出来了——她们的动作绝对整齐到位，甚至很多普通人玩不出来的花样，对她们来说都是手到擒来，而且还能和自己在游戏中的技能结合起来。

虚拟偶像其实并不是什么新鲜事，但是在《英雄联盟》这款有着近 10 年历史的游戏里，K/DA 女团的出现依旧引起了很多玩家的追捧，而官方在之后也是放出了 K/DA 女团的背景知识介绍。Riot 还特意为这个女团开通了微博，虚拟女团真的"活"了起来！在微博中，扮演其经纪人的"博主"日常更新着女团成员们的生活动态，与粉丝互动。甚至还有相关微博模拟明星狗仔队，爆料调侃，或黑或吹，炒作绯闻、整容、黑历史等，好不热闹，堪比真实世界中的一线明星。

老玩家们看了这些调侃，估计都是会心一笑，脑海中浮现出的都是游戏里曾出现过的各种元素。这些都巧妙地成了角色们的"人设"，让她们变得丰富立体起来。

而这次 K/DA 女团的火爆，背后也埋藏了 Riot 多年的积累。很多人都这样调侃过：Riot 是一家被游戏耽误了的音乐公司。另外，你很可能记得，Riot 也曾经推出过一个由游戏角色组成的虚拟乐队——五杀摇滚乐队，并且分别在 2014 年和 2017 年为他们出了两张专辑。大概是风格过于硬核的原因，五杀摇滚乐队并没有成为特别具有话题性的事件，但现在看来，这次 K/DA 女团的出现可能在当时就已经埋下了种子。而在这一年搭上粉圈文化的车，把女团和电竞这两个流行要素联系起来，Riot 的这一次"造星"尝试可以说是开了个好头。也许 K/DA 只会作为这次 S8 总决赛的一个饭后甜品，供粉丝们继续狂欢一阵，但也许她们就真的这样"走上花路"，以虚拟偶像的身份继续活跃下去。如果真是如此的话，她们背后的 4 位真人歌手可就得合作了。

第六节　NBA 的成功经验

在竞技体育赛事中，国内观众一定对美国职业篮球联赛（National Basketball Association，NBA）和 FIFA 组织的足球世界杯最为熟悉。在世界范围内，这两个商业赛事无论是从受众关注度、商业回报等诸多方面都是数一数二的竞技体育赛事。这两项赛事在运营层面各有千秋，但也有共同的规律可循，诸如品牌形象、媒体合作、市场伙伴、文化植入、衍生产品、全球化推广等。这个运作策略均是基于其运动本身的特有属性，同时，为了达到这些商业目的，赛事也在逐步改变着这些运动本身。

而且，有趣的是，无论是 NBA 还是 FIFA，都已经开办了电竞俱乐部的业务，组织了官方认可的篮球联赛和足球世界杯，可见这两个组织在吸引年轻人关注方面所付出的努力。借助这两大组织对于赛事的专业认知和全球影响力，相信可以将篮球和足球的电竞项目推到一个新的高度。

NBA（如图 4-6-1），创立于 1947 年，其前身是 BAA（全美篮球协会），是由 11 家冰球馆和体育馆的老板为了让体育馆在冰球比赛以外的时间不至于闲置而共同发起成立的。历经 70 余年的兴衰，NBA 不仅从最初不起眼的仅有 11 支球队的小联盟逐步成为拥有 30 支球队、世界上篮球水平最高的职业联赛，同时还是世界体育产业中运营最为成功的体育产业之一。NBA 年度产值逾百亿美元，运作之合理、管理之高效、利润之丰厚均堪称世界体育产业之典范。这里就纯企业化高效完善的公司型组织机构一一作简评。

第四章　第三层用户需求：电子竞技运营端的需求

图 4-6-1　NBA 标志

图片来源：https://china.nba.com/。

　　NBA 联盟是美国职业体育中典型的运动卡特尔（Sports Cartel），它对整个职业篮球形成了垄断，但因为其竞技体育的特殊身份不被认为等同于普通商业垄断而得以在美国生存。正因为此，NBA 对于美国职业篮球的领导才更加有力。NBA 采用的是商业化的组织机构，董事会是其最高的权力机构，由 30 支球队的老板或其代表构成，NBA 的所有重大问题都要通过董事会来决定。NBA 的日常运营活动由总裁及总裁领导下的 NBA 总部负责，总部下设 10 个部门，分别是行政管理部、内外联络部、大型活动部、财务部、人力资源部、法律事务部、篮球运营部、球员培训部、保安部和球队服务部，其中内外联络部和大型活动部还分别包括 6 个分部和 4 个分部。除总部外，NBA 还设有一个资产管理公司、一个娱乐公司、一个电视与传媒公司和女子 NBA 联盟即 WNBA，每一个部分都有其完善高效的内部分工，如资产管理公司下设 9 个分部，并且分工明确合理，保证了其工作的高效性（如图 4-6-2）。

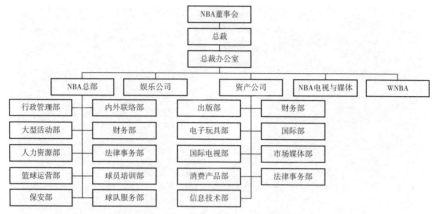

图 4-6-2 NBA 组织管理结构

目前，NBA 赛事已遍布全球的角落，人们热衷于 NBA 比赛，喜爱 NBA 明星，溺爱 NBA 的商品。NBA 联赛由最初的单纯体育比赛发展成为美国的体育支柱产业的过程，值得我们深思。任何事物的发展都不是一蹴而就的，而是呈螺旋式上升的。NBA 的发展也不例外，其成功绝非偶然，而是千锤百炼的结晶。这其中蕴含着许多宝贵的经验，集中表现为：①在它的成长过程中历经了多次的变革，在与内外矛盾不断斗争中达到了今日的辉煌；②NBA 联盟内部具有严密的组织机构，NBA 董事会、总裁和俱乐部之间层次清晰，责权分明，为 NBA 联赛的正常运行提供了可靠而有力的框架支撑；③NBA 联盟探索出了一套完善的运营方式。

有人称，NBA 是披着体育外衣的庞大商业体系，NBA 边赚钱边玩。的确，它的一举一动都是为了赚钱，凭借的是 NBA 这个品牌在全世界的影响力而出位的市场营销手段。

NBA 这台印钞机从太平洋西岸一路延伸至全世界各个角落。NBA 成功地开发了它的品牌并拓展至其他领域，包括 WNBA、NBDL 与 NBA 官方网站、NBA.com。

从管理学、市场营销学和经济学等学科角度入手，深入分析 NBA 赛事的成功运作经验，主要有以下六个方面：①采用了全球化的市场战略规划；②拥有本土化的经营管理模式；③时刻以球迷需求为中心，并提供全方位的产品和服务；④围绕 NBA 的品牌效应，加大对其品牌资产的开发利用；⑤充分利用灵活的价格策略，进行多角度的促销；⑥在保证 NBA 联盟整体利益的条件下，注重各俱乐部的利益开发等。这一系列的营销策略，使得NBA逐渐地从一项美国国内的职业篮球赛推广成为具有全球最具影响力的世界性赛事之一。

NBA现在已远远超出其本身的职业篮球联赛所赋予的含义，成为一种独特的美国篮球文化现象，成为世界人民了解美国体育文化的重要窗口。NBA在获得巨大的社会影响之时，其经济效益也非常明显，堪称体育产业成功的典范。

NBA的市场化运营策略包括以下七个方面：

第一，合理地均衡各支球队的实力。NBA每年参加"选秀"的选手，均是篮球场上的佼佼者。为体现公平原则，为保证联盟各支球队的实力水平不至于太悬殊，也为增加比赛的精彩激烈程度和可看性，"选秀"由本年度常规赛中成绩最差的球队开始挑选球员。由此，NBA除了注入新鲜血液、保证了比赛的总体水平外，也带给观众许多的新鲜面孔，制造更多的新卖点。

第二，消费联盟。消费联盟，是指以消费者加盟为基础、以回报消费者利益为驱动机制的一种新型营销方式。具体来说，就是在球迷中发行NBA球员卡。这种印制了球员照片的卡片不仅能为球队创收，更可以维系球员与球迷之间的感情，广受球迷的好评。实际上，NBA的消费联盟是组建一种各方面联系密切、利益共享的合作型行销网络，培养固定的消费群体，建立一种稳定的、人性化的产权关系，符合满足消费者需求的宗旨及精神。这有利于NBA与球迷们建立长期稳定的关系，形成一支忠实的球迷队伍；通过资源共享，有利于节省营销费用；实施产销合一，有利于提高营销效率。

第三，球星效应。球员的技术、战术水平和体能水平直接影响着竞赛的质量。球星拥有高超的能力和充沛的体力，更重要的是他们在观众中有着巨大的影响力，已成为一种公众形象。因此，他们既是赛场上的灵魂，更是市场上的灵魂。

NBA的经营者们都十分懂得开发球星对于市场开发的重要价值。斯特恩认为："如果没有天才，篮球将一事无成。"NBA的发展，离不开球星的作用，他们对球星的包装和宣传，不仅给联盟带来巨大的经济效益，还进一步扩大了NBA的品牌资产和品牌影响力。

从NBA初期的乔治·迈肯、罗素、张伯伦、贾巴尔等，到20世纪末的约翰逊、乔丹等，后来又推出了科比、卡特、詹姆斯等，耀眼夺目的球星一个个富于个性，吸引着球迷、赞助商、广告商、电视商、电影商等一步一步地向NBA靠拢。

在所有的明星产品中，最有名气也最有市场号召力的莫过于"飞人"乔丹了。自乔丹1984年加入NBA以来，他和各行各业的成长发生了难以分割、相辅相成的关系。乔丹同时为其效力的队伍芝加哥公牛队（Chicago Bulls）、NBA以及美国各大商业机构带来巨大的利益。虽然乔丹每赛季的薪金大约为3300万美元，但据美国《财富》杂志估计，"飞人"乔丹给美国经济带来的影响力超过了100亿美元，甚至他的一举一动都会引起华尔街股市的变动。这位天才球星还给NBA带来了令人惊叹的资产效应，可以说"飞人"成就了NBA的国际化推广。

第四，市场伙伴。NBA从一开始就锁定麦当劳、可口可乐与耐克三大品牌，共同发展双方品牌。从20世纪80年代末期开始，NBA职篮联盟与麦当劳形成策略联盟，共同推广双方的产品。自此之后，结合乔丹肖像的宣传品，曾经打入麦当劳全球2.3亿顾客的心目中，超过5000万张选票曾经投入麦当劳所协办的NBA明星票选活动，甚至还将触角延伸到欧洲，赞助NBA到巴黎举办篮球技术营。这些结合成功地把双方的品牌打入人们的心目中，同时带来可观的收入，创造了更高的品牌知名度。现如今包括中国的海尔、李宁、红牛、匹克等知名品牌也相继与NBA牵手合作。

NBA每年从合作伙伴这里就可以获取近30亿美元的利益。

第五，与媒体合作。NBA的成功很大程度上依赖于各种媒体的传播。通过与媒体建立良好、密切的合作关系，传播NBA文化，使其快速扩张，让世界为之着迷。

NBA每天为世界各地的报纸、杂志、电视台及广播电台等上千家媒体提供NBA咨询。另外，在NBA比赛期间，还向世界各国发出采访证，在2003—2004赛季，常规赛的赛事及节目通过151个不同的电视合作伙伴以超过42种不同语言播放至全球212国家，触及的家庭超过7.5亿户。

NBA充分利用电视媒体的作用，为其大力宣传，并获取巨额电视转播权费。同时，NBA还向电视台提供NBA的各种节目，加大宣传力度。

跟随科学技术革命的步伐，NBA及时建立了官方网站，并且和不同语言的国家合作，建立其他语言的NBA网站并且迅速占领网络市场。仅仅2004—2005赛季就创了23亿人次的点击率和3亿多的浏览人次的记录。

第六，市场全球化推广。近年来，NBA开始有计划地进军国际市场，并且喊出"思考全球化，行动当地化"的策略。既坚持原有形象，创造全球一致化的品牌，也以"本土化"方式满足当地市场的需求。

（1）引进外籍球员。从1989年起，NBA开始有了外籍球员。在2003—2004赛季开季名单中，有超过34个国家的74名国际球员加盟

第四章　第三层用户需求：电子竞技运营端的需求

NBA。外籍球员的到来大大地开拓了海外市场，得到海外众多球迷的喜爱。

呈现在中国人面前的最好例子就是姚明。自从2002年姚明作为NBA选秀赛的新科状元加盟休斯敦火箭队开始，中国乃至亚洲这个世界上最大的却尚未被充分开发的市场立即就炽热起来了。据央视国际所做的一项球迷调查中显示，有98%的球迷非常欢迎NBA前来中国比赛，在这98%的球迷当中，有32%的人认为，中国球员的参赛是他们关注中国赛的主要原因。由此可见，引进外籍球员的策略收效巨大。

（2）海外推广。除了大量引进国外球员，NBA十分重视将自己的球员和比赛推向海外，在早期就成立了海外推广的机构，设计了一整套按部就班的推进计划。

20世纪90年代初期，NBA开始在墨西哥、日本等地打表演赛，后来甚至将常规赛的部分比赛移到海外举行。特别是在姚明加入以后，NBA为中国球迷特别设定了NBA中国赛——2004年10月14日和17日分别在上海和北京进行的两场季前赛。这是NBA历史上第一次将季前赛移师中国，也让NBA在中国大地上红红火火地燃烧了起来。

此外，NBA举办"麦当劳杯"世界职业篮球锦标赛，由各大洲职业篮球俱乐部比赛的冠军和NBA当年总冠军一起争夺桂冠。这项比赛轮流在各大洲进行，NBA的足迹遍布海外。每年夏天，一些著名球员作为NBA的形象大使到世界各地巡回访问，从事慈善活动，指导当地篮球发展，在全球青少年中广泛树立NBA良好的品牌形象。

第七，文化推广。NBA在美国纽约市第五大道开设了NBA全球首家专卖店，它所展售的是全球最齐全、顶级且适合各年龄阶层的NBA授权商品。此外，它的授权产品被国际授权商带到全球100多个国家和地区，包括运动服装、运动用品、球员卡、文具、出版物、录像带、家居用品、电子游戏、玩具游戏、纪念品与电话卡等，此举能进一步提升NBA及WNBA的品牌效应，增加NBA的盈利。而在奥兰多的全球首家NBA主题餐厅NBA City也是NBA在餐饮领域里的成功尝试。对于全世界的球迷来说，这些NBA授权商品始终都是最时髦的消费品，而能在NBA餐厅里享受一顿美食与欣赏一场NBA高水平比赛无异。NBA就像一场富丽堂皇的超级大派对，它让全世界都甘心投身于这场喧嚣的篮球嘉年华活动中。

知识拓展

中国电子竞技商业化发展历程

2018年中国的英雄联盟职业战队RNG击败来自韩国的SKT战队，获得雅加达亚运会英雄联盟表演赛项目的金牌，2018年英雄联盟全球总决赛（以下称为"S8"）冠军由来自中国的IG战队夺得，2019年英雄联盟全球总决赛（以下称为"S9"）冠军同样由中国战队PFX夺得。随着电子竞技（以下简称"电竞"）成为世界范围内一代年轻人的集体爱好，中国电竞战队在国际赛事上取得各种瞩目的成绩，电竞赛事项目正式纳入奥运会，中国社会对电竞的有色眼镜正被慢慢摘下，大众对电竞也给予了更多的关注，越来越多的资本涌入电竞行业，国内电竞行业发展如火如荼地进行着。本文拟以目前国内发展势头最好的电竞赛事《英雄联盟》为例，探讨目前国内电竞赛事商业化发展现状和所遭遇的问题。

一、国内《英雄联盟》赛事发展现状

2010—2020年这10年间，中国的电竞产业经历了高速发展，电竞玩家数量和电竞市场份额都取得了巨大的增长，2015年，中国电竞用户仅1亿人左右，电竞市场尚未形成规模，而2020年，中国电竞用户达到3.5亿人，电竞市场市值超过201亿元。中国电竞的发展也经历了玩家自发阶段、第三方主导阶段、游戏厂商主导阶段、产业化发展阶段。

2000年左右，随着互联网在中国兴起，大量电脑游戏进入中国，许多兴趣导向的非职业赛事开始出现。2000—2002年是电竞发展的萌芽阶段。至2010年左右，中国电竞行业开始缓慢发展，而韩国则举办了被誉为"电竞奥运会"的世界电竞大赛（World Cyber Games，WCG），电竞商业化开始萌芽。在此基础上，中国本土出现了第三方主办的各种电竞赛事。伴随着国内网吧数量的激增，国内电竞赛事受到推动。由于本阶段的赛事大多数由第三方投资，因此在规模、人数和影响力上都有所欠缺。到2015年左右，电竞赛事慢慢转变为由游戏厂商以及游戏运营商主办，并且出现了大量不同类型的电竞游戏，电竞赛事开始细化，电竞商业化初步发展。

2015年至今，随着中国社会对电竞的逐渐认可、电竞项目被纳入奥运会以及中国电竞行业取得了国家政策性的支持，大量资本涌入电竞产业，开始

第四章 第三层用户需求：电子竞技运营端的需求

布局，各大电商平台、体育品牌、直播平台等纷纷出手，中国电竞发展上升到了一个新的高度，电竞的商业化得到了极大的提升。

《英雄联盟》（League of Legends，LOL）是由美国游戏公司"拳头游戏"（RIOT GAMES）（以下简称"拳头"）开发并于2009年上线的一款MOBA类游戏，2011年LOL登陆中国。根据腾讯2011年第三季度财务报告披露，腾讯花费2.31亿美元收购拳头，所占股份高达92.87%，2015年12月又收购了其公司剩余的股份，实现了对拳头的百分百控股。如今《英雄联盟》在腾讯的主导下进入了一个高速发展的状态：S8全球观看量突破2.05亿人次，微博《英雄联盟》话题阅读量突破200亿人次，迄今为止，全球注册玩家超过8亿人，日巅峰用户活跃超过2400万人。同时《英雄联盟》赛事运营也进入了高速发展阶段：英雄联盟全球总决赛（以下简称"S赛"。S是season的缩写，指赛季——笔者注），《英雄联盟》中最为盛大的竞技比赛，它是所有基于《英雄联盟》的比赛项目中荣誉最高、含金量最高、排名最高、权威性最高的赛事。S赛每年举办一次，通常是在每年的10—11月进行，迄今已经举办了9届，参赛者均为《英雄联盟》全球各大赛区最顶尖的职业战队。目前《英雄联盟》赛事已经有13个赛区：中国大陆LPL、韩国LCK、中国港澳台地区LMS、欧洲LEC、北美LCS、独联体LCL、巴西CBLOL、东南亚LST、拉丁美洲LLA、土耳其TCL、大洋洲OPL、日本LJL、越南VCS。S赛分为入围赛、小组赛、八强赛、半决赛和决赛五个阶段，历时一个多月，最终角逐出冠军得主，捧走"召唤师杯"以及高额的奖金（S9奖池奖金为225万美元，冠军独占奖池的37.5%，即84万美元）。2020年，根据赛制，S赛赛区名额分布为：LPL赛区、LEC赛各4支战队，LCK赛区、LCS赛区各3支战队，PCS赛区、VCS赛区各2支战队，入围S赛。而各大赛区入围S赛的队伍则根据各自赛区当年春季赛、夏季赛以及季中赛的赛季积分和排名决定。由此可见，《英雄联盟》的赛事发展、赛制、电竞职业化以及赛区等多个方面已经有了非常大的进步，腾讯正带领《英雄联盟》赛事走向一条"健康、稳定、绿色、可持续"的电竞产业化之路。

二、电竞与传统体育竞技商业化的相同之处

自2017年以来，国内《英雄联盟》电竞游戏在腾讯的带领下，产业化发展非常迅速，从赛事、赛制、战队、直播、综艺节目乃至电竞娱乐场所、电竞相关影视文化等，都有所布局，其商业化程度不断加深。以下通

过对目前传统体育赛事中最为成功的职业赛事 NBA 为例，将之与《英雄联盟》赛事体系进行比较，论述目前以《英雄联盟》为代表的电竞与传统体育竞技商业化发展的异同。

不可否认的是，《英雄联盟》赛事在商业化发展方面借鉴了 NBA 的成功模式。2017 年 LPL 赛区春季赛结束的第二天，《英雄联盟》赛事中心就在南京举行记者发布会，宣布：①LPL 将取消降级制度；②实行 LPL 战队主客场制度；③扩充 LPL 战队数量至 14 支（2020 年 LPL 战队共 16 支）。原有的《英雄联盟》升降级制度是指《英雄联盟》有一级联赛和二级联赛，就如同中国足球联赛中的中超、甲级、乙级联赛，国内《英雄联盟》二级联赛被称为英雄联盟发展联赛（*LOL* Developrmont league，LDL）。LDL 是为了培养本土年轻职业选手以及增加一级联赛 LPL 的活力和对抗性而存在的，往年，LDL 冠军队能够获得晋升 LPL 资格的机会，而 LPL 积分最低的队伍可能面临降级风险。但是，该消息的发布意味着无论成绩怎样，所有 LPL 队伍都不会被降级，同时，LDL 队伍的晋级也变得更为困难。

首先，就电竞商业化来说，LPL 取消了降级制度，这点是从 NBA 学来的。取消降级制度意味着所有的 LPL 战队和拳头达成了长久的合作关系，加上新实施的主客场模式，使得每支队伍都能够拥有稳定的、牢固的、可持续发展的粉丝群体。尤其是实施了主客场制度以后，更能激发本地年轻人对本土战队的支持和喜爱，比赛期间也能拉动旅游服务的消费发展。拥有稳定的粉丝群有利于电竞馆门票、周边产品等电竞相关产品的售卖，以及聚集直播人气、电竞选手代言商品等商业化行为。"洛杉矶湖人队""金州勇士队"等，NBA 每支球队都是以地名+队名的形式命名，本地人当然是更喜欢本地球队，自然会为它们掏腰包。虽然目前 LPL 战队并没有效仿该命名方式强制各支球队命名，但是主客场制度业已实施。部分主场电竞战队也将电竞和本地特色相结合，打造出了全新的具有文化底蕴的电竞馆。比如，2019 年 1 月 WE 战队落户西安曲江新区，十三朝古都与建队 13 年的 WE 联手，举行了具有中国文化特色的入驻仪式，并高调地进行了宣传。

其次，当 LPL 战队稳定之后，不会因为成绩不佳而让战队降级，加上本土化的主客场制度，可以吸引更多的资本投入，LPL 战队能够接到更多的投资、代言、宣传和广告，战队的明星选手也能像 NBA 的球星一样接到各种电竞周边产品、体育用品或者其他品牌抛来的"橄榄枝"。如目前 LPL 赛区最火的 AD 选手 JackeyLove，在 2020 年接到国际大牌迪奥的邀约，成为其代言人。《英雄联盟》赛事的商业化，也使得 LPL 选手的商业价值

第四章 第三层用户需求：电子竞技运营端的需求

不断提升。

最后，游戏厂商对竞技比赛的观赏性会进行干预，就如 NBA 曾为了让篮球比赛更好看而提倡改变打法一样。之前的 NBA 节奏慢，比较注重对进攻球员的防守，但是这样的比赛往往不好看，对观众而言，这种比赛比较无趣，激烈的拼抢、快节奏的进攻、精妙的配合以及出人意料的灌篮、进球才是他们喜欢的。为了迎合观众的口味，NBA 联赛开始提倡进攻，之后比赛便转变了风格。

而 LOL 也是如此。LOL 比赛目前已经是 10.14 版本：大版本更新了 10 次，小版本更是不计其数。每一次的更新都是对英雄技能、装备价格和属性、游戏机制、防御塔属性、地图、野怪等多种能够影响比赛节奏的关键数据进行更改，而这种更改，促进了游戏的节奏加快，增加了游戏的对抗性，提高了比赛的可看性。

三、国内电竞商业化存在的问题

虽然《英雄联盟》赛事从 NBA 借鉴了很多，但是它和 NBA 不一样的地方也不少，其中最为核心的便是电竞与传统竞技之间的差异。电竞运动更多的是靠脑力，是对游戏机制的理解、阵容的配合、装备天赋的理解、团战时的操作和反应等。而 NBA 更多的是靠体力，拼的是身体素质、团队配合以及战术的指挥执行等。篮球是一项传统的体育运动，在世界范围内，只要有一颗篮球便可以进行，而电竞需要设备、网络、电脑，配套键盘、鼠标、耳机等。NBA 球员的职业生涯平均为 15 年左右，一些明星球员的职业生涯较长，如科比打了 20 年，乔丹打了 15 年。而电竞运动则比篮球运动更吃"青春饭"。电竞运动员职业年龄都很小，在《英雄联盟》规划未改革之前，IG 战队的中单小孩游神 16 岁出道，在职生涯 7 年，2018 年退役时才 23 岁，而目前全球英雄联盟赛区中年龄最大的是 1991 年出生的韩国选手 Marin，已经 29 岁。在 NBA 中，30 岁被视为球员的黄金时期，但是在《英雄联盟》赛事中，这个年龄的职业选手已经是"活化石"级别的了。电竞职业选手们每天超过 8 小时地坐在电脑前的训练、比赛。无规律的作息和饮食、熬夜等行为习惯，造成电竞选手们大多"弱不禁风"，很多人患有严重的职业病。2020 年 6 月 Uzi 发布退役声明，原因是他患上了 2 型糖尿病，且手部和背部受伤、颈椎不好等。如何解决电竞职业运动员们的职业病、延长电竞选手的职业生涯是一个难题，也是一个亟需解决的问题。

NBA 是 1946 年成立的，而《英雄联盟》这款游戏是 2009 年登陆北美的。NBA 是传统竞技体育——篮球比赛，而英雄联盟全球总决赛是一项游戏赛事。不管你承认与否，每一款游戏都是有寿命的，这是关键性问题，而传统的竞技体育则不存在这个问题，这便是电竞和传统竞技体育之间的差异。作为一款游戏，《英雄联盟》从 2009 年至今，已经运行了 11 年之久，仍然拥有大量的玩家，赛事直播和战队粉丝人数都非常多，这是很难得的，这也得益于腾讯采取的商业化举措。实际上，当 2017 年一款名为《绝地求生》的射击类大逃杀游戏问世时，《英雄联盟》的玩家人气便开始下滑。直到 2018 年 IG 战队获得了世界赛冠军，才给《英雄联盟》注入了活力，吸引一大批新玩家的加入和老玩家的回归。电竞的游戏不只有《英雄联盟》一款游戏，且《英雄联盟》是一种 MOBA 类游戏，游戏类型多种多样，如 MOBA、第一人称射击、第三人称设计、塔防、策略、冒险、格斗等，不一而足。并不是所有的游戏都像《英雄联盟》这样取得如此辉煌的成绩和惊人的关注度，很多游戏和游戏选手在默默无闻中就消失了。如出自另一家著名的游戏公司暴雪的一款 MOBA 类游戏《风暴英雄》，2018年，暴雪宣布彻底停办《风暴英雄》的电竞比赛，其中的原因有很多，诸如经费不足、管理层矛盾等。如何对游戏进行维护、运营，使其保持较高的活跃度和玩家数量，这是电竞游戏商业化的基础条件。假如一款电竞游戏没有一个玩家，哪怕赛事健全、战队无数、比赛特别激烈，也是没有人愿意买票观看的。

上文说到电竞游戏的核心在于游戏自身，这是其利，也是其弊，因为目前的电竞游戏版权都被游戏厂商紧紧握在手中，这也无可厚非。但是篮球比赛并不是被 NBA 垄断的，每个地区、国家都有举办篮球比赛的资格。篮球奥运会、篮球锦标赛等，篮球比赛并非 NBA 一种，选手们选择的机会也很多。而一项最高水准的电竞比赛往往是由其开发商举办的，这也就导致《英雄联盟》赛事只有获得拳头和腾讯的授权才可以举办。而其他基于《英雄联盟》的赛事只能以表演赛的形式举行，想要成规模、有影响力，则基本上不可能。而如果想进入 LPL 赛区，组建战队加入比赛，则需要大量的资金。如 2020 年新增的 LPL 战队 V5 战队，在缴纳了 6000 万人民币的保证金后才具有入门资格。而战队运营、选手工资、场地、设备等都是一大笔开销。业内人士直播透露，目前 LPL 战队账面上盈利的只有 RNG 和 EDG 两支战队而已，其他的十几支战队全部处于亏损状态。目前《英雄联盟》电竞赛事，腾讯、拳头、职业选手和一些明星选手是赚钱的，但电竞战队是亏损的。当然，这就像京东的运营一样，前几年一直在投入资

第四章 第三层用户需求：电子竞技运营端的需求

金抢占市场，培养用户消费习惯，做亏本生意，到后来才开始有盈利，这种前期投资是可以接受的，但是目前电竞战队已经把所有的招数都使出来了：电竞赛事直播、电竞比赛门票、电竞周边产品、战队选手代言等，而盈利的仅两支战队，收支平衡的也只有一两支战队。因此，电竞战队如何实现扭亏为盈，是摆在业界面前的一个紧迫问题，需要业内人士和其他有识之士共同努力，寻求对策。

（作者　唐朝）

思考题

1. 电竞运营端如何实现一款电子游戏的电竞化？
2. 电竞游戏玩家与观众的需求分别是什么？有什么异同？
3. 电竞运营端是如何建立统一的赛制以扩大赛事规模和影响力的？
4. 电竞运营端可以通过哪些方式将赛事运营商业化以获得更多利润？

第五章　游戏创意如何满足用户的需求

第一节　电子竞技游戏的创意规则

制作游戏需要设计者具备多方面的知识和技能，美术、策划、文字、数学、编程，因此，制作游戏和制作电影一样，是一门综合的艺术形式。这些技巧中的很大一部分都不是三言两语能说清楚的。例如美术素养的提升，需要从最基本的素描、速写、结构、透视开始，每一个方向都是一门完整的技术，评价这些技术的好坏也有明确的标准。编程也是如此。但是游戏创意是谁都可以有的。初始的游戏创意远没有普遍认为的那么复杂，也许只是灵光一闪，也许只是只言片语（这一点下文会详细说）。那么，当你有了游戏创意以后，怎样去表达？怎样让创意朝着真正的游戏方向去发展呢？以下我们来谈谈这个话题。

一、创意起点

奥地利出生的哲学家路德维希·维特根斯坦说过，我们的语言就有多广，世界有多广。从某种程度上说，这一说法也能运用于创造力这个头脑中的世界，尤其在今天，你能够想到的一切都能用电脑科技表现为视觉现实。当今广告、电影、电脑动画、游戏制作和摄影行业的准则是"一切皆有可能"，能够创造全新的视觉世界，并拓展和改造现有视觉世界，这确实像变魔术一般。我们甚至能让时空倒转、历史重现。我们可以做壁上观者，也可以是参与创造者。比如，在电脑游戏里，我们可以超越各种身份的限制，扮演我们想扮演的任何角色：或自己，或他人。

电脑、电影、电视、游戏、互联网和手机让我们有更多的机会游离于这个世界，融入幻象的世界。万维网、DVD、卫星电视和信息高速公路使我们可以打破文化壁垒，创造出无数适合全世界口味的意象，但是关键的一点是，必须有新内容、新创意和饶有趣味的故事情节来为科技及其创造者们源源不断地输入新的刺激与乐趣，能让他们的创造引擎永不熄火的燃料就是而且永远是创造力。今天的创意人所面临的挑战是如何拓展想象的空间，想前人之所未想。我们需要依靠幻想来开辟新的领域，创造出不同寻常的或戏剧化或美学或感性的图像。创意人面临着前所未有的压力，也前所未有地清楚他们正越来越逼近创造力的底线。因此，他们必须寻找新的途径和新的灵感来源以适应当今国际市场越来越苛刻的要求。

让我们一起来回想一下这些娱乐大众的鬼点子是从哪里来的。

其实，在众多娱乐题材中，能够开发出电竞游戏的故事并不多，诸如爱情、伦理等题材就不太能挑起玩家的兴趣。而绝大多数成功游戏的创意来自神话传说、战争、个人英雄主义的故事、神仙鬼怪、科幻或魔幻故事、武侠或者骑士小说等。

（一）神话传说

神话传说是一个民族和国家的宝贵精神财富，在文学史上有着很重要的地位。它的题材内容和各种神话人物对历代文学创作及各民族史诗的形成具有多方面的影响，特别是它丰富奔放、瑰奇多彩的想象和对自然事物形象化的方法，与后代作家的艺术虚构及浪漫主义创作方法的形成都有直接的渊源关系，为后世的创作提供了丰富的题材。不仅如此，神话还具有丰富的美学价值与历史价值，与远古的生活和历史有密切关系，是研究人类早期社会的婚姻家庭制度、原始宗教、风俗习惯等很重要的文献资料。

无论如何，神话传说一直是游戏故事的上佳题材。其一，神话传说在长期流传的过程中，积累了广泛的群众基础。其二，神话传说能够很好地创造出游戏需求的空想世界观，从而达到让玩家幻想以及避世的目的。神话传说中的故事本身就是虚构的，但是往往又出奇地有系统，甚至每位神仙都有自己的"职务"和"职称"，这些都节省了游戏设计师大量的精力。其三，神话传说中的角色往往具有各种各样的"超能力"，这大大丰富了游戏的可玩性。游戏中需要丰富的形象和充足的"技能"，一个神话故事往往可以完整地记叙游戏需要的所有人物特技，从宙斯的雷电、阿波罗的战车到孙悟空的七十二变、二郎神的天眼神通。

（二）战 争

在现实生活中，没有几个人喜欢战争，因为它充满了暴力、死亡、破坏与悲惨，也不是每个人都会卷入战争。但是，在虚拟世界中，很多人愿意体验战争的神秘感。参与真实的战争往往需要付出生命的代价，而参与虚拟的战争，失败了还能重新开始，玩家们对于这种操控生杀予夺大权的滋味乐此不疲，甚至在战争游戏中，真实战争带来那种残酷、肃杀的感觉均能成为虚拟游戏中的闪光点。

在深入理解战争游戏之前,读者应先深入了解一下战争电影,不然很可能会陷入"喜欢战争=喜欢暴力"这种错误思维中。在我们常见的战争电影中,导演往往希望借摄像机传达以下三种观点:其一,"为了忘却的纪念",告诉我们战争是残酷的,现在的和平来之不易,我们要好好珍惜。其二,赞颂战争中的伟人与英雄。发动战争的人往往是自私的、邪恶的,但很多不得已参与战争的人却做出了很多英雄事迹,而人民需要英雄来膜拜、来效仿。其三,战争固然是痛苦的、残忍的,但是很多赢得战争的方法是充满艺术和智慧的。如《三国演义》就很好地记叙了汉末群雄的勇略和智谋。

认识了以上三点,你就不会片面地认为取材于战争的游戏都代表血腥和暴力。诚然,很多游戏是以此作为卖点的,但是玩家通过投入和发泄之后,作为一个人格健全的人更应该体会战争的残酷。这里也会涉及一个问题,就是很多不了解游戏的人会觉得游戏中涉及暴力元素可能影响到孩子的心智发育,对正处于心理成长期的儿童来说,过早接触杀戮、死亡、暴力等因素确实会在潜意识中混淆他们的善恶观和价值观,因此国外才会进行游戏分级制度。而仿真度高的战争游戏往往会被划分为"成人"类别,这也是保证各种游戏类型正常发展以及各种人群需求满足的前提条件。而由于种种原因,中国的分级制度无法得到很好的执行,因此才会看到很多未成年人在"战场上杀戮"。

对于成年人来说,一方面,游戏中的暴力与血腥恰恰是一种警示,相当于开放监狱给公众参观并不是鼓励大家进监狱而是警示于人一样。另一方面,战争游戏提供了一个常人无法轻易参与的世界,其中也有感人至深的故事和可歌可泣的英雄人物,这些都是玩家喜闻乐见的要素。此外,更重要的是,战争往往给玩家一种"代入感",很多军事迷都希望知道"如果我是刘备,能不能打败曹操"或者"如果我是拿破仑,滑铁卢能不能逆转",现实中不能实现,但是游戏中呢?玩家能得到无数个答案。

(三)个人英雄主义

英雄是一个富有文化内涵的概念,作为人类理想的化身,既具有人类文化的共性,又因为是某个特定历史阶段的某个文化群体的产物而带有明显的特殊文化特征。很多经典游戏舍弃了社会活动中相互合作、相互扶持的现实因素,选取单枪匹马的个人英雄为主题,着力表现个人面对邪恶势力时英勇无畏的精神和为正义挺身而出的英雄气概,塑造了一个又一个不受家族、朋友和社会制度约束，高高在上的救世主式的英雄人物。

且不说游戏这种受众面较为狭窄的娱乐形式，放眼以美国为首的动漫、影视题材，充斥着各种"超级英雄"。从老牌的正义代表"超人"到炒得火热的带点邪气的"钢铁侠"，光是制成过大片的英雄就有十几个，更别说那些还躺在漫画书里等着被挖掘的各种"侠"了。而且你会发现这些超级英雄们"演而优则游"，几乎所有的知名超级英雄都伴随着几款游戏大作。不论是"蝙蝠侠"还是"绿巨人"，"蜘蛛侠"还是"美国队长"，他们的故事无一例外地都是以一人之力对抗整个高科技或者势力庞大的邪恶组织。这种只要是强者便责无旁贷地充当英雄的使命感在美国文化中由来已久、根深蒂固。早在第一批移民踏上北美大陆时，他们便认为自己是"上帝的选民"，要遵循上帝的意旨，在新大陆建立一座"山巅之城"，以照亮整个世界。这一观念深深地扎根于美国文化之中，形成了深刻影响美国人思维的"天赋使命"的神话，这一神话认为，美国受上帝之托，对世界承担一种特殊责任，有义务为全世界维护"正义"，将"文明"带给落后国家和地区，把后者从"愚昧、无知"中拯救出来，英雄力量上的强大使得他理所当然地成为拯救文明社会的唯一人选。

喜欢个人英雄主义的人们无非以下几种：其一，杀手。一个受过高度专业训练的杀手，遇神杀神，遇佛杀佛，但是，如果只让玩家扮演一个坏蛋，玩家恐怕接受不了，审批恐怕也会受到限制，而给他理由背叛组织弃暗投明似乎是一个不错的选择，于是就有了《杀手——代号47》这样的故事。其二，超人。大家已经非常熟悉了，他们能够上天入地，飞行、格斗、发射激光无所不能，玩家最喜欢这样的游戏角色，因为能够满足他们希望拥有超能力的幻想。这也就是为什么每个著名超人都有自己游戏粉丝的原因。其三，神偷与侠盗。中国古代的文学作品中就高度评价了"劫富济贫"的义贼，西方也是如此。神偷们身怀绝技，善于隐匿与偷袭，腰悬短刀背挎长弓，也是很多喜欢挑战难度的玩家的最爱。其四，剑客与忍者，尤以忍者为甚。日本作为游戏生产大国，自然喜欢在游戏中宣扬本国文化，其中，身份神秘的忍者便是一个很好的题材。真实历史中的忍者其实主要进行的是谍报工作，但是通过日本现代文化的包装，忍者们一个个好比美国漫画中的超人，飞天遁地，甚至能一剑砍翻飞机。但是玩家的要求不高，不要求真实可信，只要求简单刺激，这种"忍者"无疑是他们的首选。

其实，要成为一名游戏的超级英雄也不容易，必须满足以下五点要求。

1. 主角具备"超级能力"

玩家喜欢不一样的人生体验,超级英雄能干的事如果玩家都能干,那玩着还有什么意思。

2. 主角形象能够吸引人

男的帅,女的美,一定要对得起观众,玩家都希望扮演一个"漂亮"的角色。

3. 种类庞杂的敌人、纷繁复杂的困难

既然具有了"超能力",那就要给玩家各种机会去使用。千万别把角色设计成能够飞翔与喷火,但却只让玩家在地面上用拳头解决问题。

4. 一个合理可信的目标

玩家都喜欢扮演正义的英雄,你必须告诉玩家他需要去拯救世界云云,或者起码也是拯救爱人,不然玩家将失去前进的动力。

5. 一个不同于现实的世界

一个离我们生活的世界越远越好的世界,这样,玩家的猎奇心理会促使他在游戏中不断前行。

(四) 科幻或魔幻 (奇幻)

如果说游戏设计师对什么题材最喜欢的话,那一定是科幻或是魔幻题材,两者展开幻想的基础略有不同,前者基于科学,后者基于超自然力量,但是无论如何都是基于现实的"无中生有"。当然,这种"无中生有"也是暂时的,事实证明很多科幻也正是未来的写照。例如科幻故事中最经典的宇宙飞行,正是基于我们对于太空科技发展的展望。我们身边已经有很多这样的科幻故事,有讲述星际旅行、太空争霸的《星球大战》,有讲述科技发展、生物工程的《生化危机》,有讲述未来人类与外星怪兽战斗的《虚幻竞技场》。创作者通过这些作品表现出对未来世界的憧憬,同时也隐隐表现出对人类把握自身命运能力的担忧。

而魔幻故事中最吸引人的世界观诸如精灵、矮人、兽人与神龙等更是流传了上千年。从《魔戒之王》上溯到亚瑟王与圆桌骑士,再到希腊、北欧古代神话,处处都有遥远传说的痕迹。

在西方魔幻故事中,我们较为熟悉的就是神龙、精灵、女巫甚至是吸血鬼、僵尸等著名形象。名噪一时的《魔兽世界》亦是借鉴了大量"龙与地下城"系列以及支撑这套游戏的魔幻小说集《龙枪编年史》。后者更是最早将神、龙、魔、鬼以及西方神话中流传的精灵、矮人、兽人等种族统一起来的杰作。

第五章　游戏创意如何满足用户的需求

"龙与地下城"（Dungeons & Dragons，D&D）是一系列将经典游戏确立起来的规则，包括西方龙、魔法师、剑士、恶魔、正义与邪恶的斗争等。这个最早的游戏之所以经典，是因为它是第一款桌上 RPG 游戏，后来它的世界观就被很多娱乐行业的人借鉴，产生了很多衍生品，包括另外一些游戏、电影等，目前已经不是一种简单的游戏规则了。这是比较简单的解释，其实连"龙与地下城"游戏也源自西方传统的文化，只不过涉及上面那些因素的东西被以"龙与地下城"概括起来了，所以"龙与地下城"并不是开创者，只是一个时代的经典。30 多年来，"龙与地下城"作为定义游戏流派的规则，制定了奇幻类角色扮演游戏的统一标准，"无冬之夜""冰风溪谷""博德之门"（如图 5-1-1）等知名 RPG 游戏系列都是根据 D&D 规则来开发的。

图 5-1-1　D&D 规则影响下的产品——"无冬之夜"（左上）、"冰风溪谷"（右上）、"博德之门"（下）系列

图片来源：https：//www.gamersky.com/news/200702/54156.shtml？tag＝wap，http：//news.17173.com/content/2011-06-02/20110602143420729.shtml？_stay_on_pc。

（五）武侠、骑士

在崇尚个人英雄主义的游戏中，中国的武侠和西方的骑士常常成为故事的主角，他们武艺高强、敢爱敢恨，最重要的是，他们往往与真实的历史虚虚实实地穿插在一起，让人无比信服。游戏设计师们一直在寻找一种能够强大到让人难以置信、但又真实得让人不得不信的角色，武侠和骑士则能够满足这看似矛盾的两个诉求。中国的武侠都有神功护体，能飞檐走壁，甚至神魔皆惧，西方的骑士则是神灵护佑、装备精良，这使得游戏的设计者有很大的开发空间来设计技能与道具。而融入时代的代入感又充分满足了玩家对于游戏真实体验的追求。例如亚瑟王和圆桌骑士便是一个这样的题材，因而被大家广泛使用。

作为中西方各具特色的文化产物，武侠文学和骑士文学在极其相似的故事中也蕴含着相似的精神内涵，相似之处表现为"侠"文化的关联性。

对于中国人来说，武侠精神具有特殊的意义，它有很广泛的含义：有时，它给人的感觉是很自我的，反映出的是一种"不求轩，不求冕，不为红尘所囚"的自由情怀。这正如金庸笔下的侠士，愤世嫉俗，胸怀宽广，过着逍遥自在、云淡风轻的生活；或者是正义凛然，豪气干云，一生都是仗剑侠酒、笑傲江湖。而这并不是武侠精神的全部，有时候，它所表达的是一个民族的顽强信念。最具代表性的是金庸笔下的大侠郭靖，他义守襄阳，抵御外族侵略，至死不渝。而这就是武侠精神所拥有的第二面：高尚的爱国情操，宁为玉碎、不为瓦全的刚毅民族气节。正所谓：侠之大者，为国为民；侠之小者，锄强扶弱。

如果说中国的武侠多少有些虚无缥缈的话，那么西方世界的骑士确实是真实存在过的事物。骑士文学产生于11—13世纪，大多数人认为，骑士文学最初产生于欧洲。在这一时期，骑士们开始追求个人英雄主义，他们有了自己的精神生活和道德准则，处处表现出自己的骑士风度，比如侠仗仁义、扶弱除强、温雅知礼等。这种骑士文学集中地反映了骑士们独有的精神世界。众所周知，一定的文学类别的产生往往是一定社会现实的折射或反映，骑士文学的产生也直接反映了当时的社会现实：封建社会促使各骑士建功立业、侠义冒险，这种冒险体现在社会责任上就是"敢于承担责任、敢于追求自己的爱情"，但由于骑士们所处社会圈子的局限，"贵妇人"崇拜成了骑士文学的主题之一，《破晓歌》就是其中典型的代表作之一。当然，除此之外，骑士文学也包括另外两类，一类是骑士冒险征战建功立业的内容（如亚瑟王传奇等），另一类是以古代史诗为题材的内容

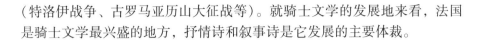

（特洛伊战争、古罗马亚历山大征战等）。就骑士文学的发展地来看，法国是骑士文学最兴盛的地方，抒情诗和叙事诗是它发展的主要体裁。

二、制定规则

（一）什么是游戏规则

在英文版的游戏菜单中，最常见的一个单词gameplay，如何翻译一直有争议，很多游戏把它翻译为"游戏性"或者"游戏可玩性"，也有翻译为"游戏博弈"的，甚至外国人把游戏发售前的预告片也叫作"gameplay demo"，很难统一。在笔者看来，"游戏性"和"游戏可玩性"过于宽泛，而"博弈"一词似乎过于高深。根据本书表述的需求和知识点的讲解，笔者把gameplay称为"游戏规则"。说白了，就是这个游戏是怎么玩的。

什么是游戏规则？其实它有很多定义，笔者认为有一种非常贴切，即游戏规则是电子游戏的组成部分，而其他任何的艺术形式往往不具备类似的组成部分。（至于游戏是不是艺术的问题，本书不做讨论。）游戏规则真正起到的是互动的作用。简单来说，玩家是怎么与游戏中虚拟世界（或者别的玩家）进行交互的，而虚拟世界（或者别的玩家）又是怎么对玩家的选择进行反馈的，再简单点说就是玩家是怎么玩这个游戏的。例如在著名纵版飞行射击游戏《1942》中，游戏规则就是你控制着你的战斗机（大多数情况下出现于屏幕的下方）干掉向你疯狂扫射的敌机。又如在《模拟城市》这种模拟类游戏中，游戏规则就是规划一座城市，然后观察那些城市居民。在第一人称视角射击游戏《毁灭战士》中，游戏规则就是你需要飞速穿越虚拟的三维世界，干掉阻碍你的外星人，顺路再捡几把钥匙开门。在竞速游戏"极品飞车"系列中，游戏规则是驾驶汽车与对手在曲折的赛道上抢一个比较靠前的位置。在即时战略游戏《星际争霸1》中，游戏规则是你可以控制单位探索地图、控制资源、组建军队，最后打败和你干着相同工作的对手。

这么一说，是不是觉得好像所有游戏都很无聊呢？任何游戏规则总结起来确实是一个很"无聊"而"简单"的概念，但在这些游戏规则的指引下，玩家自然而然地会找到每个游戏的乐趣。就像著名游戏《猜拳》（别名《剪刀、石头、布》）一样，游戏规则简单得可怕，很多小孩一玩能玩半天。

早期尝试建立自己规则的游戏是策略谈判游戏《外交》的幽默变种，

《缓慢国度》（*Slobbovia*）（1969）中加入了叙述故事的特点。这个游戏以 Al Capp 所画的漫画 *Lil' Abner* 为背景，游戏中的世界是一个拥有复杂封建制度的领域（货币单位是以农奴计算），游戏中还包括各种奇特的宗教和非人类的种族。一个德国设计的奇幻战略游戏《善恶大决战》（*Armageddon*），曾经在 1970 年于海德堡举行的世界科幻大会中展示，游戏的过程则是夹杂着通信①和面对面的方式来进行的。这个游戏的英国变种《凡尘》很快就出现了，随后也开始出现在美国和澳大利亚（TSR 的两位创始者就曾经和英国的玩家有过接触）。许多类似的以邮寄信件来进行游戏的系统也跟着出现。

许多目前受欢迎的游戏系统大多是从 20 世纪 70 年代开始发展的，它们大多数的目标都是希望能够营造出当时最受欢迎的奇幻作品《魔戒之王》的风格。这套小说也间接地让角色扮演游戏的领域急速扩张。最早的几个游戏如 *Battle of Helm's Deep*（1974）、*Siege of Minas Tirith*（1974），大多是利用现成的战略游戏系统，再加上针对魔法和怪兽所作的特殊规则改编，并且以骰子和筹码来进行的游戏。1975 年由 SPI 公司出版的 *Sorcerer* 则是将魔法视作整个游戏的基础，而不是后来才加入的规则。这样的演进让战略游戏慢慢地开始试图单独呈现出重要的角色来。SPI 在 1977 年推出的 *War of the Ring* 就是用特殊的卡片来呈现甘道夫（Gandalf）和索伦（Sauron）等角色的特殊属性。

与此同时，以模型进行游戏的战略玩家也开始设计利用模型进行的奇幻战略游戏。其中一个是 TSR 于 1972 年所推出的 *Chainmail*，其中的某些规则也成为第一个奇幻类型的角色扮演游戏"龙与地下城"的前身。

在"龙与地下城"系统推出后，很快地在校园里、科幻/奇幻读书会中吸引了一批忠实的学子。借着他们的大力推广，这套系统很快地席卷了整个英语世界。1978 年推出的"专家级'龙与地下城'系统"更是至今最受欢迎的游戏系统。

早期纸上角色扮演游戏的世界设定都相当贫乏，整个游戏的过程大多专注在玩家角色的成长以及宝物的获得上。但是 TSR 于 1975 年推出的《莲座帝国》（*Empire of Petal Throne*，融合了阿拉伯和玛雅的文明，对于语言和社会阶级有详细的设定）以及 Chaosium 于 1978 年推出的《符石之谜》（*Runequest*），这个世界的设定第一次出现在 Greg Stafford 的战略游戏《白

---

① 早期在网络尚未出现的时候，以邮件寄送资料来告知对方前一局的决定或移动，以便在两地进行游戏。

熊、红月》(*White Bear, Red Moon*) 中，其中都有十分详尽的设定。从 1980 年以后，"专家级'龙与地下城'系统"也顺着这股潮流推出了更多的补充设定；"龙枪"系列详尽的设定和小说的畅销就是一个很好的例子。

既然有那么多的系统是模仿小说中的世界，自然也有很多系统是直接获得小说的授权进而加以改编的。Chaosium 率先进入了这个领域，他们在 1981 年推出了《邪神的呼唤》(*Call of Cthulhu*，根据 H. P. Lovecraft 的小说改编)、1981 年的 *Stormbringer* (改编自 Michael Moorcock 的小说 *Elric*)、1984 年的 *Elfquest* (改编自 *Elfquest*)。Iron Crown 于 1982 年推出的 *The Middle Earth Role-Playing System* 则是直接改编自小说《托肯恩》。

要设计出一套角色扮演系统，所花费的成本十分惊人，很难只靠着贩卖这套系统获得利润。因此，许多系统实际上都是靠着周边产品的贩卖（包括补充剧情、新的冒险、特殊的骰子、CD、小说、杂志和海报等）才能够赚到足够的利润。TSR 可以说是其中的佼佼者。其他的公司也按照这个模式来进行操作。另外一个折中的模式则是将一套系统应用在许多种类的剧情上。《符石之谜》的系统稍后就应用在《邪神的呼唤》，*Stormbringer*, *Superworld*, *Ringworld*, *Elfquest* 中。而 White Wolf 公司于 1991 年推出的《吸血鬼：千年潜藏》(*Vampire: The Masquerade*)，其大部分的背景和系统都继续沿用于稍后的游戏中——1991 年的《狼人：末世录》(*Werewolf: Apocalypse*)、1993 年的《法师：登基》(*Mage: Ascension*)、1994 年的《怨灵：湮灭》(*Wraith: Oblivion*)——都是这样的产物。Steve Jackson Games 于 1978 年推出的 GURPS (Generic Universal Role-Playing System) 系统就是为了创造出一个易于转换的"通则"而诞生的。这套系统可以轻易地套用在科幻、奇幻、间谍、西部牛仔、历史故事的设定中。GURPS 系统中也有不少改编自小说的世界，但大多以科幻小说为主，比较著名的有"蛮王科南"系列。不久前问世的计算机游戏 *Fallout* 原先就是预备使用这套系统，后来却由于版权所有者 Steve Jackson Games 干涉过多而放弃。

在这段时间，英国最主要的一个奇幻游戏系统是 Warhammer Fantasy Role Playing Game，这是由 1983 年的战略游戏 *Warhammer Fantasy Battles*[①] 的规则所演变出来的。澳大利亚则有 *Steel and Lace* (这是一个妖精和黑火药、剑客共存的游戏)。另外，德国（改编成 *Arkania* 等两套计算机角色扮

---

① 这个游戏主要是以许多的小模型来进行的，1991 年还推出了 *Warhammer 40000* 的科幻战略游戏。中国香港地区也推出了本游戏的中文版，目前中国内地一些模型店都会摆设这套游戏的中文说明书。在进行比赛时，双方的战斗力和获胜的关键甚至会和模型涂装有关。

演游戏)、法国（翻译成英文的天使与恶魔战争故事 In Nomine)、意大利、日本①、波兰和挪威也都有各自的角色扮演系统。在美国和英国则分别有一年一次的 Gencon 和 Euro-Gencon 聚会。

另外，由于要求特殊，而比较不普及的系统是"真人角色扮演游戏"(Real-Live RPG)。参与这些游戏的人物穿着戏服，携带道具或是真正的刀剑包上软垫，在大规模的迷宫或是开放的空间中进行游戏。当然，战斗的胜负或是解谜的状况不需要实际动手，都是以骰子来作决定。

沉迷于角色扮演的玩家们，大多应该听过 AD&D 或是TSR这几个缩写，不过大概许多读者在玩了这么久的 RPG 之后，仍然不清楚 TSR 这三个字母到底是什么缩写吧！TSR 是 Tactical Studies Rule 的缩写，翻译出来也就是战略技巧研究规定。

或许玩家会感到疑惑，为什么一个以角色扮演游戏著称的公司，它的名称竟然看起来跟产品毫无关联呢？其实它的背后是有原因的。当纸上游戏刚兴起的时候，最受欢迎的是战略游戏，这些游戏以古罗马帝国、第一次世界大战、第二次世界大战等不同的时代为背景，当时并没有像现今这么专业的角色扮演游戏，最接近的只有以大规模的幻想生物战争为背景的战略游戏，尺度比较小的游戏则前所未见。

TSR一开始推出的是奇幻类型的战略游戏，后来才出版了 D&D（龙与地下城，适合 3 人以上的 10 岁以上的玩家进行的设定）的游戏规则，而 D&D 的游戏规则则是从由当时风行的桌面战略仿真游戏得来的灵感，跟当时战略游戏不同的是这些单位（也就是玩家所扮演的角色）是可以成长的。

三个志同道合的朋友 Gary Gygax, Dave Areson, Brian Blume 在作品屡次遭到当时的大公司如 Avalon Hills 等退稿之后（这些公司所持的理由是这个规则太开放了，没有办法让玩家获得"胜利"的快感。)，决定成立TSR公司，而以他们灵感来源的战略游戏为之命名。在 1973 年时推出 D&D 的规则，紧接着的状况是他们所没有意料到的，市场为他们的产品而疯狂（其程度有些类似近些年的万智牌 Magic：The Gathering 在短短几个月内所造成的纸牌游戏风潮。)，货架上的产品马上销售一空，产品不停地再版；

---

① 由《罗得岛战记》改编的系统"剑与魔法"。这套系统在日本的兴盛也是有其背景故事的。据说当时《罗得岛战记》的作者水野良正是"龙与地下城"系统的狂热爱好者；甚至曾经尝试过将这套系统引进日本。不过，由于TSR当时的姿态太高，导致这个计划失败。水野良和一群同好一气之下就创造出自己的角色扮演系统，风行至今，在日本市场上扮演举足轻重的地位。

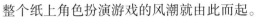
第五章　游戏创意如何满足用户的需求

整个纸上角色扮演游戏的风潮就由此而起。

自然，在这么疯狂的热潮中，也出现了不少的类似产品，像是连名称都非常类似的 Tunnels & Trolls，或是 GURPS，或是 FASA 的类似产品。日后的计算机游戏、许多 MUD 的设定，以及其他的纸上 RPG，大都以这个规则为范本。不久之后，他们更进一步推出了"专家级'龙与地下城'系统"，在游戏界以其更为详尽的设定以及数量更多的战役而受到了更为狂热的欢迎，经过了这么久的时间之后，AD&D 系统开始出现许多的问题，包括实际上无用的规则，或者是让玩家困扰或是容易混淆的规则，都需要来一次大改变，因此，由 David Cook 率领的小组将整个游戏的规则做了一个大翻新，纳入了许多玩家的建议，以及多年以来累积的许多经验，设计出一个更为简单易懂、缺点更少的作品。

专家级"龙与地下城"第二版规则（*AD&D 2nd Edition*）于 1989 年 1 月正式诞生，之后大多数的计算机游戏都开始改用这一套规则至今。自从 1973 年 TSR 公司成立以来已经迈入第 24 个年头，所涉足的领域包括纸上角色扮演游戏、相关小说出版、战略骰子游戏（一种完全以各种不同的骰子来进行的战略游戏，风格与其他的角色扮演游戏十分不同，大多数的过程是在描述两边大军作战。TSR推出的这一类游戏名为 *Dragon Dice*）、纸牌游戏，以及每年的月历、画册出版，还拥有两本杂志 *Dugeon* 和 *Dragon*。目前他们的产品已经被译成 17 种文字，行销超过 50 个国家，它也是北美最大的角色扮演游戏相关出版商，总部位于美国威斯康星州的日内瓦湖，拥有超过 929 平方米的面积。目前和他们合作的计算机游戏厂家计有 Interplay，Sierra-On-Line，Capcom，Take 2/Acclaim，Mindscape。目前最新的计划则是 Interplay 推出的年度最佳角色扮演游戏《伯德之门》的续集《伯德之门：安姆之阴影》（*Baldur's Gate：Shadow of Amn*）。另外，在曾经以"专家级'龙与地下城'系统"打下半壁江山的 SSI 也准备推出画面超华丽的《光芒之池 2》（*Pool of Radiance* 2）

也许很多玩家会问，为什么有那么多的计算机游戏设计厂家前仆后继地要和TSR合作呢？为什么它们不采用自己设计的规则来进行游戏，反而要付出一大笔授权金来购买 AD&D 规则的使用权呢？原因很简单，TSR的 D&D 系列，在美国几乎已经变成了一种文化的象征，只要取得了它的授权，就意味着经过了某种认可，表示游戏的规则对大多数的玩家来说并不陌生。单就笔者手边的资料来看，整个美国的纸上角色扮演玩家超过 600 万人，对这些人来说，看到平常进行的纸上游戏被改版登上计算机屏幕，心中的感动自然无法言语，这些人也变成了产品的潜在顾客群。而且最大的优势是，设计一个角色扮演系统并不是那么简单，设计者必须考虑许多方面的细节，包括规则本身有没有互相冲突，或是够不够实际、合理，等等，而这些都必须经过长时间和大量的人次试玩之后才能让它趋于完美，AD&D 规则就是这样一个现成的系统，它经过了十几年的考验而生存下来，也意味着它的确在许多方面都是值得依赖的。

玩家如果没有实际设计过一个游戏，是很难了解角色扮演游戏的主要麻烦之处的。在早期电脑游戏时代，要设计一个角色扮演游戏是相当困难的，这是因为如果不停地使用乘除的运算方式来计算作战时的各项数值变化，以及各个角色的每个行为，会造成游戏速度十分明显地变慢，而这会变成很大的问题。AD&D 规则使用的骰子运算方式，恰好可以让游戏设计者用随机数表来取代许多必要的运算，把所有的计算过程简化到只有加减运算，让游戏的速度明显地上升，这也是当年 AD&D 规则在计算机游戏制作上的优点。

一个 AD&D 规则正常进行的状况大致是这样的，由几个玩家组成的队伍，首先以掷骰的方式来创造自己的人物，而一名称为"地下城主"（Dungeon Master，以下简称"DM"）的人则负责整个游戏的进行，游戏的所有剧情进展，玩家的行为后果，通通都视 DM 的安排而决定，所以一场游戏进行得顺利、精彩与否，与 DM 的主持能力有着极大的关系，DM 是能够控制整个结果的灵魂人物。而改版到计算机上的 AD&D 系列规则则是以计算机来取代人类的 DM，用它来进行数值运算、剧情安排等。不过缺点是包容性较小，计算机只能照着原先的规定来进行，与人脑的包容性相比，不免有些失之僵化，所以许多 AD&D 系列的爱好者还是喜欢进行由人类担任 DM 的游戏。

另外，为了更加符合新世代玩家的风格，TSR 也从善如流地推出了"龙与地下城"第三版规则。在这个新的规则中，摒除了许多过往为人所抱怨的规则（包括 AC 越低防护值越高的概念），让整个游戏规则以更直接、直觉化的方式呈现。它推出之后，立刻造成了抢购的热潮，TSR 的网站甚至还限制一名使用者一天只能购买一本，避免造成缺货的状况。

（二）如何制定游戏规则

在游戏规则的描述中，我们不需要说明我们的游戏使用的是什么图像显示效果，也不需要说明我们使用的是什么游戏引擎，更不用说明游戏中的某些设置或者故事发展的线索，因为这些元素不仅电子游戏具备，别的媒体形式也具备。我们在游戏规则中描述的应该是别的媒体形式不具备的。请千万记住，正因为有了游戏规则这种互动元素的存在，电子游戏才真正不同于别的艺术形式。

我们玩一款游戏，必须遵循它的一些既定法则，这就是游戏规则。它就如乐队的乐谱一样，任何一个玩家必须遵循它来进行游戏，这是强制性的，否则你就无法参与游戏，它规划着游戏中的许多核心部分。

拿篮球游戏来说，当己方站在三分线外，将篮球投入对方的篮中时，则己方会获得三分，这是一个最简单的事件规则。其中，"己方""篮球""对方的篮"都是规则的对象，而"球投入对方的篮"则是一个事件，对应的规则则是"获得三分"。在这个事件规则中，对象、事件、规则三者是缺一不可的。

而这里需要强调的是事件的完整性，我们在制定某种规则之前必须说明触发的条件事件，我们有必要去将它完整地表达出来，就如上面的例子，若是"三分线外投球入篮"了，可获得三分，若是没有入篮呢？若是非三分线外投球的呢？我们有必要将每个事件的可能性罗列出来，并且制定相应的规则，这需要细心和耐心。

游戏规则是由事件引发的特定规则，依靠它将其他的事件规则联系起来。玩家角色在打怪，怪物 HP 减少，从而引发了如下规则：当怪物 HP 为 0 时，怪物死亡，玩家获得经验。从程序的角度来说，这相当于许多函数方程使用着同一个参数或者函数作为形式参数，当这个基础参数变化了，则所有函数方程的结果发生变化。

从游戏规则可以看出一系列的规则需要一系列的公式，如何去平衡这些公式成为你最头疼的难题，而且实际上是这样的，规则中最重要的是优化规则。如果涉及金融系统规则，则十分需要游戏策划对数学模型的理解，在公司中也有专门的数值策划来控制设计这个方面。在这里只能简单介绍一下平衡设计。

（三）游戏平衡设计

我们可能玩过这样的单人游戏：画面华丽、剧情动人、音乐震撼、事件丰富，而游戏最后的 BOSS 却给了我们一个永远的痛，不用辅助工具调整级别根本打不过去，或是一路劈瓜砍菜般通关了，却发现开始买的生命力药水还未曾使用。当然，玩家也就无意去追求更隐藏的极品装备了。MMORPG 中更是常见一些基本无用的"废"技能或者大家都爱选择的"优势职业"，这些都可能是在平衡设计上做得不好的缘故。

了解平衡设计之前，我们需要了解以下几个关键因素。

1. 平衡的种类

（1）优势策略。我们可以将它分为绝对优势和相对优势。绝对优势是指在一定环境条件下超越其他所有选择的最优策略，它可以保证玩家不失败。当然，这样的例子并不好举，几乎没有一款成名的游戏会使用它。但我们可以举出相对优势的很多例子，就拿 KOF 98（《98 版拳皇》）来说吧，它的隐藏角色狂化 BOSS 在速度上、伤害上都远远超过其他角色。当然，你可以告诉我你技术多么多么高超，不怕对方使用它。而笔者的意思是说，在一定同等的条件下，它的相对优势很大，而由于人工智能的限制，我们在很多环节上需要电脑使用相对优势的角色，如关卡 BOSS。而绝对优势仅仅在某特定目的上才会使用，如剧情要求的主角死亡，此时无论你多么强大，都无法获胜，因为这将违反游戏情节发展的相应规则。

（2）对称平衡。这是游戏平衡的最基本的方法。我们可以拿象棋举例，我方 5 个卒，对方 5 个兵，这两种对象仅仅名称不同，其他的行为规则完全相同，游戏的其他元素和规则也是如此，游戏开始，双方的平衡是完全对称的，没有一丝一毫的差别。这是最简单、最容易的平衡。

（3）交替平衡。这是指在不同的环境中，优势策略发生偏移的情况。这个举例很好理解：当我们选择的角色都是水兵时，假若在水中作战，我们将获得胜利；相反，假若进行陆地战，我们便容易失败。这种受其他因素影响的平衡就是交替平衡。

（4）结合平衡。继续举例，假若一个单体攻击为 20、HP 为 100 的战士，去打一个群体攻击为 15、HP 为 100 的魔法师，魔法师失败的概率会较大；但假若是一群单体攻击很强的战士去打一群群体攻击很强的魔法师，则魔法师部队胜利的概率比较大。又如，一个战士打一个敌人，打不过，一个会治疗的魔法师打一个敌人，也打不过。但假若是一个战士和一个魔法师去打两个敌人，是否一定打不过呢？未必，数学上的结合率在结合平衡中通常被彻底打破。

（5）循环平衡。这类平衡即是根据游戏的进行，将相对优势在双方之间进行转移，以求最终达到平衡。这里拿"星际争霸"系列举例，假设人族对战虫族，开始时，虫族的 Rush 优势比较明显，人类机枪兵并没有虫族小狗移动快，攻击力综合评价不足。之后，假如人族出了坦克，此时虫族又处于劣势，没有很强大的地面部队能够抵御坦克的火力。假设虫族又出了飞龙，人类又将处于劣势，飞龙的移动力将容易使人族陷于左右防戒中。当然，这里仅仅是举例，实际上可能发生的变数很多，或者你很强，这些问题都能轻松应对。举例就是说明，循环平衡的使用方法值得借鉴，它比对称平衡更能突出游戏双方的特点，而现在很多游戏正在使用这种方法。

（6）制约平衡。这种平衡常常是在三个以上的对象中进行的，属于非链式平衡，当平衡中任何一个环节出现问题时，游戏平衡将被打破。最简单的可以参考《剪刀、石头、布》，三者相互制约，而且缺一不可。

2. 需要注意平衡的方面

（1）职业系统。包括技能系统、角色属性的影响。

（2）技能系统。包括职业系统、角色属性的影响。

（3）道具系统。包括道具的获得概率、消耗、价格金融系统的影响。

（4）货币系统。即金融系统，与任务奖励和道具系统的影响。

（5）升级系统。包括货币系统的影响。

3. 平衡技巧参考

（1）平衡公式加平衡参数。拿一个游戏中常用的刺杀伤害公式来说，伤害 =（技能等级攻击力 + 武器攻击力）×（力量 + 80）/100 × 怪物种类修正。在规则定下之后，若发现角色刺杀伤害力过高了怎么办？我们可以改变里面的任意一项属性来达到平衡，但更直接、更方便的方法就是在公式最后加上"刺杀平衡参数"，或加减或乘除均可，或者直接修改其中的"80""100"这两个现成的平衡参数，但这种方法也是存在局限性的，我们不适合对每个公式都加上过多的参数，平衡参数仅仅适合在大体构架已定的环境下使用，进行部分 DEBUG 的精确修正。

（2）规则分段化。就拿升级系统来说，我们没有必要去将某一条公式坚持到底，如一级时候打 5 个怪物升级，二级时候打 15 个怪物升级，三级时候打 25 个怪物升级……这样过于模式化，而且玩家很容易从中察觉到细微的不平衡点。这时我们可以考虑打破这一规则，部分级别让玩家容易升级，部分级别让玩家较难升级，这样不仅将长期的定式升级分段化，还将有效地掩饰其他部分平衡中的不足。

（3）金融系统的缓慢积累原则。经常玩游戏的朋友会发现，当我们投入精力时间越长时，我们的角色所获得的奖励会越多，但这种获得不会是迅速的。举例来说，我们 10 级的时候，角色可能没钱，只有 100 两银子，当我们到 30 级时，我们可能有 2000 两银子了，但是我们修理一次装备、购买一次药水，将花费更多的金钱。此时的 2000 两银子或许仅比 10 级时的 100 两银子实际价值大一点点，但是这种物价和金钱的同步增长是必要的，它将有效地欺骗玩家的感觉，给他们以成长的成就感。当然，我们不能设计为 30 级时的 2000 两银子还不如 10 级时的 100 两银子有价值，玩家毕竟奋斗过，在消费完毕后，他们的财富依旧应当是在积累中。不过，我们应该限制这种积累，使其缓慢地增加。

（四）回合制与即时制

在策略类游戏中，以战争为题材的游戏在20世纪90年代最为引人注目的现象是从回台制到即时制的变化。

战争游戏有着久远的历史。作为棋类游戏的典范作品，不论围棋也好，象棋也罢，它们都脱胎于人类经验世界的金戈铁马之争，并以伐谋之术的丰厚文化意味垂范万代，令人仰止。

游戏文明作为人类文明的天然组成部分，随着斗转星移，已是换了人间。从抽象化的围棋到具象化的象棋，从20世纪50年代在美国兴起的图版战争游戏到电脑屏幕的烽火连天，军事纵横家们的精谋妙算发展至今，已经虚拟到了无以复加的境地。

从这条清晰的发展线索中，人们不难看出，张扬兵法之道的战争游戏在历史长河的激流中已经从一个极端走向了另一个极端——从抽象走向了具象。然而，在这悠悠千载的回眸之中，人们同样会发现，你来我往的回合制长期以来居于统治地位，即使在电脑战争游戏大行其道的20世纪80年代中期也未有改观。

回合制作为一种游戏规则，主要体现的是公平性原则。而自战争游戏以图版形式出现以后，回合制被赋予了更为确切的含义——模拟时间。每一个回合代表游戏内约定的时间单位。显而易见，将时间进行压缩的分段处理的回合制在对垒双方都是人的情况下是一种必然的选择，也是唯一的选择。而在人机环境中（包括联网），这种选择就不再是华山一条道了，因为电脑不仅可以模拟真实的空间场景，它还可以模拟出真实的时间。

即时制的英文是Realtime，将其译为中文就是真实时间。

将战争游戏电脑化肇始于1976年。一位叫华特·伯莱特的美国人用Fortran语言编写了一部运行在大型机上的游戏——《银河帝国大决战》。该战争游戏属于回台制，尔后战争游戏开始渐次增多，并实现了商品化的改造。

1984年，一位名叫依斯拉·西德兰的美国大学生开始着手设计名为《全球军事模拟系统》的战争游戏。设计工作历时3年，终于在1987年脱颖而出，其销售量攀升到10万套之巨。《全球军事模拟》值得圈点之处在于它在时间模拟方面采用了半即时制，为战争游戏由回合制向即时制的蜕变迈出了重要的第一步。

进入 20 世纪 90 年代，个人电脑的信息处理能力得到了显著的提高，这种变化为战争游戏完全即时化提供了良好的硬件基础。1993 年，由美国 Westwood 公司设计的《沙丘魔堡 2》作为一部完全即时化的游戏终于出现在世人的面前，其标杆的意义是不言而喻的。特别是在 90 年代中期，战争游戏即时化成为一种势不可挡的潮流，其中最具代表性的作品有 Westwood 公司出品的"命令与征服"系列和 Blizzard 公司的"魔兽争霸"系列。

从互动性的角度而言，回合制是一种时间模拟的他律化表达，而即时制则是一种时间模拟的自律化表达，即玩家在整个游戏过程中，可以在任一时刻对任何一个战斗单位或战斗单位编组即时下达各种操作命令。即时制与回合制的显著区别还体现在战斗单位的编组方面，在回合制中，战斗编组是给定的——他律化；而在即时制中，编组单位是任意的——自律化。此外，在即时制中，时间自始至终处在连续的流动之中，这使玩家对战况的判断掺杂了更多的感性因素。正是基于上述特点，即时制的战争游戏对抗性表现效果更为激烈，战术组合与打法更加灵活多变。

三、塑造形象

（一）形象的重要性

首先，我们必须肯定，游戏和其他诸如电影、电视一样，是塑造形象的艺术，也就是说，游戏中的形象对于游戏本身有着至关重要的决定性作用。说到影视作品，作为观众，你往往会遗忘具体的故事情节，甚至连大体的剧情脉络都会随着时间的推移而变得模糊不清，但是若干年以后，当你提起一部电影或者电视剧，往往还会记得其中某个经典的人物和他经典的对白。如 20 世纪 90 年代的动画片《布瑞斯塔警长》，你可能将剧中讲的什么故事遗忘殆尽了，但是对一个黑黑壮壮的西部警长形象和一匹会变形的马以及警长发威时喊出的变身口号的记忆则异常清晰。这个例子说明了形象对以动态画面作为表现手段的艺术形式的重要性。

回到游戏的话题上来，当别人问起你一个若干年前的游戏，往往只有两种记忆十分深刻，一种是游戏的玩法，就是我们俗话说的"怎么打的"；另一种就是游戏中的形象，即俗话说的"打什么的"。同样，当你介绍你的游戏时，恐怕也要把这两点罗列在最前面。举个例子，《仙剑奇侠传》，最早的一代距笔者写作本章时已经有二十来年了。如果你有幸玩过，那也是十多年前的事了。请你回忆一下故事的情节，还能说清楚么？但是，你一定还记得这个游戏怎么玩的,一轮一轮地打回合,一招一招地掉血,这不是因为你记忆力好,而是之后你一定玩过很多如此类型的游戏。这种类型的打法叫作回合制。

这也就是现在的游戏制作商十分用心地强调其角色美观性的原因。你可以关注一下各大网站的游戏海报或者桌面,有英姿飒爽的剑客,肌肉发达的格斗家,全副武装的战士,身姿曼妙的女侠,凶猛狂暴的野蛮人,最不济的还有一位相貌姣好的二线女明星。通过这些形象,很多游戏都极力想表达一点,就是"记住我吧!"同时,你通过这些形象,也很快就能了解到这个游戏的类型和玩法。

值得庆幸(也可以说不幸)的是,我们游戏中角色的选择并不是很宽泛,这也正是游戏有别于影视作品的一大特点。影视剧有时候需要贴近生活,引起观众的共鸣,游戏往往不需要,玩家需要的是那种一看就知是"狠角色""生人勿近"的人物,因为他们玩游戏就是为了满足自己的操控欲望,他们不希望看到自己平时操作的还是一个平凡无奇或是弱不禁风的角色。当然,形象可爱的游戏也不在少数,但是那些卡通化的可爱形象也只是为了让玩家能够很快地喜欢上它们、记住它们、购买它们,从本质上满足玩家"换一种活法"的需求。

总体来说,经常在游戏中出现的形象可以分为如下几类:①英雄、大侠;②超人;③战士、老兵;④女性(辣妹);⑤神、魔、半神;⑥异型。这些形象在各大游戏中往往有着出奇的相似性,他们所展现出的个性也正是玩家需求的代表。

(二)形象的个性

1. 英雄、大侠

英雄一般指在普通人中间有超出常人的能力的人,他们能够带领人们做出对人们有意义的伟大事情,或者他们自己做出了重大的事情。正所谓:"聪明秀出,谓之英;胆力过人,谓之雄。"中国历史悠久,在不同时代的舞台上生活着面目、形态各异的英雄。综观中国古代文学创作,所塑造的英雄大都是"忠义"两全,满腔只有"男儿自当马革裹尸还"的壮志,悲凉之情溢于言表。

英雄历来被我们所崇拜和敬仰,任何时代都离不开英雄,但是不同时代对英雄形象的要求并不一致,这一点在我们新时期的影视作品中得到了很好的体现。早期影视剧中出现的英雄人物大都是完美无缺的"神",后来,随着时代的发展,人类自我意识的提高,英雄开始向人性回归,英也可以有缺点，于是各个阶层都出现了个性十足、血肉丰满、为广大观众所喜爱的英雄形象，也给广大影视创作者以启示，引导他们沿着这一思路去创作出更多符合时代要求的英雄形象。同样的情形也发生在游戏故事的创作中，在早期游戏的设计中，英雄往往被塑造成"高大全"的正面形象，自身完美无瑕，能消灭一切邪恶。当然，这很大程度上也与游戏制作水平密切相关。在制作水平低下的年代，很多优秀的故事不是想不出来，而是做不出来。反观现代的游戏，表现英雄人物的时候则更为理性。我们可以看到"星际争霸"系列中的吉米·雷诺，在他身上同样具备爱恨交织和情感冲突。正像现代主流思潮一样，游戏的设计者们也开始客观地看待英雄，他们有自己的恐惧，有自己的脾气，也有自己的无奈。

在游戏中扮演英雄是一件很让人兴奋的事情，从中你可以体验到很多英雄当时的情境，也可以与自己心仪的角色并肩作战，融入历史。任何一个英雄辈出的年代都被游戏开发商相中了，随之而来的是各种类型的相关游戏。中国古代最具传奇色彩的三国时期，就被开发成了很多相关游戏，虽然成功的开发商都是日本的，但是确实形成了游戏界对三国英雄的崇拜，这倒是一件好事。在日本文化中，大家对于关羽、赵云、诸葛亮的认识绝对不会比中国肤浅，尽管在理解上多少有差异。

而国人对于武侠的迷恋也正是源于对英雄的崇拜。仗剑江湖，快意恩仇，路见不平，拔刀相助，这便是我们衡量英雄的最基本标准。如果能悲天悯人、忧国忧民，那是再好不过了，武侠故事在国产游戏界盛行并不奇怪。

设计英雄的形象相对而言是较为轻松的工作，因为很多文字都记载或者杜撰了大家公认的该英雄的容貌、体型、个性，甚至包括使用的武器和招数。例如关羽这个著名的三国英豪，他的形象现世大家基本已经公认，当然，他并没有画像流传至今，人们对他外貌全部的认识可能都来自于一部故事内容半真半假的《三国演义》。书中第一回"宴桃园豪杰三结义，斩黄巾英雄首立功"便描述了关羽的外貌：身长九尺，髯长二尺；面如重枣，唇若涂脂；丹凤眼，卧蚕眉，相貌堂堂，威风凛凛，外加一身刘备送他的战袍和曹操送他的一匹赤兔马。于是从现在香火神龛前到知名游戏中，关羽已是一个较为固定的形象，想改变恐怕都不是那么容易了。因此，在设计如此知名的角色时，绝大多数的影视或者游戏作品都选择了向受众看齐，不在造型上过分修改，避免让受众无法接受（当然也有特例）。又如中国武侠中的经典人物"东方不败"，虽然不是什么救国救民的豪杰，但也算是知名度相当高的大侠，其形象甚至很大程度来源于香港明星林青霞在电影中的演绎，既然很多受众都已经接受了这样的"东方不败"，游戏设计师也就乐见其成了。

2. 超人

游戏业界有句话："如果你实在想不出做什么类型的角色，那就做个超人，因为你想让他干啥他就能干啥。"要说到超能力英雄，我们不得不从美国超人题材的漫画与电影说起。

自20世纪福克斯公司2000年出品科幻片《X战警》以来，已经推出了三部"X战警"系列片。三部系列片在中国上映后都大受欢迎。同时，随着美剧逐渐走进中国观众的视野，一批与"X战警"系列故事情节相似的美剧也吸引了不少中国观众的目光，例如美剧《4400》《末世黑天使》《英雄》。这三部美剧与"X战警"系列最显著的相似性就是里面的某些人物都突然获得了某种超能力，成了与众不同的超人。而这些超人先是因为其超能力被普通人排斥，因而与普通人对抗，之后却站在普通人一边与同样拥有超能力的邪恶力量作战。从上述作品中，我们可以归纳出一个共同的叙事模式，那就是"超能力—超能力者与普通人对抗—超能力者对抗超能力者以拯救世界"。这个模式包含几个因素：种族之间的冲突，善与恶的对抗，对未来高科技的担忧。

首先，善与恶的对抗贯穿于人类各个时期的叙事文本中。"X战警"系列融合了由于基因变异所产生的各种超能力，以及现代背景和高科技等一些现代的因素。但除去这些现代的因素，其核心仍然是善与恶的对抗。以X教授为首的变异人是善的象征；而以万磁王为首的变异人则是邪恶的象征。他们认为变异人才应是世界真正的主宰者，不惜用一切邪恶、肮脏的手段达到他们统治世界的目的。X教授与万磁王之间的对抗是现代甚至是超现代背景的邪恶对抗。在《4400》当中，善与恶的代表是正邪两方未来人。《末世黑天使》中善的一方是被普通人视为怪物的、经过基因改造的人，而恶的一方则是企图把世界纳入黑暗统治的一个极端邪恶的组织。《英雄》的故事与"X战警"系列有几分类似，故事中善与恶的对抗在一正一邪两派具有超能力的角色之间展开。从以上的分析我们可以发现，虽然美国超能力影视作品的故事融入了许多现代甚至是超现代的因素，但其根本上讲的仍然是古老的善与恶对抗的故事。

其次，美国超能力影视作品也深刻地反映了美国社会仍然存在的种族对抗。"由于各族群结构性差异的存在，可以说在美国社会存在着各个种族、民族之间'事实上的不平等'。这种在社会地位、经济收入等方面的差异，导致了种族、民族群体之间的矛盾与冲突"①。这就难怪在美国的许多影视作品里都能窥见种族冲突的影子，甚至在属于科幻类的美国超能力影视作品里。

美国超能力影视作品只是把人类种族间的冲突放大为普通人与超能力者之间的冲突，同时也放大了其种族排斥、种族仇视的不合理性，使人们看到了种族对抗对双方的危害。例如，在"X战警"系列中，变异人被视为变种、另类，他们所受到的排斥、歧视与黑人所受到的排斥和歧视有明显的相似性；而由万磁王领导的，针对普通人的血腥、暴力的反击也与激进的黑人反歧视暴力活动非常相似。然而，我们也看到，以X教授为首的变异人看清了万磁王邪恶的本质，为了拯救他们与普通人所拥有的共同的世界，他们不计前嫌，以自己的生命为代价，与万磁王展开了一场持久、激烈的战争。由此，我们可以看到，在善恶对立面前，因种族不同而产生歧视甚至发生流血冲突是多么的荒谬、无稽，因为，无论什么种族都存在善与恶，在恶的面前，不应该有种族的区分，而只应该有善恶的对立，因为只有各种族的人联手才能战胜恶。相反，如果把种族的不同放到第一位，世界只会被邪恶一方统治，而这是各种族的人都不愿看到的。相似的情节也出现在《4400》《英雄》《末世黑天使》当中。可见，美国的超能力影视作品以科幻作品特有的方式，将种族冲突的不合理性更直观地呈现出来。

最后，美国超能力影视作品还从科幻的角度，反映了人类对科技迅速发展所带来的潜在威胁的担忧。20世纪科学技术的迅猛发展给人们带来诸多便利，同时也产生了许多负面的效应。因此，在展望未来的世界时，很多科幻作品掺杂着对于未来的担忧。例如，在"X战警"系列中，人们担忧的是，随着人类的进化和科技的进步，在未来的世界会出现一些具有超能力的人，而这些人中的邪恶者会对世界造成威胁。《英雄》中的担忧与"X战警"系列相似。在《4400》中，则表现为对来自未来的未知高科技的担忧。在遥远的未来，科技的发展能使普通的人具有各种不同的超能力，而这些超能力在保护人类世界的同时，也会带来毁灭性的力量，掀起一场由正邪两方超能力人之间的战争。《末世黑天使》中，对未来高科技的担忧表现得尤其明显。故事一开始，高科技的威胁就已经显现——由于恐怖分子的电磁波攻击，依靠电磁波的许多设施已不可用，人们的生活水平急剧

---

① 马戎：《美国的种族与少数民族问题》，载《北京大学学报（哲学社会科学版）》1997年第1期，第134页。

下降，世界陷入混乱。来自高科技的威胁依然存在。政府的一个秘密组织利用高科技通过基因改造创造了一些具有超能力的战士，他们被看作一种产品，被打上条形码。他们不但是高科技的产物，而且本身就是高科技的牺牲品，同时，他们的超能力一旦被恶人利用，也会成为人类的威胁。

由此可见，美国超能力影视作品实质上是通过讲述超能力者与普通人以及超能力者与超能力者对抗的故事，讲述在人类幻想的未来世界中善与恶对抗的故事。而在这样的故事中，我们可以窥见科技迅速发展在给人创造无数便利的同时，也给人类造成恐慌，引发他们对未来的担忧；同时，我们可以觉察到驱之不散的种族冲突的阴影。总之，美国超人类影视作品以浪漫主义的方式揭示着现实意义的主题。

反观游戏中的超能力角色，他们身上肩负的使命往往就没有上述作品中那么沉重。游戏中的超人更多的是为玩家提供一个扮演事件主宰者的机会，因此，游戏中往往会选取一些动漫影视中较为独立和超能力角色。成功游戏化的超能力角色就有蜘蛛侠和蝙蝠侠，这两个角色的所属公司以它们为原型，分别在各种平台的各类机型上发布了多款游戏，并大都获得好评。于 2009 年出品的《蝙蝠侠：阿卡姆疯人院》（*Batman：Arkham Asylum*）更是其中的代表作，它在英国受到了来自各媒体和玩家的一致好评。根据 Metacritic 网站的统计，该游戏在世界各地的总平均评分已到达了 91.67，创造了此类游戏最高的世界纪录。

总体来说，这些超能力角色的创造还是有规律可循的，你如果想创造一个类似的角色，请尽量遵守以下六条：

（1）超人们往往具有双重身份，平时默默无闻，危机来到时便会变换成另外一个样子。（哪怕只是带上一个小小的眼罩，也没有人能够将两者联系到一起，即使是主角最亲密的人。）

（2）超人们都具有特殊的能力，要么能飞天遁地，要么强壮非凡，要么高科技附身。

（3）超人们都非常强大，但最完美的超人都有一个而且往往只有一个弱点，如超人的氪星石、蝙蝠侠的童年阴影等，而且故事中的反派一定比谁都清楚超人的这个弱点。

（4）为了能够和强大的超人们做对手，故事中的反派往往具有恐怖的能力、怪异的外形和扭曲的性格，为的就是直接告诉大家自己"不是一盏省油的灯"，让超人的一切行动都充满着惩奸除恶的正义感。

（5）超人的故事往往发生在现实世界，因为我们希望在身边能有这样的人来帮助我们。

(6) 超人们永远都有一身惹眼的行头。这其实源于漫画,因为漫画作者希望读者第一时间就能记住这些形象:鲜艳的颜色、贴身的服饰、令人过目不忘的标志,这一切都形成了超人们独一无二的宣传广告。

3. 战士、老兵

战士与士兵是战争题材游戏的主角,他们常出现在第一人称视角的射击、动作游戏以及射击游戏和战略游戏中。游戏中的战士有"魔兽争霸"系列的魔幻风格,也有《光晕》之中的未来类型。总的说来,受众希望见到的是久经沙场、经验丰富的老兵,而不是刚入伍的新兵,因为老兵给予大家经验丰富、值得信赖的感觉。他们装备精良,身体强壮,随身携带长枪短炮,有点怪癖,多半爱叼根烟,平时看似吊儿郎当,但关键时刻绝对不会手软。

在历代的战争故事中,斯巴达勇士、古罗马勇士、蒙古勇士、十字军士兵代表着历史上最强悍的战士形象,多半身穿盔甲、手执枪盾、背挂长弓,而各国的海军陆战队、反恐特勤组、特种部队却是现代战士的典型形象,他们永远都配备最先进的装备,拥有最强大的火力支援。还有一类强悍的战士,他们出现在以虚拟世界作为背景的战争游戏中,兽人、野蛮人甚至外星人会被罗列为其中的一员,他们外形彪悍,嗜血嗜杀,绝对是高年龄层次玩家满足暴力欲望的首选。

此外,除了正规部队以外,一些历史上知名的神秘组织,如盗贼工会、杀手集团、日本忍者、东厂、锦衣卫也是可以和真正的士兵一较高下的角色。他们有组织有纪律,个体能力超群,服从指挥管理,而且大多强悍不畏死。游戏开发者们也绝对不会忽略他们的开发价值。

使用战士作为游戏故事的主体有一个最大的优势,就是不用过分费心杜撰发生冲突的理由。例如,如果是一个"王子复仇"类型故事,那你在故事叙述的开端往往要考虑父王被害、兄弟阋墙、拯救公主等诸多细节,这样才能鼓励玩家兴致盎然地进行你设计的游戏。但是,如果你的故事涉及的是战士之间的战斗,往往就不需要这么复杂。战士就是打仗的,不是侵略就是反侵略。交代清楚这些以后,你把两个战士放在一起,他们的战斗就是顺理成章的。任天堂FC上经典的横版射击游戏《魂斗罗》就是最好的案例,两位主角是当时热门电影中史泰龙和施瓦辛格演绎的战士形象,一身肌肉,一脸迷彩,外加一把机枪。他们的对手也是当时科幻电影中的大热门形象——异型。这两个原本风马牛不相及的形象放在了一起,很自然地就形成了一种虽然俗套但是很吸引人的故事结构,那就是"最强的地球人大战最强的外星人"。这种故事结构在欧美的电影和游戏中屡试不爽，恐怕也多多少少折射出大众对于暴力与血腥的审美需求。甚至很多玩家都认同："强壮的战士，火光四射的枪口，后坐力造成的抖动，'哒哒哒'不断的枪声，无尽掉落的弹壳和不停地倒下的敌人，这些就是 FPS 游戏的浪漫。"

4. 女性（辣妹）

首先必须承认的是，游戏中的女性形象比之其他艺术种类中的女性形象更为脱离现实，换句话说，游戏中的女性是对现实女性形象的扭曲体现，其主要原因还要归结于男性为主的受众市场。绝大多数玩家是男性，用现在的话说就是"宅男"，他们往往喜欢脸蛋漂亮、身材劲爆的美女，用现在的话讲就是"辣妹"。

由于要满足年轻男性玩家的审美需求，游戏中出现的女性角色几乎都是年轻貌美、身姿曼妙、衣着性感的。而为了满足游戏主角以一敌百的个性需求，她们往往又是果敢、坚强和独立的。外加游戏基本需求的出色体能和高超技艺，使得这些游戏中著名的女主角与现实中的女子相差十万八千里。在游戏中，有身怀绝技的女武术家，有一招毙敌的冷血女杀手，也有年轻貌美、家财万贯的女冒险家，这些在现实社会中几乎不可能存在的人物一个个鲜活地出现在了游戏世界。

从比例上讲，以女性为主角的游戏只占很小的比例，因为毕竟要考虑男性玩家对于女性角色参与暴力与冒险的认可度，这其中较为成功的也就只有以"古墓丽影"系列为首的少数几个游戏而已。但是游戏世界中从来没缺少过美丽女性的陪衬，从"超级马里奥"系列中的公主到"拳皇"系列中的不知火舞，她们虽然不是绝对的主角，但总是能为游戏增光添彩，同时也为游戏平添了几分女性的柔美。

总的说来，大多数男性玩家不希望看到一款游戏中全是女性角色，他们还是愿意在游戏中扮演男性，但是，如果游戏中能够适当出现一些漂亮的女孩子，他们还是非常乐意接受的，而且这也能很好地激起他们保护弱小的激情。如果你希望你的故事中出现女性角色，记住以下几点：漂亮的脸蛋、性感的身材、讨男孩子喜欢的个性。

5. 神、魔、半神

神仙魔怪的强大一直是从古代神话到现代游戏中津津乐道的话题。神话是文学的最初形式，它反映了人类童年时代的思维方式，展现了人类智力发展过程的起点。由于上古时代社会生产力低下，物质文明的发展程度较低，生活在原始公社时期的人们只能通过他们的原始思维不自觉地将自然和社会生活加以形象化、人格化，以达到对自然奥秘的理解和对自然的说明。正是"通过自然力的人格化,产生最初的神"。①

上古的人们对广袤的世界和神奇的大自然充满了好奇和敬畏,于是他们崇拜自然,幻想出神奇的造物主,渴望战胜迷惘的世界以主宰自己的命运。西方上古时代的文学作品无不反映了人类对神的敬畏与反抗。和所有产生神话的时代的人们一样,西方(以古希腊为代表)人相信有至高无上的神灵在主宰现实世界的一切,他们对神顶礼膜拜。同样,人们也幻想着与神一较高下,哪怕只是一时一事。于是我们又幻想出一种能与神抗争的存在,那就是"半神",他们往往拥有神的力量和人的立场,而这种角色最能引起大家的共鸣。

在游戏中,设计者较为喜欢神话故事带来的虚拟世界,而神魔或者半神的力量能够满足玩家所需要的特殊体验。有趣的是,尽管各种文学中刻画的神都多多少少带有人性,且作品的主旨也充满着对人类的关爱,但是游戏中的各种神往往代表着极致的力量与威胁,他们往往勇武强壮、造型夸张、眼露凶光、不类常人。可以说,游戏中神魔之间的界限是较为模糊的。充满力量的角色会被膜拜为"神",这个"神"如果由玩家扮演,那么他就应该具有主宰游戏中的虚拟世界的力量,虽然在游戏经历前期会遇到种种抵抗,但是最终都能让玩家体会到自身的强大;如果这个"神"是玩家所要解决的目标,那么玩家很可能就需要扮演一位半神,其成长的过程中会经历种种艰辛,最终才会具备弑神的能力。总之,在游戏中,神、魔、半神所代表的善恶观念并不是那么明确,设计者故意对其原则含糊其辞,目的正是希望玩家能够获得扮演各种人格的体验。

6. 异型

出于青少年教育、儿童心理、玩家接受度、分级制度等诸多原因,游戏中被猎杀的对象不能是活生生的人类,或者是可怜的小动物,于是这些"该死"的角色通常被异型所替代。它们的造型往往由生物造型变异而来,肢体变化、关节错位,大量借鉴某些生物的外骨骼,或者肌肉裸露,身体不是不停地流血就是滴下液体,让人一看就知道绝非善类。有趣的是,一个经典的怪物和一个经典的主角一样,都有资格成为某款游戏的招牌。面对这些异型,玩家大可不必心存怜悯,自然就能够放手一搏、大开杀戒了。

当然,恐怖、惊悚、丑陋的它们不一定只是故事的配角。除了被玩家

---

① 张小燕:《发挥神话艺术感染力,繁荣社会主义先进文化》,载《中国社会科学报》2017年第1362期,第1页。

一扫而光之外，它们还可以成为故事的主角，从而激起玩家原始的破坏欲望。人难免有时会有一种冲动——难得试试当回坏人，在现实世界中，由于考虑到后果，大家都会有所克制，但是在游戏中，情况就不同了，我们可以放纵一下自己。事实证明，以犯罪和杀戮为题材的游戏一直卖得很好，而且玩家更喜欢挑战扮演反派角色的任务。当然，没有比扮演异型"坏"得更彻底的了，当玩家融入异型的角色后，由于不拥有传统的善恶观念，玩家的破坏欲可以得到很好的释放。

（三）角色的符号化

在游戏的制作中，角色动态是一个重要的组成部分。角色动态赋予游戏角色生命、力量，使原本呆板、僵硬的角色获得动态，具有表情，能准确表达情感，进而引起观众的共鸣。然而，虚拟游戏的动态并不是对人类动态的简单模拟和复制。作为一种表演，需要对现有动态进行概括、总结，提炼出最具代表性的动作和姿势，这样才能准确、鲜明地表达角色的性格。游戏美术师通过观察现实生活中的运动动态，例如各种类型人物的走路、跑步等动作，结合人物本身的生理特征和心理特征，总结出不同类型的动态和动作片段，再通过对这些动态和动作片段的准确运用，来刻画有血有肉的游戏角色形象。这些经浓缩、提炼出来的动态和动作片段就是符号化的角色动态。

符号化在游戏制作中的运用，其目的有两个：其一，为了能更准确地表达角色的性格；其二，为了减少工作量。根据符号学的分析，符号具有认知性、普遍性、约定性、独特性等具体的特征。在角色动态制作中，动态的符号化也遵循符号的这些具体特征。角色是游戏的灵魂，角色的功能之一就是讲故事。角色的行为和动态表现是推动故事情节发展的重要手段，行为和动态表现反过来可以定义角色的性格特征，反映角色的心理变化。

角色动态符号化首先要具有认知性。在设计范畴中，认知性是符号语言的生命。符号化的动态是对日常生活中各种运动动态进行概括和提炼而总结出来的，绝大部分人都能认同其含义，能引起大家的共鸣。符号化的动态赋予动画角色鲜明的性格，依靠个体的性格特性来区别于其他的角色。符号化的角色动态提供独一无二的性格，提高角色的认知性。就如同"古墓丽影"系列中劳拉双手握枪、插于腿边的经典造型留给很多玩家的深刻印象。

角色动态的符号化带有普遍性。随着经济全球化的步伐加快和网络等媒体的优势传播，游戏的受众范围也从原来局限于区域与区域之间的传播逐渐转变为全球范围的传播。角色动态符号是人们对生活规律的总结，是长期对生活的观察、分析、概括、提炼的成果。游戏的受众是广大人民，不同背景、不同区域、不同宗教的人们有不同的生活习惯和不同的动态符号阐释，只有对人们的风俗习惯等因素进行仔细调查研究，才能总结出普遍的、符合人们生活习惯的、具有美感的动态符号。

角色动态的约定性指对角色动态的理解和接受是处于一定范围之中的。对任何语言的理解都存在于一定范围的，超出这个范围，语言的含义就不能被合理解释。动态符号也不例外。虽然全球化的趋势越来越明显，但是区域的差别还会一直存在，只有具备相关知识背景的人才能接受该动态符号所传达的信息。另外，游戏的传播也有局限性，主要体现为不同题材的游戏迎合不同口味的观众：好莱坞电影式的游戏试图迎合全球大部分玩家的审美情趣；日本美少女游戏自有特定的玩家群体。一些特别风格的游戏也会受到特定玩家的青睐，受年龄和品位的制约。受这些受众群体的影响，只有符合特定文化背景的动态符号才能在这一范围内被接受。

角色动态符号化还具有独特性。角色动态符号化的独特性与它的普遍性并没有冲突，独特性是建立在普遍性的基础上的，对角色动态的解读并不是单纯受动态影响，还受角色的服饰、文化修养、兴趣爱好等方面的制约。这时普遍性就包含了独特性，一个游戏角色身上既存在普遍性的动态符号，也存在属于他自己的独一无二的动态符号。同样的普遍性的动态，在不同角色身上也会有不同的效果，甚至是截然相反的效果。动态符号的普遍性使角色获得观众的普遍认同，动态符号的独特性又使角色具有鲜明的性格特征。

四、类型化故事

我们玩过成百上千的角色扮演类、冒险类、第一人称视角射击类或者大型的网络游戏，它们的故事千奇百怪，有地球人大战外星人的，有勇者斗恶龙的，有武侠消灭怪兽的，但是千百个游戏故事往往逃脱不了一些定势。就像我们看老套的电视剧一样，你会指着电视大笑："啊，这无非又是一个白马王子爱上灰姑娘的故事而已！"但是，作为观众，你可能会因为喜欢剧中的某主角或者某些桥段而兴致盎然地看下去。游戏也是如此，而且由于游戏比电影电视具有更多的可操控性，所以故事相对来说更为直白和易懂，而且不会受到太大的约束。"关公战秦琼"在游戏故事中也可以轻而易举地打好圆场。玩家可能会陶醉于某个游戏的精彩故事，但是更容易让其沉醉其中的绝对是玩家自身对于故事的参与感。

可以根据主题的不同把这些故事大体分一下类，但是请大家切记，这并不是说这些分类就是精确的概念总结，毕竟每个人心中都有自己的哈姆雷特，而且类型的数目也并不只是这么几种，毕竟电子游戏还在不停地发展，各种类型之间的融合也越来越紧密，开放性也越来越大。你也可以根据自己对于某一类游戏的深入了解而得出自己的分类标准。

（一）王子救公主

第一类是最"老土"的，笔者把它称为"王子救公主"。

这里的"王子"不一定是骑着白马出场的国王的儿子，可以是充满正义感而孤身探险的侠士，也可以是冲冠一怒为红颜的青年浪子。但是这类故事往往有一个出奇相似的共同点，就是女主角都是真正的公主，而且无一例外刚露面就被一个恐怖的大魔王掳走。大魔王法力无边，且手下狗腿奇多，全部化身为每个关卡的小怪与 BOSS。如此泛滥的剧情在我们眼前一遍遍地重演，而且很多游戏成为我们经典的回忆。其中最有名的就是"塞尔达传说"系列。主角是林克（Link），他的任务自然就是在海拉尔大陆的各处旅行（也有部分作品不发生在海拉尔），然后打败魔王，救出塞尔达公主（Princess Zelda）。魔王常常是加农（Ganon），现在也有几部作品的魔王是古夫（Vaati）。三角力（Triforce）是由创造海拉尔的三位女神留下来的，是贯穿系列的重要内容之一。

如果你的审美要求略微放宽一点，你会发现"超级马里奥"系列也是这个类型游戏中的佼佼者。我们的马里奥兄弟虽然一脸大叔像，但是官方设定的年龄其实只有约 26 岁。马里奥的设计之父宫本茂的设计理念就是"像记号一般让人一目了然的外貌，容易表现动作的配色"。当时限于硬件的机能，无法表现精密的画面。为了清楚表现人物的动作，就把马里奥的服装设计成了背带工作服，这样可以很好地表现出手臂的动作。关于脸部的设计，当时的考虑是，就算设计得很仔细，在电视上也无法表现出来。有特点、容易辨认才是设计的重点，所以就有了大鼻子、留胡子、戴帽子的设计。这位长相与我们的审美略有差距的中年"王子"，硬是从大乌龟手里无数次救出了美丽的公主，成为我们童年一段段曼妙的记忆。

（二）法律与犯罪

第二类，也是最"火"的一类，笔者称其为"法律与犯罪"。

第五章 游戏创意如何满足用户的需求

我们中的绝大多数人对于罪犯都是有痛恨之心的。很小的时候，几乎所有的男孩子都有过当警察除暴安良的梦想。有心的读者可以留意一下美国好莱坞的商业电影，其中最受欢迎的题材正是描述犯罪与惩治犯罪的。在早期的电影中，我们称其为"警匪片"，在如今个人英雄主义电影盛行的时代，影片的主角往往从一个标准意义上的警察转变成一个苦大仇深、游离于法律之外的"正义判官"。他可能是因为子女、爱人等一己之私独斗手眼通天的帮派组织，也可能是像罗宾汉一样劫富济贫式地弥补法律的漏洞。

针对早期的警匪片，我们有了最"火爆"的一款第一人称视角射击游戏《反恐精英》(CS)。这款游戏在 21 世纪初的时候几乎独霸了第一人称视角射击游戏类的市场。虽然《反恐精英》这个游戏没有提供一个完整的游戏故事，没有说明故事的起因和结果，甚至没有让玩家经历故事发展的关卡（因为其本身不过是《半条命》的游戏模组），但是其恐怖分子和反恐部队的设定自然而然地就为玩家营造了一个警匪对立的大环境，所有玩家在每一局对战中其实都在经历一次反恐攻坚的枪战。

针对现时流行的"个人英雄主义影片"，我们有了风格极强的第三人称视角动作游戏《马克思·佩恩》。由于家庭的变故，Max 从快乐无忧的侦探变成了痛苦、愤怒、沉迷于麻醉剂的瘾君子。然而更糟糕的是，Max 不久发现自己和搭档 Alex 的死有关。在了解了 Alex 和 Max 的家庭成员是被销售毒品的暴徒杀害以后，Max 陷入了困境中。Max 察觉正在交易一种叫作瓦尔基里的新毒品的黑手党老大 Punchinello 和所有最近发生的事件有关。面对警察和暴徒的 Max 认为自己没有什么东西可以再失去了，于是他开始对那些造成他家庭和伙伴悲剧的匪徒进行报仇。这就是《马克思·佩恩》的基础剧情，其复杂程度和表现力已经不亚于标准意义上的好莱坞动作大片。

从另一个角度来看，"卧底"也是"法律与犯罪"题材中的宠儿。警察与帮派之间大玩"无间道"，充满了戏剧冲突和刺激场面。这使得本对于故事开发不是很在意的 EA 也赶潮流地在其最新的几版"极品飞车"系列游戏中多次加入"帮派""卧底""逃亡"等犯罪题材的经典桥段，可以说大大提高了该游戏的代入性。原本在公路上漫无目的的狂飙变成了正义与邪恶的对决，让玩家大呼过瘾（其实其游戏性一点没变）。

（三）种族之争

第三类，往往具有史诗意义，就是"种族之争"。

如果说暴雪公司出品的三个拳头产品——"星际"系列、"魔兽"系列、"暗黑"系列在故事方面有什么共同点的话，那就是它们从主题上都是描述种族之间的仇恨与战争。

和现实社会一样，种族之间的矛盾冲突往往是引发战争的诱因，而且种族之间的战争往往可以延续很长的时间段，形成一段壮美的血泪史。在游戏或者科幻、魔幻作品中，作者为我们臆想出很多对立的种族，有中国经典的仙与魔、道与妖，有西方经典的人类与吸血鬼、精灵与兽人、矮人族与不死族，等等。这样的历史往往很长，动辄上千年，除了为故事营造铺设厚重的历史背景外，也为系列游戏的推出做好了历史铺垫。就像电视剧能为中国历史上每位皇帝杜撰一段情史一样，游戏制作公司也能为这个虚拟世界中的每段故事出品一代全新的游戏。在每段故事中，我们会见到英雄与小人、忠诚与背叛、谎言与爱情，很多大作的名字我们耳熟能详——《暗黑破坏神》《魔法门英雄无敌》《指环王》等。当然，上述故事基本都属于正义战胜邪恶的类型，但是有些不羁的游戏设计者非得给我们惊喜，所以我们也会见到一些邪恶战胜正义的故事，如《地下城守护者》和《霸主》。

从游戏类型上说，这类故事题材往往会成为即时战略类或者回合制战略（战棋）类游戏的宠儿。因为宏大的史诗背景，复杂的矛盾关系，丰富的角色与部队，使得战争因素能够得以很好的体现。欺骗、偷袭、联盟、合围，所有的战争路数就像当年的世界大战一样精彩纷呈。但是在宏大的史诗中也会出现抢眼的英雄，对于这些英雄的描述就是一个很好的角色扮演或者动作类游戏的题材。著名的战神——奎托斯（Kratos）就是其中的佼佼者。在古希腊和古罗马神话中，有很多人类反抗众神的战争，借以体现人类与伟大自然斗争的决心与毅力，因此，"弑神"一向是西方宗教与文学中的经典题材。（东方文化中的神高高在上，似乎也就只有孙悟空有这个胆量弑神了。）华丽的背景、强大的BOSS，这自然不会被电子游戏忽略，于是，我们在PS平台上便有了表现奇佳的"战神"系列。

（四）超能力

第四类，是角色扮演的好题材，可称其为"超能力"。

谁都梦想自己是超人，能飞，能打，不会死，一挥手什么事都搞定了。现实中这是不可能的，但是电子游戏能轻而易举地帮你实现这个梦想。

在比较靠谱一点的超能力故事中，玩家作为主角会被赋予一定程度的

第五章 游戏创意如何满足用户的需求

超能力,但该能力绝对不是那种神挡杀神、佛挡杀佛的超能力,因为一旦如此,游戏将会变成简单的血浆游戏而失去很高的耐玩度。玩家必须利用这种超能力巧妙地解决突如其来的问题,最终迎接 BOSS 的挑战,这样才能通过适当给玩家施加压力而最终让玩家体会到解决问题的乐趣。

一般来说,游戏或者动漫中主角的超能力离不开如下 10 种。

1. 飞行

其实对于超能力者而言,飞行是一种非常脆弱的能力,既没有攻击性,也缺乏防御能力,同时还极其引人注目,将其滥用的后果只能是被人当作实验对象关在永不见天日的实验室中。同样地,在游戏中上来便可以任意飞行的主角也不多见。至于整个人向上提升一点的"YUGA 类漂浮",倒是许多魔法型帅哥美女在游戏中的专属权利。

2. 力量

很多游戏的主角生来便力大无穷,拆窗卸门不在话下。但比较常用的则是"瞬间增加力量"的方法,如主角吃了某种道具攻击力翻倍 30 秒等设置,才令"超级力量"看起来更像是值得珍惜的潜在能力,而不是俯拾皆是的大路货。

3. 穿越

这个能力对于所有人都应该有莫大的吸引力,如果有人得到这个能力,他多半也不会用这一能力去干什么好事。游戏中有这个能力的凤毛麟角,貌似《恶魔城月下》有变雾穿铁门,其他基本以 BUG 居多。

4. 治愈

治愈应该算是最强的防御系能力,因为治愈的终极形态是复活。第一人称视角射击游戏主角基本都是身怀"治愈"绝技的超能力者,不论受了多么严重的伤,只要还一息尚存,那么赶快找个隐蔽之处休息半晌便会继续生龙活虎地冲上前线经受一阵弹雨的洗礼。至于终极形态复活,《鬼泣》里的但丁很好地诠释了这一点。

5. 读心术

就道德标准来看,读心术是一把双刃剑,既容易伤害别人,也容易伤害自己,如果能力拥有者的意志不够坚定,则势必会因为外界私密信息的大量涌入而濒临崩溃。其实这种能力还是很有吸引力的,窥探别人的隐私是人的一种本能。

6. 意念移物

在无数描写超能力的作品中,这种能力都是绝对的攻击性技能。遗憾的是,因为这项能力太过强悍,所以在游戏世界里与我们的主角无缘,只有 BOSS 的反方角色经常会使用。

7. 感知

这是通过意念感应到他人所在位置以及预知未来的能力。感觉有点像《机动战士高达》里的 NT 能力。在游戏中，这项能力非常普遍，但是预知未来好像没有过，就算有了，貌似也没什么用。

8. 自然力

这又是一种强到极致的能力，既有绝对的攻击力，又有很好的防御性。游戏里能够操纵自然力的人实在是太多了，排除角色扮演类游戏，单是对战格斗游戏里的角色们就可以列一份超能力者图鉴。

9. 操纵时间

这应该是所有能力中最强的也是最实用的。《波斯王子》就是以这个为卖点的游戏。失败了可以重来啊！厉害的动漫游戏角色（无论正反派）往往都具有操纵时间的能力。

10. 瞬间移动

这是最强的回避及移动技能，这种能力太实惠了，到处跑，又不花时间不花金钱。在游戏中"瞬间移动"基本都是为了避免玩家在偌大的虚拟世界中为了解开一个谜团长途跋涉而做出的人性化设计。

（五）侠客行

第五类是广受中国玩家喜欢的"侠客行"。

单机游戏《仙剑奇侠传》和网络游戏《传奇》在中国的成功再一次证明了国人的武侠情结。练就神功、仗剑江湖是每位金庸迷、古龙迷的梦想。这类故事的情节往往有着这样一个套路：一位少侠背负血海深仇，往往一开始因为敌人太强大而落败或隐匿，然后遇到红颜知己悉心鼓励，最后终成神功，手刃仇人。其中不免穿插罗密欧朱丽叶式的上代情仇，白发高手的指点与传功，少林武当等名门正派的出手干预，等等。

而如今由于国内单机游戏盗版横行等诸多因素，国内游戏开发公司纷纷放弃开发单机版的武侠游戏，使得目前国内单机版武侠游戏较为稀少。但是方兴未艾的网络游戏和网页游戏市场对于武侠的青睐丝毫不减当年。中国的神佛道仙、妖魔鬼怪加上点西方味道的魔幻气氛，形成了不论是在网络文学还是在网络游戏中都十分流行的所谓"玄幻"题材。架空的世界观，丰富而充满戏剧冲突的角色，为设计宏大的游戏创建了完美的背景。

中国人的武侠情结要上溯到《史记》甚至更早。《史记》之《刺客列传》中的英风侠骨，千载之后犹令人追怀不已。豫让漆身吞炭，怀抱"士

"为知己者死"的决心去行刺,以报效故主;荆轲刺秦,众人相送,衣冠如雪,击筑悲歌。唐传奇中的《虬髯客传》是一篇杰出的武侠小说,金庸盛赞它是武侠小说的鼻祖。

五四运动为个人解放带来了新鲜的空气,虽然武侠小说长期被视为新文学的对立面,但它必然地受到时代风气的影响而发生巨大变化。王度庐的小说就深受新思想的影响,他最早将武侠故事与爱情悲剧结合在一起,对后来的创作者乃至"新派武侠小说"的代表金庸、古龙都有影响。中国的武侠小说发展到金庸、古龙,终于让人生出高山仰止之叹。

人们常说,武侠小说是"成年人的童话",其实它并非回归童年那种简单的梦想,中国人心中的武侠情结来自古老的文化传统,来自超越现实生活的渴望。在武侠小说中,中国文学的想象力得到了充分的体现。

谁不向往鹤飞冲天、铁骑奔腾的侠骨英姿?谁不羡慕双剑合璧、闯荡江湖的风云儿女?侠客们超越了温柔敦厚的古老说教,跳出了平凡琐碎的日常生活,永远不为吃饭谋生发愁,向着自己的目标进发,历经磨难而终成大器——这正是我们许多人的人生理想,有的人能够看到它变成现实,有的人却始终壮志难酬。武侠文学就成为我们间接地感受梦想的手段。

(六)失落的宝藏

第六类,冒险游戏玩家的最爱——"失落的宝藏"。

一个价值连城、关乎世界命运的史前宝藏被埋在一个极度神秘的地方,一个强大的勇士破除重重机关,杀败无数敌人,最后找到宝藏,一般就是这类故事的叙述风格。在冒险的途中,你会经过美丽的山岳、茂密的丛林、古老的坟墓、璀璨的文明古国,甚至还有时空隧道、超能力等,"古墓丽影"系列便是其中的代表作。

"古墓丽影"系列是由 Eidos 推出的动作冒险游戏,系列第一部于1996年发行。这款游戏的特色是采用了女性角色为主角来进行冒险,游戏的成功也连带地将身材火辣、剽悍敏捷却又有着高度知性的动作派考古学家劳拉(Lara Croft)推上了电玩经典角色之列。

如果从广义上推演出去,把那些冒险动画也作为游戏开发的宝库的话,那时下流行的《海贼王》也正是这个故事类型的佼佼者。而且这类故事也有着经久不衰且无限延伸的一大开发优势。只要不停地有宝藏出现,或者终极的宝藏还没有被找到,我们的主角们就可以不停地战斗下去。

（七）组织的叛徒

第七类，动作类游戏的主角——"组织的叛徒"。

虽然叫作叛徒，但是这个"组织"是邪恶的，而这个"叛徒"是正义的。故事中往往会有一个一手遮天、富可敌国的组织，主人公因为某些原因离开了组织，然后隐姓埋名地生活。但是命运不会放过他，他将不得不重新面对庞大的组织，干掉大量的杀手，最后直捣黄龙。这个故事类型由于提供了一个很好的以一敌众的机会，因此成为很多动作类游戏的宠儿。《杀手——代号47》和"合金装备"（又译"潜龙谍影"）系列便是其中的代表作。

虽然"合金装备"系列被其制作人小岛秀夫定义为"动作潜入"类游戏，但其实从本源看，它算是军事动作类游戏的延伸，只是把其中的"杀戮"要素转化成了"偷袭"而已。

（八）拯救世界

第八类，最伟大的目标——"拯救世界"。

世界快要被邪恶组织毁灭（往往是靠研发一种特殊的武器），主人公及其战友们为了爱与正义，华丽丽地把邪恶组织打败了，这就是"拯救世界"故事的主线，中间一般都会穿插大量的亲情、友情、爱情的桥段。现在市面上流行的"火影忍者"系列（包括漫画、动画和游戏）就是这类故事的典型代表。

这一类型的经典游戏代表还有"最终幻想"系列、《黑暗虚空》和"使命召唤"系列等。在游戏中，主人公们往往拥有一个小队的死党（往往还有一个关系暧昧的女性，战争系列除外），这个小队通过各展所长互相配合，最后达成目标。

第二节　开发者如何自我评价

自我评价是自我意识的一种形式，是主体对自己思想、愿望、行为和个性特点的判断和评价，是一个人对自己的身心状况、能力和特点，以及自己所处的地位、与他人及社会关系的认识和评价。儿童把自己当作认识主体，从客体中区分出来，开始理解我与物和非我关系后，通过别人对自己的评价和对别人进行评价的过程，逐渐学会自我评价。自我评价是自我

第五章 游戏创意如何满足用户的需求

意识发展的产物。

自我评价的发展的一般规律是，评价他人的行为→评价自己的行为→评价自己的个性品质，它是自我教育的重要条件。人对自己的思想、动机、行为和个性的评价，直接影响学习和参与社会活动的积极性，也影响与他人的交往关系。一个人如果能够正确、如实地认识和评价自己，就能正确地对待和处理个人与社会、集体以及他人的关系，有利于自己克服缺点、发扬优点，在工作中充分发挥自身作用。实事求是地评价自己是进行自我教育、自我完善的重要途径之一。

人的知识、才能通常是处于分散、朦胧状态的，需要人们不断地挖掘。每个人可以从自身兴趣爱好、思维方式的特点、毅力的恒久性、已有的知识结构、献身精神等方面作出自我评价。一个心理健康的人作出恰当的自我评价，他能体验到自己存在的价值，对自己的能力、性格、优缺点能客观评价；能接纳自己，对自己抱有正确的态度，不骄傲，也不自卑。心理不健康的人常缺乏自知之明，对自己的优缺点缺乏正确的评价，或是自高自大、自我欣赏，或是自暴自弃。

古语有云："人贵自知。"正确的自我评价是一件非常重要的事情。推演到游戏程序上，我们可以称其为"自检"。很多同学有很多创意，但是往往很难判断这些创意的价值。也有很多同学认为只要是自己认真想出来的创意都是好创意。如果你留心观察，会发现身边不乏这样的人，一旦他们开始发表意见，你就很难纠正他们的观念，哪怕这些观念有着显而易见的漏洞。也不能说这些人是自信或者顽固，只能说他们缺乏一种自检的机制，缺乏对自身观念重新审视的能力，而这种能力就是本书说的自我评价机制。上文中对于自我评价概念的阐述可能比较宽泛，如果你对你的整体性格都有一种自发的思考与评价自然，这是再好不过的。但是游戏制作者往往都是热血激进的年轻人，让大家"一日三省吾身"似乎不太可能。这里要求的自我评价其实就是对自己某部分思想进行有系统有目标的评估，比如说创意。

在此重申一下，笔者所指的自我评价机制并不是说让开发人员把自己关在实验室里自我反思。自我评价可以是个人的自省，也可以是团队内部的纠错程序。如今绝大多数的游戏玩家都知道暴雪公司，除了高质量的游戏之外，它也是"跳票"的代名词。在现在游戏公司都急于推出自己未完成的游戏的时代，暴雪公司依然坚持"哪怕牺牲档期，不可牺牲品质"的座右铭。它当然不是傻子，不是放着钱不赚，而是为了提升游戏的品质，暴雪公司在内部就不停地对自身未下线的产品进行自我评价，而这种自我评价就是整个研发团队共同合作、对游戏进行修改纠错的过程。我们经常听说暴雪公司放弃了某某游戏原先的设想、推倒重来云云,当然,未必每次都这么夸张,但是起码显示了暴雪公司对"自我评价"的重视。

一、对创意进行自我评价的重要性

为什么说创意一定要经过自我评价这个环节?因为创意本身是用来打动别人的。

在公开创意的时候,是否能够打动别人完全在于这个创意的完整程度,如果需要他人根据你的创意再进行修改,他人往往会对这个创意失去兴趣。这里说的自我评估并不需你根据自己的创意写出一份完整的评估报告,因为这是市场部门要做的事情,你要关心的是你的创意别人能给出多少分。因为笔者曾经遇到如下情况:一个学生找到笔者,说他有一个很不错的点子,是关于侦探推理的,于是笔者就饶有兴趣地请他讲来听。当他讲梗概时,笔者确实被这个故事吸引了,但是不到几分钟,这个学生的思维就陷入混乱中,因为随着讲述的进行,笔者会简单地提出一些感兴趣的问题,他也会随性地做出回答,但是很快他发现这些问题的答案在他脑中是前后矛盾的。当然,笔者尽量帮助这位学生一步步推敲,拟定一个故事大纲,但同时笔者对这个故事的兴趣也丧失殆尽。最后笔者和这位学生一定都有一个相同的疑问:"这到底是我的故事还是你的故事?"

这种情况说明很多人的创意在雏形阶段往往是能够吸引人的,但是由于缺乏对细节的推敲,创意会因经不起听众推敲而逐渐变得平庸。当你被听众的意见带入思维迷宫的时候,你就会发现原来你根本就没有深思熟虑过。听众一旦发现你故事中的漏洞,他们未必会像老师对待学生那般宽容;如果是老板做你的听众,你一定会发现他的脸上呈现出的耐心越来越少,怒气会越来越大,因为他会认为你浪费了他的时间。

你不能指望听众在脑中为你完善故事,因为即便他们这么做了,你也会发现每个听众脑中的故事版本是不同的。听众对你的故事一旦失去兴趣,你就很难再因为同样的故事而引起他的兴趣。我们能做的只有一点,在给出创意前进行一个自我评估,模拟你的听众,想象一下他们可能提出的问题,然后进一步完善你的故事。因此,你必须拥有一个自我评价的标准。

二、游戏设计者的自我评价依据

很多从事游戏开发的人都立志成为一名游戏设计人员。当然,这是一个大家努力谋求的职位,薪酬高,能实现自己的想法,还不用成天机械化操作。在游戏开发团队的所有工作中,游戏设计是一种负责提供创意的工作。很多情况下,游戏的成功往往归功于游戏设计人员。与其他工作一样,游戏设计既需要天赋,也需要技巧。天赋是天生的,但技巧是可习得的。一名好的游戏设计人员需要有较扎实的技术基础。

也许是因为对于一名理想的游戏设计人员的技能要求太广、太高,难以定义,所以对游戏设计这一职位的要求常常被低估。很多开发小组只是把游戏设计看成一个技术性项目领导,或是整个团队完成的公共处理过程,实际上,对优秀游戏设计人员的要求远比对技术领导的要高。评价一名游戏设计人员是否优秀,必须考虑哪些主要方面?我们可以根据以下内容进行评估。

(一) 想象力

我们都知道游戏是"假"的,游戏中的世界是"虚拟"的,游戏存在于人造的世界,这是一个由虚假规则统治的虚假世界。要创建这样的世界,想象力尤为关键。幸运的是,对大多数人来说,这不是问题,即使你认为你的想象力不是你的强项,也可以发展和提高它。

想象力就像人的肌肉一样,通过正规训练,它可以变得更强壮、更灵活。想象力表现为多种形式:视觉和听觉想象力使你能想象出新建筑、树木、动物、生物、衣物和人,他们的声音以及他们说话的奇怪方式。

想象力大致可分为戏剧性想象力和总体设计想象力。戏剧性想象力可用于开发有趣的人物、情节、场景、动作、表情、天气和最终结果。总体设计想象力用于实现游戏想法、游戏设计与游戏情节的相互作用与其所依赖的表现方式之间的关系。

想象力也不只是构成思考全新事物的能力,它还可以推陈出新。游戏业的很多人对一些旧的和熟悉的事情视而不见,这其实是对游戏的设计缺乏一定的想象力。在想象力方面,J. K. 罗琳在她的小说"哈利·波特"(*Harry Potter*)系列中就做得非常出色。

（二）技术意识

技术意识就是对实际的计算机（尤其是游戏）编程工作的大致理解。你不一定要成为一个软件工程师，但如果你有一些编程经历，即使是 Java 或其他简单的语言，对你也是非常有好处的。计算机游戏设计人员设计的游戏是要在计算机上运行的，因此，你需要了解计算机擅长做什么、不擅长做什么。如果设计人员不切实际地要求计算机做它们所不能做的，那他将寸步难行。例如，计算机不能很好地理解英语语言。如果你设计的游戏要求计算机能解释从键盘输入的复杂句子，你的编程人员将会向你诉苦。

作为一个游戏设计人员，你还必须具有目标平台的技术能力的基本知识。至少，你需要了解你设计的产品是用于家庭控制器、桌面计算机、手持式操作台还是其他，你所设计的每一个游戏特性都必须能在目标机器上运行。如果有疑问，可以询问编程人员，了解目标平台的局限性有助于游戏的设计。

（三）分析能力

没有哪一款游戏一开始就是完美的，游戏设计就是一个反复推敲的过程，贯穿于从草图到最终产品的整个过程，因此，你必须认识设计的优点和缺点。这需要有敏锐的逻辑思维能力和清醒的头脑，需要有较高的智力和分析能力，以处理一些模糊概念。

要客观地评判你自己的工作是一件很难的事情。你可能对自己的要求非常严格，认为自己的工作毫无价值；或者，你也可能对自己的工作熟视无睹，无法以客观的角度分析你自己的工作，无经验的设计人员经常犯这两种错误。

解决这些问题不容易。良好的自我分析技能来自实践。为了实际检查你的分析，你可以借助其他人的评论（这永远是一个好办法），听听你的同事如何看待你的设计。尽力选择那些能给你无偏袒意见的人。朋友和家人通常不是好的选择，他们要么对你太宽松（毕竟他们是与你较亲近的人），要么对你过严（因为他们对你的期望值很高）。

在设计阶段检验主导（即其他无法比拟的）策略以便在编写代码之前将不好的剔除出去时，分析能力显得特别有用。正如著名游戏《红色警戒》(Red Alert)的坦克一样，在《红色警戒》游戏中，坦克的作用非常突出，有经验的游戏者会将全部精力放在坦克的生产上，这样就可以在敌人建立防线之前将他彻底摧垮。

（四）数学能力

设计人员必须有基本的数学能力（尤其是统计数学），因为平衡一款游戏是体量很大的数学工作，也是一项很艰难的工作。在实时策略游戏或战争游戏中，如何确保游戏中没有唯一的游戏策略或核心的作战部队选择，就需要大量的数学运算。

但这不是说你需要数学专业出身——你并不需要从头开始推导出一些复杂的公式，你所需要的是一些统计方法知识。即便如此，有些时候这些数学问题也可以由计算机处理。如果你擅长电子表格编程（如 Microsoft Excel），你就完全可以处理这些数学问题。

（五）审美能力

尽管不需要你是一个艺术家，你还是应该具有基本的审美能力以及艺术判断力。太多的游戏雷同，它们都是来自类似的原型和模板，而不是实际的构思。你（和你的艺术主管）负责游戏的格调，创建和谐一致的游戏外观。

假设设计一个聪明、意志坚定的女刺客，很多设计人员会将她设计为穿着紧身的黑色皮衣，并配上一个提包、一把闪光的自动手枪。也就是说，他们更愿意选择原型，这是一个简单的方法。一个有创造力的设计人员可能会将她设计为穿着迷你裙，配着弯弓——具有男子汉的气概，这样会更让人感兴趣。一个好的设计人员应该意识到，一个刺客需要融入周围环境中去，不能让她的外貌与众不同，但又要让玩家易于辨别。设计人员还要考虑她的个性，将她设计为具有独特的个性——与众不同但谦虚。劳拉就是这样一个很好的例子。除了夸张的身材比例外，她穿着得体，其作为一个探险者的角色来说，可以很容易地被辨别：身材短，大圆帽，远足鞋，更重要的是，她的衬衫颜色特殊，在"古墓丽影"系列游戏中没有其他人穿这种颜色的衣服，这使得她在屏幕上很显眼，只要你看到了这个颜色，你就看到了劳拉。

要尽可能地提升你的审美水准，学习一些基本的艺术知识：合成的原理，哪些颜色协调，哪些不协调。买些经典的艺术书籍，参观一些艺术博物馆，了解一些著名的艺术运动——新艺术主义、超现实主义、印象派艺术，改变我们看待事物的方法。观看一些以视觉风格闻名的电影，例如《大都会》（*Metropolis*），然后看看建筑、内部装饰、工业设计等更切实际的艺术。所有这些对你的游戏都有益，你的艺术体验越丰富，你就越有可能创建艺术上有创意的产品。

(六) 常识积累

一些好的游戏开发人员是程序员出身或至少接受过一定的科学训练，只要他们将自己狭隘专业知识领域扩展开来，就可能成为好的游戏设计人员。具备基本常识对游戏设计人员很有用，它是你研究你所不熟悉的领域的能力。如果你精通数学、逻辑、历史、文学、艺术、自然科学，了解时事，对你的游戏设计将很有帮助。游戏设计人员吸收的原材料越多，最终设计出来的游戏将会越精彩。

作为游戏设计人员，应多看些电影和文献（历史频道和探索频道就是很好的资源）。还要阅读一些图书，既可以是直接相关的研究成果，也可以是背景材料。百科全书是了解某个主题内容的起点，它所含的信息可能对具体的游戏设计来说太平常了，它只是你进一步了解相关内容的出发点，从这里开始，再阅读一些其他更专业的图书，你就可以增长该领域的知识。这些图书不一定是很深奥的——除非你要开发诸如历史题材的模拟游戏，你可以看一些针对少儿的主要讲解背景知识的图书，毕竟，你不想冒与游戏用户疏远的危险，但太接近真实生活（这需要专业知识）的游戏也会使游戏用户失望。

(七) 写作技巧

专业游戏设计人员必须具有良好的写作能力，这意味着你的写作应清晰、简洁、准确、不含糊其词，最为重要的是要有可读性。除了要为每个游戏设计编写几个详细的文档之外，你还需要编写故事情节或对话，尤其是当游戏预算不足以聘请一个脚本编写者时，更需要设计人员有良好的写作能力。

游戏写作有多种形式，这里简要介绍其中几种。

1. 技术写作

技术写作就是编写设计文档的过程，以供开发之用。游戏中有可能出现的问题都必须在此明确、简洁地回答出来。例如，如果某农场一个农夫每周生产一个单位的食物，那么五个农夫能否生产五个单位的食物，还是额外的农夫将会有额外的消耗？农夫自身的食物是否要计算在内？对于一个给定的农场，能容纳的最大农夫数是多少？如果所有的农夫在袭击中被杀害，农场将会如何？如果建筑没有立即被破坏，新农夫是否可以占领它们？农场如何创建？农夫从何而来？以什么样的速率来？游戏者是需要管

理创建农场的过程,还是由农夫自己进行?农夫可以参与战斗吗?等等。

2. 故事写作(叙述)

故事写作在游戏手册的编写中起着重要的作用,写作的内容包括手册中的背景介绍、角色(人物)描述、一些介绍性、过渡性的文字以及其他文字(如人物说明)等。

3. 对话写作(剧本)

对话写作用于声音旁白和故事发展。不幸的是,大多数游戏中的对话甚至比20世纪70年代的电视节目中的对话还粗俗,而表演也好不到哪里去。要避免陈词滥调,使用与每一人物个性相符的文法和词汇。如果你熟悉方言,可以添加一些到你的游戏中去。"星际争霸"系列游戏就很好地使用了南美方言,包括贵族、粗暴的老将军、讨厌的骑车人以及快乐的技修工等在内的人都在使用。

除非你能有效地表达你的想法,否则世界上最伟大的游戏设计才能对你也是毫无用处的。作为一个游戏设计人员,你需要从不同的层面宣讲你的设计。首先,你需要从专业角度向游戏出版商展示你的设计,然后你需要向开发团队展示。这些可以直接口头表述给他人,也可以通过书面形式来完成,不过结果都是相同的。你需要将你对游戏的热情和游戏的亮点传递给开发团队,以便他们能按照你的设想来创建游戏。

(八)绘画技巧

一些基本的绘画和素描技巧对游戏设计很有用,尽管这对游戏设计人员来说并不是必备的技能。

当你要表达一个游戏想法时,就会体会到俗语"一图值千字"是最正确不过的了。大部分的计算机游戏严重依赖可视化内容,并且,当你向第三方介绍产品时,其中的绘画素材也很重要。游戏发行主管对最新总体设计、热点市场或热点出版感兴趣,但只有图片才能让他们激动,图像将销售主管所听到的其他内容关联起来,否则,即使你不停地谈论游戏最新的总体设计,一旦你离开了,他们也就忘记了,因为他们对设计没有感性认识。但如果你使用了图像,即使他们忘记了具体内容,仍然能记住这些画面。

(九)整合能力

对一个专业游戏设计人员来说,最重要的可能就是内容折中以及整合多种意见,同时保持游戏的一致性和完整性。在理想世界中,我们可以设计任何适合我们的游戏，从不需要考虑发行人员的要求或用户的兴趣。但是，面对现实的市场情况时，对这些外部要求和兴趣确实不得不加以考虑，多数时候，游戏设计人员总是被游戏类型或发行所限制。

开发团队和发行公司中的不同人都会关心他们自己的专业领域（编程、艺术、音乐等），他们的意见将推动游戏设计朝不同的方向展开。作为游戏设计人员，必须坚持游戏的唯一版本，严格遵照你的构思，忽略其他考虑。毕竟，在你的公司中还有大量其他的声音存在，但你必须坚持，原因如下：

（1）必须允许开发团队有自己的想法，否则他们对参与该项目就没有动力和激情。任何人开发计算机游戏都不只是为了金钱，参与是为了作出有创造性的贡献。

（2）设计人员的优势在构思上而不是在开发上，商业游戏的开发周期不能太长。开发的最终工作是要交付整个游戏。

在很多情况下，你会得到一个简短说明，以限定你设计某种类型的游戏。不论你的客户是发行人员、出版商，还是最终用户，能在这种限定范围内满足他们的需要是很重要的。除非你是很出名的游戏设计人员，仅凭你的名字就能保证游戏设计的成功，否则不太可能完全让你自由支配。（如果真有这种情况，恐怕要等你进入游戏行业15年以后才可能遇到。）

以上是成为一名优秀的游戏设计人员的重要品质，你可以闭上眼睛衡量一下自己是否具有这些品质中的大多数，哪怕是一部分。总的说来，游戏设计不是一种神秘的艺术，而是一种手艺，就像其他的手艺一样，也可以从实际应用中学到。正如前文提到的，很多技巧与素质是后天形成的才能，因此，如果你发现自己欠缺某些才能的话，现在正是弥补它们的时候。

知识拓展

一款游戏的诞生

游戏好玩，这点相信大家已经有了切身体会，不然也不会认真读到这里，但是游戏是怎么做出来的？很多人都会给出不一样的理解。毕竟电子游戏与大家常见的数字娱乐产品不同，例如电影、音乐、电视剧等，均是线性音视频，其表现形式相对稳定，因此，从总体上来说，创作方式也比较统一。但是电子游戏属于非线性的交互工具，所以创作很难遵循一定的

第五章 游戏创意如何满足用户的需求

规律,而且游戏的种类不同会导致完全不同的呈现形式,并非只框定在传统的屏幕和音响之间,故我们很难用一套体系去拆解所有游戏。

笔者在从事教育工作之前也从事过游戏开发工作,但由于游戏开发的概念非常广泛,因此也不可能全盘知悉所有环节的工作细节。不过从游戏公司的人员架构上还是能分解出整个游戏的制作轨迹的。首先,一流的大公司,包括暴雪、育碧,也包括国内的网易、腾讯,再大的游戏设计公司也不会把几百人的团队全部投入到一个游戏项目中。大公司和小公司的区别只不过是大公司能够同时研发多款游戏的,而小公司只能专注于一款。一款游戏的制作团队,其核心往往不会超过 10 个人,究其主要原因,一方面,游戏设计人员自身都较有创意,相对地,合作起来也更难统一思想,所以,越大的团队,其管理上遇到的阻力更大,这是内因;另一方面,游戏项目开发本身具有很大的探索性,公司不宜把所有资源都倾注在单一项目上进行豪赌,一旦失败,将面临巨大损失,这是外因。无论如何,游戏开发的过程要比玩游戏辛苦很多,就像精美建筑的背后永远都是工人一砖一石堆砌的努力。

大多数游戏的起点都是可以追溯的。也许是因为公司拿到了一个好的 IP,比如,某公司拿到《圣斗士星矢》和《火影忍者》的游戏改编权,那一定是根据动漫故事的内容进行游戏创意。也有可能是几个负责人想到了一个很好的点子,比如最早的 MOBA 游戏就是设计者觉得即时战略游戏过于复杂、希望大多数玩家都能避免烦琐的游戏机制从改编地图来的。还有可能只是因为公司某些核心技术领先,而长期开发类似款型的游戏,例如掌握虚幻 4 引擎后,游戏开发公司一定是优先制作突出三维空间感的游戏,从而发挥辛辛苦苦开发或者购买的引擎的优势。所以,游戏制作的第一步就是盘点开发者自己手里有什么资源以及如何使用。我们一般管这一步叫立项。

如果是一款原创游戏,那么立项完成以后就是开发核心玩法。如果要用一句话来解释游戏的核心玩法,那就是如何让玩家觉得自己胜利了。射击游戏是以玩家击毙对手作为胜利的,战略游戏是以玩家用部队占领对手地盘作为胜利的,竞速游戏是以玩家比对手先到终点作为胜利的,卡牌游戏是以玩家先出完手里的牌或者坚持到最后作为胜利的,这些就是所谓的核心玩法。将这些提炼出来,可能所有人都会觉得很简单,但是这些游戏模式已经发展了几十年,如果设计者想确保玩家乐于接受这些胜利果实,并且不觉得是老调重弹,那就需要好好动动脑筋了。

核心玩法往往是基于立项所要做的游戏方向、IP 或者技术方向等因素归纳提炼出来、然后反复讨论—推翻—再讨论后得出的。在初步确立核心玩法后，一定要花足够长的时间做测试，因为一旦核心玩法出现问题，意味着你展开的后续工作可能是盲目的，都会化为泡影。核心玩法作为游戏的核心，是用户沉浸在你的游戏中的后续的数值、系统、美术，包括游戏画面中所有的元素如血量、蓝量、按钮、地图、道具等，并且游戏角色的所有属性都需要围绕这个核心展开。

　　研究一下我们最熟悉的 MOBA 游戏的核心玩法演化史，就可以体会到设计好一套核心玩法有多难。无论是 MOBA 还是先辈战略游戏（RTS），核心玩法就是"打仗模拟器"。早期成熟类型的打仗模拟器主要是以"红色警戒"系列、"帝国时代"系列、"星际争霸"系列为代表的即时战略游戏。这些早期的战略游戏突出还原战场的效果，要么模拟大数量的兵团作战，要么模拟立体的战场环境。但由于对操作要求很高，因此对大量的轻量化玩家很不友好，两个操作水平相差甚远的玩家很难通过对战获得乐趣。于是，暴雪在之前"星际争霸"系列成功的基础上提出了一种更简便的打仗模拟器，即《魔兽争霸3》，它把玩家需要操纵的单位压缩到2队兵之内。当然，为了增加乐趣，增加了英雄系统。这个时候《魔兽争霸3》其实已经不能完全地被理解为即时战略游戏了，个人认为称之为即时战术游戏更合适。在《魔兽争霸3》中，一个长官带着十几个战士，明确地进行精准打击，这更像是美国大片里看到的手术刀式战术行动。《魔兽争霸3》的成功毋庸置疑，但是玩家在游玩时还是发现，水平较差的人依然存在，"大神"依然高山仰止。尤其是那时电竞热潮的兴起，让我们愈发明确了我们和"大神"之间的距离。高手是在每分钟按键300次的操作下，能将游戏中的各个角色操作到极致，而普通人依然会在一场对局中失败。风起云涌的电竞热潮让大家关注到了《魔兽争霸3》，但是越来越多的"菜鸟"进到游戏以后却被高手虐到生无可恋。于是，大家把关注点放到一个只需要控制好一个英雄就能打好对战的自定义地图上。DOTA，这个 MOBA 游戏的定义者就此诞生了。笔者当然知道 DOTA 不是一张 MOBA 类地图，早在"星际"时代就有"大神"进行了探索。但是不得不承认，DOTA 这个名字让这一类玩法正式被玩家所熟知，甚至当 MOBA 这一游戏类别的名称被提出之前，此类游戏或地图长期被冠以"类 DOTA"游戏这个名称。

　　之后，从 DOTA—DOTA2—LOL—《王者荣耀》，一路的演变符合现在绝大多数年轻人的成长轨迹。从最早的"红色警戒"系列、"星际争霸"系列—《魔兽争霸3》—DOTA—《王者荣耀》（手机玩家几乎人人都玩

第五章 游戏创意如何满足用户的需求

过），这一路走来你会发现游戏的核心玩法其实遵循着一种博弈论的发展轨迹，说白了就是海量的休闲玩家和少数核心玩家的博弈，而博弈的核心就是游戏的操作难度。对竞技类游戏而言，休闲玩家需求的是快速上手和深度有限这两点，即"打开游戏就能玩"和"我和高手差不多"这两个原则。而核心玩家需求的是操作深度和可练习性，即"操作好就是比你强"和"操作可以通过训练变强"这两个原则。其实和体育运动非常相似，这也从侧面说明为什么电竞游戏能归为体育赛事。从上面所说的游戏发展轨迹中，我们不难发现，游戏设计者们在这中间是做了取舍的，总体上，现在的打仗（或者你叫打架也行）模拟类的游戏操作要比之前的款型简单很多，这说明总体上是海量休闲玩家获得了博弈的胜利，但是别忘了玩家们是靠什么获得这种胜利的——通过皮肤购买、权限充值和流量消耗等海量的金钱买来的。

在MOBA类游戏的核心玩法演变中，游戏设计者在更强的拟真性和更好的上手度上做了权衡，因为需要迎合带来更多利益的普通玩家而放弃了硬核的游戏操作，最终倒向身为"菜鸟"的我们。这个过程其实还暗含一层博弈关系，就是脑子和手的博弈。我们会发现，在观看电竞高手比赛的录像的时候，绝大多数的操作你都能看懂，你甚至会想，我上我也行。但是真正操作的时候，笔者相信绝大多数玩家都是力有不逮的。所以，在这场脑子和手的博弈中，手其实永远是输家，永远是落后的。于是，设计者就不为难你的手了，只要你脑子够用就行，因此，现在的MOBA游戏操作大同小异，手机版甚至已经是傻瓜操作了。但是操作意识却显得尤为重要。笔者和读初中的侄子单挑，他连招打得总是比我好，但是到了5V5，他的KDA就要比笔者差不少。这些意识差是怎么产生的呢？那就是在对战中无处不在的非对称博弈造成的。首先，信息非对称。我站在草里，我看得到你，你看不到我；你掌握较少信息，你吃亏。其次，数量非对称。我知道我操作"菜"，所以我从来不找人单挑，永远跟团，人多打人少。再次，实力非对称。我热衷于打后手，永远先打残血，不追死不罢休，喜欢欺负弱者。最后，动机非对称。我的动机是为了赢得比赛，而不会计较个人生死，所以该牺牲时绝不拖后腿。这些规则笔者相信只要是正常的玩家都是明确知道的，但是往往打起来就上头的人不少。就像踢足球的都知道没机会射门的时候就要传球，但是最后盲目出脚的人还是很多。大家现在就明白了，作为成年人，我们面对非对称博弈的机会实在是太多了。员工对老板、学生对老师、销售对客户等，我们的博弈经验要远多于青少年，所以这也就是为什么单挑我们打不过小朋友，但是团战的时候就可以。非对称博弈是我们日常生活的常态，我们要熟悉它，更要掌握它。

让我们再从核心玩法的层面出发来看看这些游戏的博弈关系是怎么演变的。总体而言，也是从对称博弈向非对称博弈演变。早期游戏的核心玩法基本都是对称式的，对称的游戏好设计啊，你有什么我就有什么。你能造坦克，我也能，设计起来多简单。但是打起来以后，大家发现你有10辆坦克，我有8辆，对不起，不用打了，我认输。我们最初玩"红警"就是这样的，这样的游戏乐趣就大打折扣了。后来为了营造信息非对称，游戏设计者想到了一个非常经典的点子——动态战争迷雾。从我不知道你在哪里，到我不知道你在干什么，营造了极大的信息差，完美地模拟了紧张的战场氛围。这个规则一直沿用到现在所有的对战游戏里。然后从《星际争霸1》开始，暴雪提出了三个兵种和打法完全不同的种族。在对战中，我们时刻都面临着田忌赛马般上中下互相博弈的情况，你出小狗我就出机枪兵，你出机枪兵我就出刺蛇，你出刺蛇我就出坦克，你出坦克我就出小狗，这种生死循环是当时我们津津乐道的博弈方式。从《星际争霸1》三种族到《魔兽争霸3》四种族外加中立英雄，暴雪都会通过数十版的调整让各种族胜率相近，如此才能勉强维持这些电竞游戏的相对公平。所以，之后没人敢再挑战四个完全不同种族以上的即时战略游戏，哪怕暴雪自己。发展进入到MOBA游戏时代，大家都知道，MOBA游戏可是靠卖皮肤赚钱的呀，管它什么平衡性呢。先准备100个英雄，卖卖皮肤再说。MOBA游戏设计的时候是不考虑平衡性的。那它又是怎么把不平衡的游戏伪装成看起来很平衡的呢？

首先，只要是竞技性对战游戏，宏观平衡性还是要讲究的。最基本的，对战双方人数要一样，场景要一样，资源要一样，等等，这是对一个正常游戏的基本要求。但是从微观上讲，要把对局内部的平衡性做好，就很讲究了。最简单就是对称博弈，你有什么兵种，我有什么兵种。然后暴雪在对战中设计了不同的兵种，你出小狗的时候，我在出机枪兵，那么问题来了，两种单位的生产价格、能力参数、攻击方式都完全不一样，怎么保证平衡呢？最简单的办法，把兵种的基本参数拆解出来，例如生产价格、移动速度、血量多寡、攻击强弱、射程距离，这些算是最基本的，全部分量打分，同级别的兵种保证总分相同。例如小狗，攻击力低一些，但是生产快、价格低。反观机枪兵，攻击力高一些，还会远程攻击，那就生产慢一些、贵一些。如果这些数值还不够，那就继续加入诸如所占人口、随机数值、伤害范围、属性相克、护盾护甲、碰撞体积、特殊技巧等。所有都分量打分，同级别兵种还必须相近。当然，很多时候这种数值评判是

第五章 游戏创意如何满足用户的需求

带有设计者主观意愿的,而且还牵涉到数量。例如两只小狗是一定能打过一个同价格机枪兵的,但是200只小狗可远远打不过100个机枪兵,因为远程部队会大规模增加攻击效率,所以这些都会被计算在平衡得分内。最后,每个种族所有兵种的总评分应该是极为接近的。多种单位,属性不一,但总能力相当,我们把这样的平衡性叫作差异平衡性。回顾一下暴雪经典的即时战略游戏,每个种族都有十来个兵种,还不算建筑和附属召唤单位,每个兵种又有十数个参数,你想想要搞平衡该有多难。当然,暴雪最后也不胜其烦,毕竟众口难调,最后只统计战网上各族对战的胜率。胜率接近了,总体感觉就平衡了。

即时战略游戏大概是这样的设计逻辑,但是毕竟已经是明日黄花,我们不深聊了。我们来说说进阶以后的MOBA游戏。MOBA游戏的设计者可不想遭前人遭的这个罪,等你全算清楚了,别人的游戏都赚翻了。因为即时战略游戏中的一个种族有好多兵种,一个疲软了,可以马上造另一个,设计者只需把各种族的兵种设计得强弱有序,玩家就不至于特别绝望,一级兵打不过你,我就升级二级兵,你有二级了,我就考虑三级兵,总有一款适合你,这就是田忌赛马的博弈问题了。但是MOBA游戏考虑到我们手残的操作,一般只给了我们4～5个操作选项,而且只能控制自己,所以设计者可控的元素就大大减少了。加上现在一款最基本的MOBA游戏,随便就是60个英雄起步,还不带重样的。少了不行,因为涉及商业因素。怎么才能冠冕堂皇地添加新英雄而既不影响平衡性,又能从金钱上得到玩家的认可呢?这个问题可没有难倒聪明的设计者。

首先,BP机制,就是Ban & Pick的简称。MOBA游戏有那么多英雄,为了打起来好看,对战双方英雄还不能重样,这可是在给平衡性不停地挖坑。有了BP机制以后,玩家居然就觉得平衡起来了。这其实是设计师不负责任的表现。BP的核心思想是:这么多英雄,我也搞不定了,你们玩家自己觉得谁赖皮就禁用谁吧。呼声不高,我就少禁一些,呼声高了,我可以一个一个地增加Ban位,反正游戏中的英雄非常多。可以说,BP机制就是把获胜概率这个数学问题转换成了阿Q精神这个心理学问题。你也可以理解成这是在总体规则的基础上,玩家参与规则细节的再次指定,且每次规则均不确定。从纯竞技体育角度上看,这是不严谨的,但是起码可以维持观赏性。目前MOBA的游戏机制总体还是好的,它大大降低了游戏开发的难度,增加了玩家的参与度,甚至还在对战游戏开始前增加了些许卡牌游戏的乐趣……好处还有很多,但是就是别指望它能提升多少平衡性。

其次,不给你好好对线。有朋友要说:"我打LOL啊、《王者荣耀》

啊，最擅长的就是对线啊。"但是游戏设计者为了不让你在对线中发现游戏平衡的 BUG 可是煞费了苦心。三条道，塞进去五个人。朋友们，有没有想过，为啥不多不少五个人？我们来设想一下，一个人一条线，这不讲了，那就是简单的单挑，模式里有，相信玩过的都知道。但是这一单挑吧，不平衡的问题就暴露出来了，你说一个"铠"和一个"瑶"要怎么平衡？两个人两条线，很容易造成一人守一边，老死不相往来，最后变成两局单挑。而且就算一条线吃亏了，你也不敢轻易舍弃，不然就变成了比谁拆塔快而不是打架了。三个人三条线，其实也是一样，因为绝大多数玩家打《王者荣耀》还是跟打架一种心态——"我就不信弄不死你"的这种心态。因此，设计者试了半天，发现五个人正好，如果是四个，一个人要跑全图，太累了，如果是六个，变成三路2V2，也存在风险。不如让两个人在地图上游走，造成三条线上都不平衡，美其名曰考验玩家的战术意识，其实就是不让你们好好单挑去找平衡性的茬儿。

最后，刻意营造经济差。大家打过 MOBA 游戏就知道，不管是操作好还是运气好，前期抢到几个人头，经济就起飞了，一旦起飞，那就是把对手摁在地上摩擦啊。于是一个敌人搞不定你，就会叫来帮手，这时只要你灵活游走，你们家其他人就是在四打三，甚至四打二。这时候你就会觉得自己水平很高。但是你想过没有，这就中了设计者的圈套了。你杀得正嗨时，哪会去想什么平衡性问题，还不都是我自己厉害么。其实对比一下其他竞技运动，不难发现，公平的竞技运动不会在对抗的过程中不停地增加优势方的优势。例如拳击，不可能你击中对方一次，就让你的拳套变强硬一点，如果这样的话，十拳下去就要出人命，那以后就不会有人练拳击了，因为一旦落了下风，就万劫不复了，竞技精神何在？暴雪的《风暴英雄》也这么想的，尽量不要让优势过分累计，而过早地进入比赛的垃圾时间。但是事实证明，玩家不买账，为什么？其实很好理解，这是在压制玩家的表现欲。玩游戏，本来就是大家开开心心展示自己个性的时候，结果占了便宜还要不停卖乖，多累啊。这也是很多玩家最后退出《风暴英雄》的原因：居然是太平衡了。

在此笔者要强调一点，并不是说这些机制不好，恰恰相反，正是这些貌似偷懒的机制让玩家体会到了各种游戏的乐趣。这都要感谢非对称博弈给我们带来的刺激，让我们想尽各种办法来掌握信息，采取主动，让自己成为优势一方。

在确定核心玩法之后就是 Demo 制作环节（如图1）。Demo 不用很复杂，可以大量借用现有的资源，但是应该包含最核心的玩法，或者用户可以获得核心体验，此外的平衡性、界面美观、数值调整等要求都可以往后放。Demo 的作用是验证之前所有的探讨是否可行，因为游戏设计大量的交互性，很多时候大家心里的美好愿望会随着大众玩法的随机选择而付诸东流。比如在 RPG 游戏中，一开始设计的核心玩家是鼓励玩家完成冒险，体验故事情节的魅力，但是可能因为操作太复杂，让玩家沉迷对战系统，而无法专心体会故事情节，如果是这样，那么之前设计师编写的感人故事和之后制作人员所有的努力可能都会化为泡影。当然，更多时候情况可能相反，所有游戏设计师都梦想能够创作出完美的游戏操控系统，键鼠也好，手柄也好，动态捕捉也好，这些操作系统在项目一开始创意的时候，设计师都是希望能够充分发挥它们的操作潜力，但是往往 Demo 一出来，大家会发现玩家无法实现设计师设想中的操作，从而无法操控角色进行游戏，这就需要通过 Demo 的调试以确定大众的平均水平，并且对之妥协。

图 1　一个学生小组原创小游戏的 Demo 图解

　　Demo 完成后，一旦获得了团队大多数成员的认可，游戏创作团队的负责人就应该根据内外部的资源情况开始指定完整的开发周期了。一般一个游戏项目的开发周期包括如下四个阶段：原型阶段→核心阶段→调整阶段→测试阶段。

1. 原型阶段

游戏设计的原型阶段就是尽量多地寻找资源，把游戏的框架逐步搭建出来，如游戏中需要什么样的世界，角色都是长什么样的，有什么武器道具，场景环境参考哪个时代，等等，以及最重要的——程序和引擎能不能支持这些设定，还有哪些新功能需要开发。原型的开发可以说是非常辛苦的，特别当一款游戏完全是原创的时候。我们现在看到的大多数游戏，原型阶段的开发已经轻松很多了，因为它们大都使用现成的游戏引擎，例如近年来功能日趋完善的虚幻4引擎（如图2）和Unity引擎，既支持二维也支持三维游戏的开发，而大多数游戏团队只是探索这些游戏引擎功能组接的新效果，以及完成自身游戏的剧情和美术开发。虽然这些开发引擎的公司也是受商业驱动，但是我们不得不感谢它们将引擎设计得越来越完善，使得开发游戏变得越来越简单和大众化，因为重新开发一款能够适应现代电脑手机和日趋精美的美术资源的协调程序要付出的代价是很大的，只有顶级的游戏公司才具备相关的资源，因此，现在的大多数游戏开发团队只需要把注意力放在游戏风格、数值开发、剧情与关卡设计以及世界观的营造这些具象的内容上。

图2 虚幻4引擎下快速实现的游戏场景

2. 核心阶段

经过原型阶段开发的资源堆砌，游戏的样貌应该已经被逐步勾勒出来了。但是，天下游戏一大抄，如果只是简单地堆砌，做出来的游戏可能和

第五章　游戏创意如何满足用户的需求

别的游戏不会有太大的区别。这时候，创作就进入了最磨人和攻坚的核心开发阶段。在这个阶段，设计师必须保证自己的项目和其他同类型的游戏有着尽量多的区别。例如，其他射击类游戏都可以瞄准射击，但是暴雪的设计师就想到除了射击以外，能不能加入近身作战元素，让射击游戏多元化。例如，其他赛车游戏都是比速度，任天堂的设计师就想着加入各种阻碍和陷阱，让赛车游戏充满对战的快感。这些功能作为核心玩法在初步讨论阶段已经被描绘出来了，但是必须通过现在这个制作阶段使功能实现。如果说你和其他公司使用相同的游戏引擎，那么就是通过这一步制作，调试出别的游戏不具备的特殊技能，从而保证你的游戏在市场上具有竞争性。与此同时，在这一步的开发阶段中，还必须考虑对核心玩法深度的拓展。打个比方，格斗游戏的核心玩法是用按钮控制角色移动和攻击，打掉对手血量，最后取胜。那么如何保证一个高手和一个乱按按钮的孩子能够体现出水平差距呢？这就需要在攻击模式、连击效果、时机选择、防御反击等方面进行大量的测试和抉择，这也保证了玩家能够在游戏过程中获得更多的提升。一款好的游戏一定要给玩家足够多的思考或者追求空间，玩家在游戏中玩的时长越长，积累的经验技巧越多，越容易获得胜利，这样玩家才会继续留在游戏中。

3. 调整阶段

核心阶段开发基本完成后，游戏项目就会过渡到调整阶段。这个阶段和之前的阶段不会有明确的界线，毕竟之前如果发现问题，不可能不进行即时调整。游戏开发的周期往往比较紧张，正如上文提及的，一方面，电子游戏的交互环节越来越多，不确定因素不断增加，另一方面，市场商业的催促又十分急迫，所以很多游戏到发布时依然没有完成调整，只能和之后的测试阶段一起进行，边测边改。在这个阶段，最需要完成的是两点，一是对BUG的修复，二是对资源的优化。对一个勇于创新的团队来说，开发一款新游戏的过程一定是勇往直前的过程，难免会留下很多的瑕疵。对程序来说，这些瑕疵就是可能影响游戏运行的BUG，例如空间裂缝、数值错误、死循环等，这些错误会导致游戏出错或者被玩家利用来作弊。而对美术部分而言，游戏的瑕疵一般是占用内存过大的模型或贴图以及重复的美术资源等，例如贴图过大、模型复杂、资源重复等，这些错误会导致游戏运行效率低下或者不利于下载安装，都必须尽快在调整阶段解决。

4. 测试阶段

如果是单机游戏，一般都会在调整的同时安排测试。一开始肯定是内部测试，通过多轮测试对数据、平衡性或者关卡难度进行针对性调整。因为毕竟不是每个玩家都能体会设计师的设计意图的,所以经常会做出很多游戏创作者意想不到的举动,因此,测试阶段必须保证有一定比例的普通玩家或非设计团队的人员参与。当然,如果开发的游戏带有网络功能,开发公司就会适时进行网络内测,一般称这个时期的游戏版本为 α 版。网络测试的内容就更丰富了,除了游戏内容之外,还包含更多的服务器传输和压力测试,毕竟一旦开始网络运营,再暴露出类似问题就难以收场了。

  以上简单地展示了一款游戏从无到有诞生的简要流程,大家不难发现这个过程还是充满艰辛的。当然,随着技术的进步,这个流程也会随时调整。上文所述只是游戏本体开发的流程,尚不包括版号过审、平台运营、商业推广或电竞化的内容。这部分内容整本书都在讨论,笔者就不在这里赘述了。

(作者 黄淼)

思考题

1. 如何成为一名优秀的游戏设计师?
2. 一名游戏设计师应当如何平衡玩家的需求与个人的偏好?
3. 制作游戏需要具备哪些素质?